D1867081

Kohlhammer

Dorothee Arnold-Krüger / Sven Schwabe (Hrsg.)

Sterbebilder

Vorstellungen und Konzepte im Wandel

Verlag W. Kohlhammer

Die Drucklegung des vorliegenden Bandes wurde gefördert durch:

Landesstützpunkt
Hospizarbeit und Palliativversorgung Niedersachsen e.V.

Hanns-Lilje-Stiftung

Gefördert durch:
Niedersächsisches Ministerium für Soziales, Gesundheit und Gleichstellung

ZfG
Zentrum für Gesundheitsethik
an der Evangelischen Akademie Loccum

1. Auflage 2023

Gesamtherstellung: W. Kohlhammer GmbH, Stuttgart

Print:
ISBN 978-3-17-041042-8

E-Book-Format:
pdf: 978-3-17-041043-5

Inhalt

Dorothee Arnold-Krüger / Sven Schwabe

Einführung

1 Thematische Annäherungen

Das menschliche Sterben gilt als eine unabwendbare biologische Tatsache, seine Gestaltung und Interpretation unterliegen jedoch kulturellen und historischen Bedingungen. Wie das Sterben gesehen, interpretiert, dargestellt und erlebt wird, ist nicht ‚naturgegeben' oder ‚zwangsläufig'. Vielmehr ist es eine kulturelle Leistung, dem Lebensende Bedeutung zu geben. So wie sich Kultur im Wandel befindet, unterliegt auch der Blick auf das Sterben und die Gestaltung von Sterbeprozessen einer kontinuierlichen Veränderung. Sterben ist stets geprägt von den Vorstellungen, Ritualen und Konzepten des Sterbens der jeweiligen Zeit und Gesellschaft. Sterben ist insofern ein besonderes Thema im Spannungsfeld von objektiver Faktizität, kultureller Plastizität und individuellem Erleben.

Um dieses Ensemble von Bedeutungen, Gestaltungen und Praktiken um das Sterbethema begrifflich zu fassen, möchten wir in diesem Sammelband den Bildbegriff vorschlagen. *Sterbebilder* können gleichermaßen verstanden werden als individuelle und gesellschaftliche Bilder im Kopf (z. B. Vorstellungen) und als kommunizierte, visuelle oder gegenständliche Bilder in der äußeren Welt (z. B. Bilder an der Wand, Gleichnisse und Metaphern in der Sprache). Indem der Bildbegriff so mentale Konzepte, äußere Gestaltungen und sprachliche Bilder verbindet, schlägt er eine Brücke zwischen Sinn, Sinnlichkeit und Kommunikation. Aktives und Passives, Spontanes und Widerständiges sind hier vielfach, untergründig und schwer durchschaubar verbunden. Das macht den Bildbegriff schwierig und attraktiv. Denn er vereint so Bestimmtheit und Unbestimmtheit in sich und ist daher hilfreich, um die vielschichtigen Phänomene des Ausdrucks und der Artikulation des Menschen zu beschreiben. Das gilt dann auch und vielleicht besonders für das Sterben. Letzteres ist nicht nur eine Extremsituation des Menschen. Vielmehr ist, wenn der Mensch das Tier ist, das prinzipiell um seine Endlichkeit weiß, der bewusste oder verdrängende Umgang mit dem Sterben etwas zutiefst Menschliches. Hinzu kommt noch ein anderer Befund, der die Intimität von Bild und Tod unterstreicht: Es gibt die begründete Vermutung, dass aus verzierten Schädeln von verstorbenen Angerhörigen das spätere äußere Bild geworden ist (vgl. Krüger 2020: 135). Folglich eignet sich der Bildbegriff nicht nur aufgrund seiner Zwischenstellung zwischen Sinn, Sinnlichkeit und Sprache und seines Bezugs auf das spezifisch menschliche Endlichkeitsbewusstsein, sondern auch aufgrund seiner genetischen Verankerung, um das nur multiperspektivisch zugängliche Phänomen des Sterbens zu beschreiben.

Doch wie verhält es sich nun konkret mit unseren Sterbebildern, unseren Vorstellungen und Umgangsweisen mit dem Sterben? Bis vor wenigen Jahrzehnten galt das Sterben in der westlichen Gesellschaft als ein verdrängtes Tabuthema. Verbreitet waren etwa Erzählungen aus Krankenhäusern, in denen Patient*innen zum Sterben in Badezimmer und Abstellräume gebracht wurden und bis zum letzten Atemzug nicht über ihr baldiges Versterben unterrichtet wurden. Die Ausgliederung des Sterbens aus alltäglichen Bezügen wurde eindrucksvoll von Norbert Elias geschildert, in seinem 1982 veröffentlichten Aufsatz, mit dem für sich sprechenden Titel *Über die Einsamkeit der Sterbenden in unseren Tagen* (vgl. Elias 1982). In diese Zeit fällt auch die Geburtsstunde der Hospizbewegung, die sich bis heute dafür einsetzt, das Sterbethema stärker in den gesellschaftlichen Fokus zu rücken und die *Lebens*bedingungen Sterbender in allen Dimensionen zu verbessern (vgl. Heller et al: 2012).

In den letzten Jahrzehnten ist es anscheinend zunehmend lauter geworden um das Sterbethema. Einerseits ist der Tod insgesamt zu einem beliebten Topos in den Medien geworden. Jeden Tag sterben tausende Menschen auf deutschen Bildschirmen, und das Sterbethema als dramaturgisches Element generiert verlässlich die Aufmerksamkeit des Publikums (vgl. Hempel 2009). Von der tragischen Liebesgeschichte bis zum gewalttätigen Action-Gemetzel zeigt sich das Sterben in unterschiedlichsten Variationen. Zugleich nähern sich zahlreiche Podcasts, Fernsehsendungen und Social-Media-Kanäle dem Thema Lebensende, und beleuchten – mal aufklärerisch-neugierig, mal humorvoll – verschiedene Aspekte um das Sterben. Mit Blick auf den öffentlichen Diskurs sprechen Thomas Macho und Kristin Marek von einer „neue[n] Sichtbarkeit des Todes" (Macho/Marek 2007:9; Macho 2012: 48).

Zugleich haben sich die Institutionen um die medizinische, pflegerische, psychosoziale und spirituelle Begleitung und Versorgung am Lebensende in den letzten Jahrzehnten in besonderem Maße auf die Bedarfe und Bedürfnisse sterbender Menschen eingestellt, wenngleich in je unterschiedlichem Maß. Der – im Vergleich zu anderen Feldern des Gesundheitswesens – rasante Ausbau der hospizlich-palliativen Versorgungsstrukturen beispielsweise durch die Etablierung der Palliativmedizin als Pflichtfach für alle Medizinstudent*innen (2014) durch das Hospiz- und Palliativgesetz (2015), oder die zahlreichen Neugründungen stationärer Hospize in den letzten Jahren ist Ausweis für eine neue Hinwendung der gesellschaftlichen Unterstützungssysteme zum sterbenden Menschen. Das Ziel dieses Engagements besteht aus der Perspektive der beruflich Tätigen darin, die Lebensqualität der schwerstkranken und sterbenden Menschen und ihrer Zugehörigen bestmöglich zu erhalten, Selbstbestimmung zu ermöglichen und leidvolle Begleitsymptome des Sterbens zu lindern.

Diese neue gesellschaftliche Aufmerksamkeit für die letzte Lebensphase geht einher mit einer Renormierung des Sterbens im Namen der Autonomie und Planbarkeit (vgl. Streeck 2016a), die sich hier jedoch zunächst auf individueller Ebene bewegt. *Gutes Sterben* beschreibt vor diesem Hintergrund ein Sterben, das der individuellen Lebensgestaltung und dem je eigenen Wertekontext einer Person zu entsprechen hat, damit aber zugleich in einer zeit- und kontextgebundenen Vorstellung von Individualität verortet ist. Pflegekräfte, Ärzt*innen, Psycholog*innen und andere therapeutische Berufsgruppen lernen den Umgang mit Sterbenden und treten diesen mit eigenen Idealen des guten Sterbens gegenüber (vgl. Bauer et al. 2022). Die Gestaltungsmöglichkeiten am Lebensende haben sich enorm vervielfältig – von der Musik im Sterbezimmer bis zu einem bunten Strauß an Bestattungsformen sollen Menschen den Prozess ihres Sterbens und die Handlungen nach ihrem Versterben individuell gestalten können. In Pflegeeinrichtungen und Wohnformen der Eingliederungshilfe haben die Bewohner*innen seit 2017 sogar die Möglichkeit, die Dienste der Gesundheitlichen Versorgungsplanung (Advance Care Planning) in Anspruch zu nehmen, um Maßnahmen für medizinische Situationen festzulegen, in denen sie sich selbst nicht mehr äußern können. Der Umgang mit Sterbenden und Verstorbenen wird zunehmend in den professionellen Kontext verschoben, und das Sterben wird als „Planungsaufgabe" (Gronemeyer 2012: 55) begriffen, und zwar als individuelle wie auch – bezogen auf ihre Umsetzung – gesamtgesellschaftliche. Mit dem Urteil des Bundesverfassungsgerichts zur Abschaffung des Verbots der geschäftsmäßigen Sterbehilfe im Jahre 2020 könnte der Assistierte Suizid, wenngleich unter sehr bestimmten Voraussetzungen, als eine neue Wahloption zur Lebensbeendigung hinzukommen. Vor diesem Hintergrund scheint sich Sterben in der späten Moderne zu einem letzten biografischen Selbstverwirklichungsprojekt zu entwickeln, welches mit einer Pluralisierung und individuellen Gestaltbarkeit von Sterbebildern einhergeht.

Die Erfahrung der Corona-Pandemie hat zudem eine Gefährdung des Lebens und konkret auch des *eigenen* Lebens gesellschaftlich neu zu Bewusstsein gebracht, die für Nachkriegsgenerationen unbekannt war. Die abstrakte Einsicht *Man stirbt einmal (aber vorläufig passiert das nicht)* wurde zumindest zwischenzeitlich konkret: Der eigene Tod wurde als möglich in Betracht gezogen (vgl. Arnold-Krüger 2021: 560). Insofern trat durch die Pandemie die Tabuisierung des eigenen Sterbens hervor, und zwar gewendet in ihr Gegenteil: Indem das eigene Leben als gefährdet wahrgenommen wurde, wurde das eigene Sterben umso entschiedener ausgeblendet (vgl. Arnold-Krüger 2021: 560). Die individuelle Gefährdung schien jedoch auf, wenn auf allgemeiner Ebene der Schutz von vulnerablen Gruppen oder die Bedingungen zur Verteilung von Ressourcen diskutiert wurden.

Vor diesem Hintergrund ist zu fragen, welche Faktoren die Sterbebilder in der Gegenwart prägen. Wurde diese Frage bereits in der Untersuchung Werner Fuchs' *Todesbilder in der modernen Gesellschaft* (1969) implizit behandelt, so tritt sie in jüngster Zeit in der Diskussion über die Authentizität des eigenen Sterbens (Nina Streeck) oder in der Vorstellung einer *Ars moriendi nova* (Daniel Schäfer, Andreas Frewer et.al.), aber auch in Untersuchungen zu medialen Trauer- und Erinnerungskonstruktionen (Thorsten Benkel) zunehmend in den Mittelpunkt. Dies formulierte Frage kann erweitert werden: Welche historischen Kontinuitäten prägen Sterbebilder der Gegenwarten und welche impliziten Bedeutungshorizonte sind damit verbunden? Wie verändern neue Kulturtechniken (wie z. B. das Internet, Social Media) die Interpretationen und Praktiken um das Sterben? In welchem Verhältnis stehen die individuellen Gestaltungsmöglichkeiten, die gesellschaftlichen Ideale des guten Sterbens und die Erwartungen der Versorgungsakteure in der Hospizarbeit und Palliativversorgung zueinander?

Grundsätzlich lässt sich hier ein „Kontaktabbruch" (vgl. Wils 2014: 132) festhalten. Dieser wird unter anderem deutlich in der Einsicht, dass eine traditionell im religiösen Kontext verortete Jenseitsperspektive zunehmend abgelöst wird durch eine diesseitsorientierte Deutung der eigenen Endlichkeit. Diese Deutung leitet sich vornehmlich aus der Konformität mit der eigenen Biografie und des sozialen Kontextes her. Zumindest in Europa war mit der christlichen Eschatologie über Jahrhunderte eine klare Normativität zur Lebensführung und – aus der *Ars moriendi* heraus – eine Vorbereitung auf das Sterben gegeben (vgl. Reinis 2020: 202). Sollte in das gegenwärtige Sterbebild ein „Sterben ohne Jenseitsperspektive" (Streeck 2016b: 150) eingezeichnet sein, dann ist hier der Dialog mit der christlichen Eschatologie und ihrer christlich-theologischen Deutung von Sterben und ewigem Leben ein aktuelles Desiderat.[1] Zugleich kann dieser Kontaktabbruch einhergehen mit einer „Ethik ohne Metaphysik" (Wils 2014: 132). Diese hätte für die Auseinandersetzung mit ethischen Fragestellungen zur Folge, dass der Diskurs darüber reduziert wäre auf „die konträren Fundierungen der strittigen Handlungsnormen" (Wils 2014: 133). Die weltanschaulichen Vorverständnisse, die diese Normen gründen und flankieren, wären dann jedoch ausgeblendet. Umso mehr stellt sich hier die Frage, ob und auf welche Weise eine durch jenen Kontaktabbruch entstandene Leerstelle gefüllt wird: Worauf beziehen sich Deutungsperspektiven hinsichtlich des Themas *Sterben*? Und lassen sich diese Perspektiven veranschaulichen bzw. liegen ihnen konkrete Anschauungen zugrunde? Inwieweit sind nicht nur *Sterbenarrative*, sondern auch in besonderer Weise *Sterbebilder* in einer zunehmend auf Visualität ausgerichteten Gegenwart bedeutsam? In welcher Form werden Begriffe wie *Selbstbestimmung*, *Autonomie* und *Individualität* auch durch visuelle Vorstellungen definiert und kontrastiert?

---

1 Vgl. dazu auch den Beitrag von Malte Dominik Krüger in diesem Band.

2 Inhaltliche Beiträge

Der vorliegende Band präsentiert Beiträge der Tagung *Sterbebilder. Vorstellungen und Konzepte im Wandel*, die am 23. und 24. September 2021 am Zentrum für Gesundheitsethik in Hannover in Kooperation mit dem Landesstützpunkt Hospizarbeit und Palliativversorgung Niedersachsen e.V. stattfand. Im interdisziplinären Dialog der Fächer Theologie, Geschichte, Medizin, Soziologie und Kunstgeschichte wurden dabei die Bilder, Gestaltungs-, Deutungs- und Konstruktionsmuster um das *Sterben* in den Blick genommen und auf die ihnen eigene oder durch sie bewirkte Normativität befragt.

Mit Sterbebildern als Ideal und Norm befasst sich der kulturwissenschaftliche Beitrag von **Prof. Dr. Thomas Macho** (Wien). Macho verweist zunächst auf die Spannung von *anwesend – abwesend* der Bildlichkeit: Ein Bild stellt etwas Abwesendes als anwesend dar, indem es in der präsenten Anwesenheit gerade auf dessen Abwesenheit verweist. Bezogen auf die Frage nach *Sterbebildern* macht es, ebenso wie bei der Betrachtung von *Todesbildern*, den Gegenstand des Darzustellenden umso schwieriger – oder aber beschreibt gerade in der Abwesenheit des Dargestellten dessen Inhalt umso angemessener. Der Beitrag befasste sich mit verschiedenen Darstellungen des (eigenen) Sterbens und Todes: Erstens mit den Bildern vom Tod im Schlaf, die seit der Antike (Heraklit) über die Aufklärung bis ins 21. Jahrhundert zu beobachten sind. Das allmähliche Sterben in der Gegenwart erfährt dabei eine neue Wahrnehmung da der Tod als kalkulierbares wie gestaltbares Projekt gefasst werden kann. Die Veränderung der Technik machte neue Bilder möglich und erzeugte zugleich neue Bilder vom Sterben und vom Tod, wie z. B. *Memorialfotografien.* Dazu zählen Leichenfotografien, die Fotografien von Verstorbenen im offenen Sarg, Prozessbilder (still alive – yet dead) aber auch die Bilder von verstorbenen Kindern. Die Auseinandersetzung mit dem individuellen Sterben als vorlaufende Inszenierung des eigenen Todes trat im 21. Jahrhundert in den Mittelpunkt der bildlichen Darstellung. Selbsttötung und Suizidbilder bzw. Bilder des inszenierten Suizids dominieren dabei, möglicherweise auch als einzige konsequente bildliche Darstellungsweise des *jemeinigen Sterbens* (Martin Heidegger).

In historischer Perspektive ist seit Beginn der Moderne eine Veränderung zu beobachten, wie der Beitrag von **Prof. Dr. Dr. Daniel Schäfer** (Köln) zeigte: Während in der Vormoderne der Prozess des Sterbens transzendiert wurde, wird er in der Moderne als diesseitiger Vorgang eingeordnet. Dementsprechend waren Vorstellungen und Deutungen von *Sterben* wie auch die Begleitung des Sterbens bis zum 20. Jahrhundert vornehmlich im religiösen Kontext verortet, wofür vor allem die *Ars moriendi* als Begleitungs-, Vorbereitungs- und Deutungsangebot steht. Anhand der fünf von Ariès vorgestellten Todeskonzepten (Der gezähmte Tod, Der eigene Tod, Der verwilderte Tod, Der romatisch-verklärte Tod, Der in sein Gegenteil verkehrte Tod) rekonstruiert Schäfer veränderte Wahrnehmungsmuster des Sterbens vom Mittelalter bis zur Neuzeit.

Er schlägt vor, die *Enttabuisierung des Todes* als ein neues Konzept einzuführen, welches seit den 1970er Jahren an Bedeutung gewinnt und sich um Themen der Autonomie und Sterbehilfe dreht.

Aus kunsthistorischer Perspektive geraten Sterbebilder vornehmlich als künstlerische Artefakte in den Fokus. Das wird beispielsweise an einer Eichenholztafel vom Meister des Sinziger Kalvarienberges zur Ars bene moriendi von 1475 deutlich, wie **Eva Styn** (Düsseldorf) erläutert. Sie zeigt auf, wie Sterben in den christlich geprägten Vorstellungen jener Zeit als letzte und wichtigste Prüfung interpretiert wird, die über den Verbleib der Seele (Himmel, Hölle oder Fegefeuer) entscheidet. Der Teufel lauert auf einen Seelenraub, aber allerhand Heiligenfiguren und nicht zuletzt der gekreuzigte Christus stehen sinnbildlich für die tröstende Hoffnung auf eine himmlische Zukunft. Bestimmte Elemente dieser Seelenwanderung finden sich bis heute wieder, wenn etwa nach dem Tod im Hospiz die Fenster geöffnet werden, damit die Seele einen freien Weg zum Himmel hat.

Aus theologischer Perspektive hat sich historisch und systematisch das christliche Sterbebild erheblich gewandelt. Dabei ist zum einen wichtig, genauer zu bestimmen, was man hier eigentlich unter einem – sprachlichen, mentalen oder äußeren – Bild versteht und was das Adjektiv *christlich* in diesem Kontext bedeutet. Dem widmete sich **Prof. Dr. Malte Dominik Krüger** (Marburg). Er beschreibt die (christliche) Religion grundsätzlich als symbolisierende Bildleistung des Menschen, dem darin eine unberechenbare Alterität (*Gott*) begegnet, die mit der Gestalt Jesu verbunden ist. Historisch orientiert sich Krüger an Richard Rortys Lesart, wonach das Paradigma des Seins (Antike bis Barock) vom Paradigma des Bewusstseins (Neuzeit, bes. Kant) und schließlich vom Paradigma der Sprache (Moderne, bes. Wittgenstein) abgelöst wurde. Krüger zeigt, wie sich diese unterschiedliche Orientierung an den Paradigmen von Sein, Bewusstsein und Sprache in unterschiedlichen Vorstellungen von Gott und Mensch historisch niederschlug und verdeutlicht dies an prominenten Kunstbildern. Systematisch schlägt Krüger vor, gegenwartsreligiös eine Eschatologie, also Lehre von den letzten Dingen, im Gespräch mit den gegenwärtigen *cultural turns* zu konzipieren, die inzwischen den *linguistic turn* beerbt haben. Christliche Hoffnung angesichts des Todes brauche seiner Meinung nach Bilder, um ihren ‚Wirklichkeitsüberschuss' zu artikulieren und ist gerade derzeit auf der Suche nach neuen Bildern, um die alte Hoffnung über den Tod hinaus zu artikulieren.

Ein soziologischer Beitrag befasst sich mit der Symbolisierung von Tod und Trauer. Hier werden das Internet und der digitale Raum derzeit immer wichtiger. Dabei kommt es zunehmend zu sogenannten Delokalisierungsdynamiken, wie **Dr. Thorsten Benkel** (Passau) deutlich macht. Delokalisierung bedeutet eine Entkoppelung von Körper und Identität eines Menschen, die sich in der Trennung von totem Körper und seiner digitalen Verdoppelung insbesondere im Internet zeigt. Dort werden digitale Gräber gepflegt, die Profile Verstorbener auf sogenannten Social-Media-Plattformen als Trauerseiten gestaltet und zu Lebzeiten Chatbots mit Informationen über einen Menschen gefüttert, sodass die Angehörigen nach dem Tod weiter mit einem digitalen Double kommunizieren können. Anhand zahlreicher Beispiele wird deutlich, dass Internet und Digitalisierung die Verbildlichung Sterbender und Verstorbener insgesamt verändern und diese dabei in höchstem Maße dem Gestaltungswillen der Überlebenden ausgeliefert sind.

Aus der medizinischen Perspektive entfaltet **Prof. Dr. Klaus Hager** (Hannover) das Sterbethema unter den Aspekten *Werden und Vergehen*, *Sterbeprozess* und *Intermediäres Leben*. Mit dem ersten Aspekt ist darauf verwiesen, dass der menschliche Organismus von Geburt an einem Werden und Vergehen ausgesetzt ist, das Sterben als Vergehen insofern mit Beginn des Lebens einsetzt. Mit steigendem Alter nehmen die Regenerations- und Kompensationsfähigkeiten ab, bis im Sterbeprozess die Kompensationsvorgänge endgültig eingestellt werden. Zugleich macht er deutlich, dass der Sterbeprozess in medizinischer Perspektive als ganzheitlicher, nicht nur biologischer Vorgang zu fassen sei. Der Sterbeprozess mündet in den Individualtod (Aussetzen der Atmung, Kreislaufstillstand, Hirntod); im intermediären Leben erlöschen die Organe entsprechen ihrer Empfindlichkeit, und der biologische Tod tritt ein. Die *Bilder* des Sterbens treten hierbei in erster Linie als überprüfbare Werte wie Sauerstoffsättigung oder sichtbare Veränderungen vor und nach dem Versterben eines Menschen hervor. Zugleich bilden diese Werte den Maßstab, anhand dessen der Tod eines Menschen bemessen und belegbar wird.

Ein zweiter soziologischer Beitrag befasst sich einerseits mit Perspektivendifferenzen in einem multiprofessionellen Team in Bezug auf die Vorstellung eines *guten Sterbens* und deren Umsetzung im Kontext eines stationären Hospizes. **Anna Bauer** (München) stellte hier Ergebnisse des DFG-Projektes *„Vom ‚guten' Sterben". Akteurskonstellationen, normative Muster, Perspektivendifferenzen* vor, das an der LMU München durchgeführt wird. Sterben findet in institutionellen Kontexten statt und wird multiprofessionell begleitet. Dabei werden multiple Bilder des Sterbens und der Sterbenden erzeugt und es kommt zu Verdopplungen von Perspektiven, die jedoch keine Abbildungen darstellen, sondern als *Repräsentationsform ohne Original* (Armin Nassehi) interpretiert werden können. Diese original-losen Repräsentationsformen haben ihre Rückbindung in den verschiedenen gesellschaftlichen Perspektiven, wobei diese indirekt, nicht eindimensional und teils unreflektiert in die Repräsentationen eingehen. Dem Ideal der Ganzheitlichkeit der Hospizarbeit steht insofern ein Facettenbild gegenüber, das sich aus den Wünschen und Perspektiven der der Bewohner*innen und dem multiprofessionellen Team eines Hospizes ergibt.

Eine ethnologische Perspektive interessiert sich für den handlungspraktischen Umgang mit Sterbenden und die in die Praxis eingelassen Bedeutungszuweisungen. Beispielhaft hierfür präsentiert **Lilian Coates** (Frankfurt) eine

Falldarstellung zur künstlichen Ernährung im stationären Hospiz, in der es um das Spannungsfeld zwischen Autonomie und Natürlichkeit geht. Der Wunsch eines Gastes und der Angehörigen nach fortlaufender künstlicher Ernährung über eine PEG-Sonde steht in Konflikt mit den Begleitungsansprüchen von Pflegefachpersonen und des Arztes im stationären Hospiz. Mit Verweis auf die Autonomie fordern die Angehörigen die Weiterführung der künstlichen Ernährung, während das Personal ebenfalls auf die Autonomie des Gastes rekurriert und empfiehlt, die künstliche Ernährung zu beenden. Dabei wird deutlich, dass Autonomie im hospizlichen Kontext nicht nur als individuelle und freie Wahl des Gastes missverstanden werden darf, sondern ihrerseits im Rahmen einer bestimmten Vorstellung von natürlichem und gutem Sterben interpretiert wird.

Dass man über das Sterben auch köstlich schmunzeln kann, zeigen **Dr. Susanne Hirsmüller** (Bremen) und **Margit Schröer** (Düsseldorf) anhand ihrer jahrelangen Sammlung von Todesanzeigen aus Tageszeitungen. Dieser Beitrag wurde im Rahmen der Tagung als humoristisches Abendprogramm integriert und steht insofern für sich. Todesanzeigen stellen besondere Erinnerungen an Verstorbene dar, da sie sowohl eine lokale Öffentlichkeit über den Tod einer Person informieren und zugleich eine ganz spezifische Charakterisierung des Verstorbenen überliefern können. Über die letzten Dekaden lässt sich ein Trend zur Individualisierung von Todesanzeigen ablesen, deren Aufmachung und Inhalt sich von konventionellen Formaten löst und der Identität der Verstorbenen angepasst wird. Markante Sprüche, Gemälde und Gedichte der Verstorbenen, Wortspielerein der Zugehörigen, bunte Fotos der Verstorbenen aus Jugendtagen oder trauernde Haustiere und Pseudonyme von Online-Freunden zieren heute vermehrt die Bekanntgabe von Todesfällen in Zeitungen. Anstelle standardisierter Trauerbekundungen ist eine zunehmende Individualisierung und Biografieorientierung der Traueranzeigen auszumachen.

3 Gemeinsame Perspektiven: Sterbebilder als Forschungsperspektive?

Die in diesem Band versammelten Beiträge nähern sich dem Thema *Sterbebilder* aus unterschiedlichen wissenschaftlichen Disziplinen. Was aber genau sind Sterbebilder und wie lassen sie sich analytisch fassen? Im Zuge eines weiten Bildbegriffs verstehen wir Sterbebilder als mentale, kulturelle Vorstellungen und Konzepte über das Sterben sowie als gegenständliche und visuelle Darstellungen des Sterbens.

Gemein ist beiden Perspektiven, dass sie sich auf einen Prozess beziehen, der zu einem Zeitpunkt beginnt und zu einem anderen Zeitpunkt endet. Schon über den Beginn und das Ende dieses Prozess gibt es – das zeigen die Beiträge in diesem Band – allerdings unterschiedliche Auffassungen: Während aus medizinischer Perspektive das zunehmende Vergehen des menschlichen Organismus (im Gegensatz zum Aufbau) bereits im Alter zwischen 20 und 30 Jahren überhandnimmt und Sterben mit dem Tod des Organismus sein Ende findet, würden künstlerische Abbildungen von Menschen im 30. Lebensjahr in den seltensten Fällen als Sterbebilder interpretiert werden. Die temporale Einfassung des Sterbeprozesses scheint je nach Perspektive und Gegenstand höchst heterogen zu sein. Eine analytische Perspektive könnte fragen, wovon die temporale Fassung des Sterbeprozesses abhängt und wodurch ganz allgemein kulturelle Vorstellungen des Sterbens als *Vergehensprozess* ihrerseits geprägt sind.

Darüber hinaus unterscheiden sich ein kulturell-gesellschaftliches und gegenständlich-visuelles Sterbebildverständnis – zumindest auf den ersten Blick – voneinander. Kulturelle Vorstellungen des Sterbens als Bilder im Kopf beziehen sich auf Imaginiertes. Sie sind in hohem Maße wandelbar (z. B. durch neue persönliche Erfahrungen des Sterbens) und können der Sache nach als prozesshaft vorgestellt werden. Künstlerische Artefakte (z. B. Gemälde, Skulpturen, Fotografien, etc.) scheinen im Gegensatz dazu zunächst *zeitstabil* – wenngleich ihnen natürlich stets Imaginationsprozesse vorausgehen und möglicherweise auch im Moment der Rezeption stattfinden. Sie wurden zu einem bestimmten Zeitpunkt geschaffen, bilden einen konkreten örtlich-zeitlichen Eindruck gegenständlich oder visuell ab und konservieren diese Aufnahme über die Zeit. Dabei stellt sich zunächst die Frage, inwieweit diese *Zeit-Punkt-Aufnahmen* überhaupt in der Lage sind, zeitliche Prozess wie den des Sterbens adäquat darzustellen. Bei genauerem Hinsehen wird jedoch deutlich, dass Sterbeabbildungen insbesondere in Form von audiovisuellen Aufnahmen oder Narrativen durchaus Prozesse darstellen können. In seiner prägnantesten Form sind Videos der letzten Atemzüge von Menschen die scheinbar puristischste Darstellung von Sterbeprozessen und erzeugen ihrerseits je spezifische Bilder und Vorstellungen des Sterbens.

Es lässt sich fragen, in welchem Wechselverhältnis kulturelle Vorstellungen und Konzepte des Sterbens zu gegenständlich-visuellen Darstellungen des Sterbens stehen. Inwieweit können Sterbedarstellungen in der äußeren Welt als Ausdruck kultureller Vorstellungen verstanden werden und inwieweit prägen diese Darstellungen ihrerseits die Sterbebilder im Kopf? Inwieweit kann das eine als Repräsentation des anderen fungieren und welche Spielräume für Kreativität, Eigensinn und Widerständigkeit können sich ergeben?

Wir möchten diesen Band als Impuls für eine stärkere geisteswissenschaftliche Hinwendung zum Sterben verstehen und dazu einladen, den Prozess des Sterbens stärker als interdisziplinäres Thema zu behandeln. Wir möchten ausloten, inwieweit das Sterbebild-Thema geeignet ist, unterschiedliche wissenschaftliche Perspektiven auf das Sterben zusammenzubringen und dadurch neue Erkenntnisse, Fragestellungen und Synergien zu finden. Und wir möchten dazu einladen, die Auseinandersetzung mit dem Sterben gemeinsam zu unternehmen, weil der Umgang mit der letzten Lebensphase viel zu lange ein einsames Thema gewesen ist.

Das Projekt „Sterbebilder" wurde gefördert durch die Hanns-Lilje-Stiftung und das Niedersächsische Ministerium für Soziales, Gesundheit und Gleichstellung. Wir bedanken uns für die Unterstützung und danken ebenfalls Dr. Sebastian Weigert vom Kohlhammer-Verlag für das umsichtige Lektorat bei der Entstehung des Bandes.

Allen Beitragenden sei ebenfalls sehr herzlich gedankt: Sie haben sich auf den herausfordernden interdisziplinären Diskurs zu diesem Thema eingelassen. Entstanden ist ein Plural an Perspektiven, der Vielfalt, Wandel und Unveränderliches zeigt.

Literatur

Arnold-Krüger, Dorothee: Todesangst und Sterbekunst. Corona und die *ars moriendi (nova)*, in: Zeitschrift für medizinische Ethik 67/4 (2021), S. 559–573.

Bauer, Anne / Saake, Irmhild / Breitsameter, Christof: Perspektiven auf Sterbende – Zum Sterben in multiprofessionellen Kontexten, in: Zeitschrift für Palliativmedizin 23 (2022), H. 1, S. 31–37.

Elias, Norbert: Über die Einsamkeit der Sterbenden in unseren Tagen, Frankfurt a. M. 1982.

Gronemeyer, Reimer: Von der Lebensplanung zur Sterbeplanung. Eine Perspektive der kritischen Sozialforschung, in: Gehring, Petra / Rölli, Marc / Saboroski, Maxine (Hg.), *Ambivalenzen des Todes. Wirklichkeit des Sterbens und Todestheorien heute*, Darmstadt 2007, S. 51–59.

Heller, Andreas / Pleschberger, Sabine / Fink, Michaela / Gronemeyer, Andreas: Die Geschichte der Hospizbewegung in Deutschland, Ludwigsburg 2012.

Hempel, Ulrike: Sterben und Tod in den Medien: „Filme über das Sterben sind Filme über das gelungene Leben", in: Deutsches Ärzteblatt 106 (2009), H. 6), A-244 / B-203 / C-195.

Krüger, Malte Dominik: Warum heute evangelisch sein? Plädoyer für einen programmatischen Neuansatz, in: Landmesser, Christof / Hiller, Doris (Hg.): *Wahrheit - Glaube - Geltung. Theologische und philosophische Konkretionen*, Leipzig 2019, S. 79–114.

Krüger, Malte Dominik: Auf Augenhöhe. Evangelische Theologie nach dem „iconic turn", in: Praktische Theologie 55/3 (2020), S. 133–139.

Macho, Thomas / Marek, Kristin: Die neue Sichtbarkeit des Todes, in: Macho, Thomas / Marek, Kristin (Hg.), *Die neue Sichtbarkeit des Todes*, München 2007, S. 9–21.

Macho, Thomas: Sterben zwischen neuer Öffentlichkeit und Tabuisierung, in: Bormann, Franz-Josef / Borasio, Gian Domenico (Hg.), *Sterben. Dimensionen eines anthropologischen Grundphänomens*, Berlin/Boston 2012, S. 41–49

Reinis, Austra: *Ars Moriendi* – Ritual und Textgeschichte, in: Wittwer. Héctor / Schäfer, Daniel / Frewer, Daniel (Hg.), Handbuch *Sterben und Tod. Geschichte - Theorie - Ethik*, Stuttgart 2020², S. 202–209.

Streeck, Nina: „Leben machen, sterben lassen": Palliative Care und Biomacht, in: *Ethik in der Medizin* 28 (2016), H. 2, S. 135–148. (Streeck 2016a)

Streeck, Nina: Nicht für immer. Ars moriendi nova – Sterbekunst ohne Jenseitsperspektive, Hermeneutische Blätter, Themenheft „Für immer“, Zürich 2016, S. 150–160. (Streeck 2016b)

Wils, Jean-Pierre: Gibt es eine „ars moriendi nova“?, in: Bioethica Forum 7,4 (2014), S. 131–136.

Sterbebilder:
Ein Prozess in Bildern?

Thomas Macho

Sterbebilder als Ideal und Norm

Die Kulturtechniken der Kommunikation setzen voraus, dass wir mit anwesender Abwesenheit umgehen können. Wir sind da und zugleich nicht da: Dieser Topos der anwesenden Abwesenheit beschreibt heute mediale Techniken, an die wir uns in den Zeiten der Pandemie vielleicht auch darum so rasch gewöhnt haben, weil wir sie seit Erfindung der Telefone und Computer, der Smartphones, Tablets und Laptops umfassend praktizieren. Sofern wir – beispielsweise in einem Warteraum oder einem Zugabteil – nicht selbst damit beschäftigt sind, die neuesten Nachrichten aus aller Welt oder von Freunden und Angehörigen abzurufen, können wir zumindest beobachten, wie klein die Zahl der Anwesenden ist, die nicht auf ihre jeweiligen Screens schauen, sondern etwa auf ihre Sitznachbarn. Ich will diese Praxis gar nicht kritisieren, denn sie kompensiert auch die Vermehrung von passageren Orten, von „Nicht-Orten" wie Flughäfen oder Bahnhöfen, die Marc Augé so präzise analysiert hat (Augé 2010), ganz abgesehen davon, dass wir immer wieder dankbar sind, auch in Zeiten einer Pandemie, während einer Reise oder Erkrankung Kontakte zumindest in abwesender Anwesenheit pflegen zu können.

Anwesend abwesend: Noch vor einem halben Jahrhundert wurde mit dieser scheinbar paradoxen Formel das Verhältnis zu Toten, aber auch zum eigenen Tod in der Zukunft umrissen. Zugleich artikuliert sich in diesem Begriffspaar die Logik von Bildern: Was sie zeigen, ist ebenfalls abwesend anwesend; darin unterscheiden sich Bilder etwa von der Reflexion im Spiegel, wie Umberto Eco betont hat: Im Spiegel sehen wir nur, was gleichzeitig anwesend ist; Spiegel sind Medien „in Präsenz eines Referenten, der nicht abwesend sein kann" (Eco 1988: 46). Daher ist das Spiegelbild kein Zeichen und eigentlich auch kein Bild, denn Bilder zeigen fast immer, was nicht zugleich anwesend ist. Doch das Verhältnis der Bilder zur Zeitlichkeit ist ebenfalls kompliziert: Können Bilder auch Prozesse repräsentieren oder nur Zustände und Ereignisse? Anders gefragt, bezogen auf das Thema dieses Sammelbandes: Kennen wir nur Totenbilder oder auch Sterbebilder? Und wie können Bilder den Übergang, das Sterben als Prozess, und nicht allein die Toten, gleichsam als passive Akteure dieses Prozesses, als finale Protagonisten, erfassen und zeigen? Haben uns nicht gerade ungezählte Filme daran gewöhnt, jeden sichtbaren Tod als eine schauspielerische Leistung zu betrachten? Meine Überlegungen gliedern sich in drei Kapitel. Ich werde zunächst über die Bilder vom Tod als Schlaf schreiben, danach über passagere Doppelbilder, und zuletzt über den eigenen Tod im Bild.

1 Ewiger Schlaf

Anwesend abwesend sind wir auch in Schlaf und Traum. Tag und Nacht, Einschlafen und Erwachen, Schlafen, Sehen und Träumen, prägten schon früh kulturelle Dualismen, die vielfältig gedeutet und in Metaphern gefasst wurden. In seiner sozialanthropologischen Genealogie des Abstrakten konstatiert Dieter Claessens:

> „Man war, während man schlief, in einer fremden Welt, – noch einmal, irgendwie, während man schlief, und das war sichtbar für alle. Aber in der zweiten Gestalt oder Form war man *nicht* sichtbar! Also war der Mensch zweimal da, geteilt in einen Sichtbaren und in einen Unsichtbaren, der den Körper des Sichtbaren verlassen konnte, um – unsichtbar – vertraute, mehr aber noch fremdartige Erlebnisse zu haben! Diese Erlebnisse hatte der unsichtbare Teil eines Menschen zudem in einer fremden Welt: Es gab nicht nur einen unsichtbaren Anteil des Menschen, der sich selbständig machen konnte, sondern auch eine nur diesem Anteil des Menschen zugängliche Welt! Eine unsichtbare Welt für den sichtbaren Menschen, aber eine erlebbare und sichtbare Welt für seinen unsichtbaren Anteil oder Doppelgänger." (Claessens 1980: 150)

Dieser Doppelgänger war zugleich das erste Individuum, unabhängig von gesellschaftlichen Regeln und Konventionen; im Traum können bekanntlich Morde oder Tabubrüche begangen werden, ohne irgendwelche Sanktionen auszulösen. Die Träumenden sind frei, sogar, wenn sie im Traum gefangen oder gefesselt werden. Sie sind frei, weil sie allein sind. Denn „wenn wir wachen, so haben wir eine gemeinschaftliche Welt; schlafen wir aber, so hat ein jeder seine eigene" (Kant 1968: 496). In Schlaf und Traum ist selbst die wildeste Aktion pure Passion: Alles geschieht, nichts wird geplant oder getan. Wer träumt, trifft keine Entscheidungen und operiert nicht mit Möglichkeiten, Plänen, Perspektiven, Chancen oder Risiken.

Zu den seit der Antike immer wieder beschworenen und idealisierten Todesvorstellungen zählt das Bild vom Tod als Schlaf. Bereits in den Fragmenten Heraklits hieß es, es sei „eigentlich dasselbe", stets ineinander umschlagend: „Lebendes und Totes und das Wachen und das Schlafen und Junges und Altes" (Die Vorsokratiker: 305). Der Tod als Schlaf, der Schlaf als Tod: Diese metaphorische Wechselbeziehung behauptete sich in der *longue durée* europäischer Kulturgeschichte freilich unter verschiedenen Vorzeichen. In den Kontexten christlicher Auferstehungshoffnung wurde Jahrhunderte lang geglaubt, dass die Toten schlafen, bis sie am Jüngsten Tage wieder erweckt werden; später berief sich die Religionskritik der Aufklärung auf dieselbe Gleichung von Schlaf und Tod, um die Ängste vor Fegefeuer und Höllenqualen zu beruhigen. Dennoch konnte sie jene Zweifel nicht ganz ausräumen, die noch Shakespeares *Prince of Denmark* in seinem berühmten Monolog formulierte: „To die, to sleep;/To sleep: perchance to dream: ay, there's the rub;/For in that sleep of death what dreams may come" (Shakespeare 1969: 886). Zum dominanten Ideal avancierte die Vorstellung vom Tod als Schlaf in der Moderne. Einen frühen Ausdruck fand sie in Gotthold Ephraim Lessings Abhandlung *Wie die Alten den Tod gebildet* (1769); in dieser Untersuchung behauptete Lessing, dass „die alten Artisten den Tod, die Gottheit des Todes, unter einem ganz andern Bilde vorstellten als unter dem Bilde des Skeletts", denn sie stellten ihn „als den Zwillingsbruder des Schlafes vor und stellten beide, den Tod und den Schlaf, mit der Ähnlichkeit unter sich vor, die wir an Zwillingen so natürlich erwarten" (Lessing 1984: 11). Lessing folgte der Überzeugung Winckelmanns, dass „die Musen" keine „fürchterlichen Gespenster" lieben (Winckelmann 1962: 138). Nichts ahnen konnte Lessing dabei noch von den Gespenstern, die der spätere Polizeiminister Joseph Fouché am 9. Oktober 1793 bannen wollte: durch das Verbot aller Bestattungszeremonien. Religiöse Symbole sollten von den Gräbern entfernt und die Friedhöfe in Parkanlagen verwandelt werden. An die Toten durfte nur mehr ein kleines Schild erinnern, mit dem Spruch: „La mort est un éternel sommeil" – „Der Tod ist ein ewiger Schlaf" (vgl. Fuchs 1973: 86f.). Das ideale Sterbebild würde demnach die Toten als Schlafende zeigen. Diesem Impuls folgte übrigens noch Rudolf Schäfer in seinem Fotoband *Der Ewige Schlaf – visages de morts* von 1989 (vgl. Schäfer 1989).

Sterbebilder als Ideal und Norm beziehen sich auf Vorstellungen vom richtigen, guten Sterben. Diese Vorstellungen haben sich freilich seit mehr als einem Jahrhundert signifikant verändert. Unsere Lebenserwartungen – eigentlich Sterbeerwartungen – haben sich in dieser Zeit kontinuierlich gesteigert. Wir leben immer länger. Die vier apokalyptischen Reiter – auf dem weißen Pferd der Kriege, dem roten Pferd der Gewalt, dem schwarzen Pferd des Hungers und dem fahlen Pferd der Seuchen – haben sich während des 20. und 21. Jahrhunderts zwar nicht zurückgezogen; aber sie haben den demographischen Wandel, das gern zitierte *Methusalem-Komplott* (vgl. Schirrmacher 2004), auch nicht aufgehalten. Sogar die fernere Lebenserwartung – die durchschnittliche Zahl der Lebensjahre, die Frauen und Männer im Alter von sechzig Jahren noch erwarten dürfen – wird sich bis 2050 im Verhältnis zu 1900 beinahe verdoppelt haben: Während sechzigjährige Männer zu Beginn des 20. Jahrhunderts mit dreizehn weiteren Jahren rechnen durften, werden sie 2050 noch fast 24 Jahre leben; sechzigjährige Frauen werden statt ehemals vierzehn Jahren mehr als 28 Jahre, im Durchschnitt also bis zu ihrem 88. Geburtstag, leben. Die Gesellschaften in Nordamerika und Europa sind überalterte Gesellschaften; in Japan werden inzwischen mehr Erwachsenen- als Babywindeln verkauft (vgl. Khanna 2021: 70). Unter solchen Umständen sind überraschende Todesfälle seltener geworden; und die ehemals gültigen Vorstellungen von einem wünschenswerten Tod haben sich geradezu in ihr Gegenteil verkehrt. In vergangenen Jahrhunderten galt der plötzliche Tod als Unglück, während der allmähliche Tod als guter Tod angesehen wurde, der eine Ordnung der irdischen und himmlischen Dinge erlaubte. Heute gilt dagegen das allmähliche, verzögerte Sterben als Unglück, das mit Patientenverfügungen oder Sterbehilfe begrenzt oder gar verhindert werden muss, während ein plötzlicher Tod nahezu als glücklicher Tod angesehen wird. Der Tod wird nicht mehr als Schicksal wahrgenommen, sondern als kalkulierbares und gestaltbares Projekt, anders gesagt: eigentlich als Selbsttötung. Im Vorwort zu seiner bereits 1938 erschienenen Psychoanalyse der Selbstzerstörung *Man Against Himself* behauptete Karl Menninger, es sei wohl wahr, dass „sich letztlich jeder Mensch selbst tötet, auf seine eigene, selbstgewählte Weise, schnell oder langsam, früher oder später" (Menninger 1978: 11); doch heute ist diese These noch viel wahrer geworden.

2 Passagere Doppelbilder

Anwesend in Abwesenheit: Diese Logik der Bilder – und in eingeschränkter Gestalt auch der Schrift – wurde durch die Erfindung der Fotografie verschärft und radikalisiert. Zu Recht postulieren die meisten Theorien der Fotografie einen substantiellen Zusammenhang zwischen der lichtbildnerischen Technik und dem Tod. In solchem Sinne schreibt etwa Roland Barthes:

> „Mit der Photographie betreten wir die Ebene des *gewöhnlichen* Todes. Einmal sagte jemand nach dem Ende einer Vorlesung verachtungsvoll zu mir: ‚Sie sprechen so gewöhnlich vom Tod.' – Als ob der Schrecken des Todes nicht gerade in seiner Gewöhnlichkeit läge! Dies ist sein Schrecken: dass es nichts zu sagen gibt über den Tod des Menschen, den ich am meisten liebe, nichts über sein Photo, das ich betrachte, ohne es je ausloten, umwandeln zu können. Der einzige ‚Gedanke', zu dem ich fähig bin, ist der, dass am Grunde dieses ersten Todes mein eigener Tod eingeschrieben ist; zwischen diesen beiden bleibt nichts als das Warten; mein einziger Rückhalt ist diese *Ironie*: darüber zu sprechen, dass es ‚nichts zu sagen gibt'." (Barthes 1985: 103)

Der Tod ist so zufällig wie der Augenblick, dem das Foto eine dauerhafte Gestalt verleiht: Die Kontingenz des Todes korrespondiert dem Moment der Aufnahme. „Fotografieren heißt die Sterblichkeit inventarisieren", bemerkt darum Susan Sontag.

> „Ein Fingerdruck genügt, um dem Augenblick gleichsam eine postume Ironie zu verleihen. Fotos zeigen Menschen so unwiderruflich *gegenwärtig* und zu einem bestimmten Zeitpunkt ihres Lebens; sie stellen Personen und Dinge nebeneinander, die einen Augenblick später bereits wieder getrennt waren, sich verändert hatten und ihr eigenes Schicksal weiterlebten. [...] Fotografien konstatieren die Unschuld, die Verletzlichkeit, die Ahnungslosigkeit von Menschen, die ihrer eigenen Vernichtung entgegengehen, und gerade die Verknüpfung zwischen Fotografie und Tod verleiht allen Aufnahmen von Menschen etwas Beklemmendes." (Sonntag 1980: 72)

Die spezifische Ironie, von der sowohl Roland Barthes als auch Susan Sontag sprechen, entspringt der Differenzlosigkeit von Leben und Tod, die mit jedem Foto postuliert wird, freilich nicht zugunsten einer Unsterblichkeitsvision.

> „An meiner Wand hängen, eingerahmt, zwei Fotos nebeneinander. Das eine Foto zeigt meinen Vater, der gestorben ist, das andere den Schauspieler Alain Delon, der noch lebt; das Bild stammt aus einem Film, in dem er zum Schluss stirbt. Wenn ich diese Photos betrachte, stelle ich zwischen ihnen keinen wesentlichen Unterschied fest. Für mich gibt sich durch nichts zu erkennen, dass diese beiden Männer durch das wichtigste Ereignis in unserem Leben, den Tod, getrennt sind. Indem ich diese beiden Gesichter anschaue, erreiche ich etwas, wovon die Menschheit träumt, seit es sie gibt: ich hebe den Tod auf, indem ich ihn bedeutungslos mache, zu einer Tatsache, von der ich weiß, dass sie mich nicht im geringsten tangiert. Durch mein bloßes [...] Sehen verwirkliche ich die konsequenteste Utopie, die aber keineswegs konträr zur Wirklichkeit verläuft, [...] sondern sie im Gegenteil um eine bestürzende Dimension verlängert." (Zondergeld 1974: 86)

Eine Vielzahl der Fotografien in der zweiten Hälfte des 19. Jahrhunderts waren buchstäblich Fotografien von Toten. In den europäischen Metropolen, erst recht in Nordamerika, etablierten sich Fotoateliers, die – häufig in Kooperation mit Bestattungsinstituten – die Bilder der Toten produzierten: als *Memorialfotografien* (Hochreiter/Starl 1983a: 23), später auch als Elemente von Grabsteinen. Albin Mutterer, der erste Wiener Fotograf, der in Nußdorf ein glasgedecktes Atelier errichtete, war ein Spezialist für Leichenfotografien (Hochreiter/Starl 1983b: 158); in München warb der Fotograf Adolph Scheuerer mit folgendem Werbespruch um neue Kunden: „Auch werden Leichenportraits in größter Ähnlichkeit gefertigt, und erlaube mir zu bemerken, dass ich auf Verlangen diesen Portraits einen freundlichen Anblick zu geben verstehe" (Neueste Nachrichten 1958). Auf dem Münchener Südfriedhof wurden beispielsweise im Jahr 1857 über dreihundert Verstorbene im offenen Sarg abgelichtet. Jay Ruby hat in seiner Studie zu *Death and Photography in America* mehrere Typen der Totenfotografie im 19. Jahrhundert unterschieden: die ‚Still alive, yet dead'-Bilder, die den Toten (wie in den europäischen Ateliers von Mutterer oder Scheuerer) in aufrechter Haltung, oft mit retuschierten Augen, porträtieren, die ‚*Last Sleep*'-Bilder, die den Toten scheinbar im Schlaf – etwa auf einer Bettbank oder in einer Wiege – abbilden, und schließlich die Sargfotografien, die den Toten im offenen Sarg zeigen. Auf zahlreichen Bildern sieht man die Angehörigen der Toten, in einigen Fällen sogar die gesamte Trauergemeinde, was jedenfalls das zynische Aperçu widerlegt, wonach die ältere Fotografie (mit ihren längeren Belichtungszeiten) die Totenporträts bevorzugt habe, weil Leichen sich nicht bewegen und keine Bilder „verwackeln".

Die meisten Totenfotos, die Jay Ruby oder Stanley B. Burns gesammelt haben, (vgl. Ruby 1995: 60ff.; Burns 1990) präsentieren übrigens verstorbene Kinder; zu Recht betont Philippe Ariès:

> „Kaum ein Familienalbum bleibt ohne Photos toter Kinder. [...] Der Tod des Kindes ist der erste unerträgliche Tod. Kindergrabmäler waren vor dem 16. Jahrhundert inexistent oder außergewöhnlich; sie bleiben auch im 17. selten und linkisch. Im 19. Jahrhundert erobern sich die Kinder dagegen die Friedhöfe. Man spürt, dass man darauf bedacht gewesen ist, sie in allen erdenklichen Haltungen darzustellen, um

> den starken Schmerz der Eltern und ihr leidenschaftliches Bedürfnis zum Ausdruck zu bringen, ihnen im Gedenken und in der Kunst ein Nachleben zu sichern, ihre Unschuld, ihren Charme und ihre Schönheit schwärmerisch zu übersteigern. Eben deshalb zögerten die Leichenbestattungsunternehmer, wenigstens in Amerika, denn auch nicht, sich für ihre Werbung der Kinder zu bedienen. Waren die etwa nicht ihre besten Kunden?“ (Ariès 1984: 264)

Die Praxis der Totenfotografie wurde in Mitteleuropa im ersten Drittel des 20. Jahrhunderts langsam zurückgedrängt oder gar verboten. Der selbstverständlich gewordene Gang zum Fotografen, der in das Trauerritual integriert worden war, wurde durch gesetzliche Auflagen zunehmend erschwert. Bereits 1891 verbot die österreichische Regierung das Fotografieren von toten Kindern im Atelier (was mit der Gefahr der Verbreitung ansteckender Krankheiten, sowie generell mit hygienischen Argumenten begründet wurde); am 24. Mai 1928 wurde ein allgemeines Fotografierverbot auf den Münchener Friedhöfen erlassen. Nach wie vor werden zwar viele Tote fotografiert, aber im Dienste der medizinischen Dokumentation. Diese Fotos tauchen in keinem Familienalbum auf; sie lagern in den Archiven der Kliniken und pathologischen Institute, der Kriminalpolizei oder der Gerichte, bevor sie endgültig vernichtet werden. Der Erinnerung dienen sie jedenfalls nicht mehr.

Neben dem idealen Sterbebild vom Tod als Schlaf verbreiten sich im Zuge der Geschichte der Fotografie die bereits erwähnten ‚Still alive, yet dead‘-Bilder, die – als passagere Doppelbilder – der bedrängenden Frage ausweichen, ob die abgebildete Person noch lebt oder schon gestorben ist. In gewisser Hinsicht zeigt ja ohnehin die Mehrzahl aller Bilder, Portraits und Fotos Menschen, die nicht mehr am Leben sind; darauf verweisen übrigens auch Berechnungen, wonach in einigen Jahrzehnten die Mehrzahl der aktuellen Facebook-Accounts keinen Lebenden mehr gehören werden, sondern den Toten. Und wenn sich diese Toten selbst auf den Fotos zu zeigen beginnen? In den Sechzigerjahren des 19. Jahrhunderts war es der Juwelier und Amateurfotograf William H. Mumler in Boston, der ausgerechnet bei der Entwicklung eines Selbstporträts einen ‚Geist‘ im Hintergrund entdeckt zu haben vorgab: die Erscheinung seines vor zwölf Jahren verstorbenen Cousins; wenigstens war es nicht sein eigener Geist (als *astral body*). Mumler wurde – nach einer erfolgreichen Karriere als *spirit photographer*, in der er von den vielen Toten des amerikanischen Bürgerkriegs profitiert hatte (vgl. Kaplan 2008) – 1869 wegen Betrugs verurteilt. Als Zeuge der Anklage fungierte übrigens ein Spezialist aus dem Show-Business: kein Geringerer als P.T. Barnum. Dennoch sollten Mumlers mehrfach belichtete Fotos, im Verbund mit der spiritistischen Bewegung, die modernen Vorstellungen vom Tod nachhaltiger prägen als die traditionellen Religionen. Der Blick auf die Leiche konnte nun ergänzt werden durch den Blick auf ein ‚außerkörperliches‘, den Tod überlebendes ‚Selbst‘, imaginiert als durchscheinendes ‚Lichtbild‘. Der Geist als Foto: Seine Ablösung vom Körper wurde – etwa in den Bestsellern des ehemaligen Rundfunk-Programmdirektors Robert A. Monroe über seine *Journeys out of the Body* (Monroe 1973) – genauso verstanden wie die ‚Ablösung' eines Fotos von einer konkreten Person. In *Life After Life* betonte Raymond A. Moody,

> „dass sich der Sterbende nach seinem raschen Durchgang durch den dunklen Tunnel oftmals einer gewaltigen Überraschung gegenübersieht, kommt es ihm doch in diesem Augenblick zu Bewusstsein, dass er seinen eigenen physischen Körper von außen erblickt – ganz so als wäre er ein ‚Zuschauer' oder ‚eine weitere im Raum anwesende Person', oder als erlebte er Gestalten und Geschehnisse ‚in einem Theaterstück auf der Bühne' oder ‚in einem Film' mit." (Moody 1977: 40f.)

Die *Near-Death Experience*, die Moody beschreibt, erinnert nicht zufällig an Licht- oder Filmbilder, etwa an die experimentellen Fotografien, die Duane Michals im Jahr 1968 produziert hat: in Gestalt seiner sieben Fotos umfassenden Serie *The Spirit leaves the Body*, die so aufgebaut ist, dass der schattenhafte Fotogeist auf den letzten beiden Bildern geradezu den Betrachter zu durchschreiten scheint. Neben dem Bild vom Tod als Schlaf gewinnt das Bild vom Tod als Reise eine bemerkenswerte Bedeutung.

3 Mein Tod im Bild

Auf einem der ersten Lichtbilder überhaupt (aus dem Jahr 1839) erscheint das Gesicht des Fotografen Robert Cornelius; auf der Rückseite des Bildes steht „the first light picture ever taken". Ein Jahr später zeigt ein anderes Lichtbild (vom 18. Oktober 1840) einen heute – im Vergleich mit Louis Daguerre oder William Henry Fox Talbot nahezu vergessenen – Erfinder und Pionier der neuen Kunst: den französischen Finanzbeamten Hippolyte Bayard; und es zeigt einen aufgebahrten Ertrunkenen. Wer das Bild umdreht, kann freilich auf der Rückseite lesen:

> „Die Leiche des Mannes, die Sie umseitig sehen, ist diejenige des Herrn Bayard. [...] Die Akademie, der König und alle diejenigen, die diese Bilder gesehen haben, waren von Bewunderung erfüllt, wie Sie selber sie gegenwärtig bewundern, obwohl er selbst sie mangelhaft fand. Das hat ihm viel Ehre, aber keinen Pfennig eingebracht. Die Regierung, die Herrn Daguerre viel zu viel gegeben hatte, erklärte, nichts für Herrn Bayard tun zu können. Da hat der Unglückliche sich ertränkt." (zitiert nach Jammes 1975: Abb. 21)

Die Geschichte der Fotografie begann also mit einer ironischen *mise en scène*, implizit jedoch mit dem Versprechen, das Bild des eigenen Todes sichtbar werden zu lassen. Und dieses Versprechen wurde oft genug eingelöst. Auf dem *Self-Portrait As If I Were Dead* steht der eben erwähnte Fotograf Duane Michals am Kopfende eines Metalltisches, um auf sich selbst – als den liegenden Toten – herunterzublicken. Bereits dreizehn Jahre zuvor hatte der österreichische

Maler Arnulf Rainer sich selbst als ‚Sterbenden' inszeniert (vgl. Hofmann 1985: 9): Das Foto zeigt seinen Körper, mit geschlossenen Augen und verschränkten Händen aus einer schrägen Vogelperspektive: als wollte das Foto in seiner Flüchtigkeit auf etwas verweisen, was noch flüchtiger ist als die Lichtspuren auf dem Papier.

Kein ‚Vorlaufen', sondern ein ‚Vorschauen in den Tod'? Zwei Jahre vor Erscheinen von Martin Heideggers *Sein und Zeit* veranstaltete die neu gegründete Zeitschrift *La Révolution Surréaliste* – in ihrer zweiten Ausgabe vom 15. Januar 1925 – eine Umfrage; deren Thema lautete: „Enquête: On vit, on meurt. Quelle est la part de la volonté en tout cela? Il semble qu'on se tue comme on rêve. Ce n'est pas une question morale que nous posons: Le Suicide est-il une solution?" (Enquête 1925: 8)[1] *Ist die Selbsttötung eine Lösung?* Publiziert wurden Antworten und Beiträge von rund fünfzig Autoren, darunter Antonin Artaud, Marcel Jouhandeau („Le suicide est inutile"[2], ebd.: 10), M. Teste (das *Alter Ego* von Paul Valéry) oder André Breton, der mit einem Zitat von Théodore Jouffroy antwortete: „Le suicide est un mot mal fait; ce qui tue n'est pas identique à ce qui est tué."[3] (ebd: 12). Der an Lungentuberkulose erkrankte René Crevel beschrieb den Suizid, den er zehn Jahre später auch genauso vollzog; drei Künstler sandten Bilder ein: André Masson, Man Ray und Oskar Kokoschka, der sich auf eine wundersame Koinzidenz berief: Er habe gerade eine Zeichnung mit dem Titel *Moi-même mort* – „Ich selbst tot" – vollendet, als er die Umfrage erhielt (ebd.: 11). Rund 75 Jahre später, zu Beginn des Jahres 2001, initiierten Niki Lederer und Hannes Priesch in New York eine visuelle Umfrage: das Projekt *Death in the Studio.*

> „An über hundert Künstler in New York, Wien, Bratislava und Toronto schickten wir Einladungen aus. Wir baten sie, in ihrem Atelier oder einem anderen Ort ihrer Wahl, ihren Tod oder ihre Todesvorstellung zu inszenieren. Bei Zusage fotografierten wir die Inszenierung. [...] Unsere ersten ‚Atelierbesuche' starteten wir im Mai 2001 in Brooklyn, New York. Im September desselben Jahres folgte eine ‚Viertagesrallye' durch Wien und Bratislava. Sie brachte uns zu 23 verschiedenen ‚Tatorten'. Später im Herbst nahmen wir unsere ‚Studio Death Snapshots' in New York wieder auf. Sie wurden mit Unterbrechungen bis in den Frühsommer 2002 fortgeführt. Unsere letzte Station war Toronto in Kanada, wo im Juni 2002 neun Teilnehmer ihre ‚Death in the Studio' Version inszenierten. 61 KünstlerInnen und Künstlergruppen leisteten einen Beitrag zu diesem Projekt." (Lederer/Priesch 2002: 142)

Auffällig am Projekt *Death in the Studio* wirkt einerseits das Schweigen über die Ereignisse vom 11. September 2001 – die zwar einen ‚Tatort', aber fast keine

1 „Wir leben, wir sterben. Welchen Anteil hat daran der Wille? Es scheint, wir würden uns töten wie wir träumen. Es ist keine moralische Frage, die wir stellen: Ist die Selbsttötung eine Lösung?"

2 „Der Suizid ist unnütz."

3 „Selbsttötung ist ein schlecht gewähltes Wort. Wer tötet, ist niemals identisch mit dem, der getötet wird."

sichtbaren Toten zurückließen –, und andererseits die relative Dominanz der inszenierten Suizide: Fünfzehn von den 61 mitwirkenden Künstlerinnen und Künstlern, also rund ein Viertel, gestalteten eine mitunter grotesk übersteigerte postsuizidale Szenerie.

Wer seinen Tod vorausschauend inszeniert und abbildet, kann die Faszination schwer zurückdrängen, die sich noch in dem hartnäckigen Gerücht manifestierte, die Fotografin Diane Arbus habe ihren Suizid (am 26. Juli 1971 in New York) mit einer Kamera fotografiert (vgl. Bosworth 1984: 372). Vielleicht gehört diese Antizipation des fremden Blicks auf den eigenen toten Körper wesenhaft zu jener imaginären Schleife, die Ene-Liis Semper (aus Tallin in Estland) in ihrem siebenminütigen Videoloop *FF/REW* (1998) gestaltet hat: als endlose Wiederkehr verschiedener Arten des Freitods.

> „Der Schuss verhallt ungehört, der Sound des filmisch inszenierten Selbstmords wird nur durch die beruhigende Klaviermusik von Beethoven untermalt. Die Frau in Weiß sinkt auf einen Sessel, doch gegen jegliche Erwartungshaltung erhebt sie sich, setzt sich wieder, widmet sich einer kurzen Lektüre und begeht erneut einen Suizid. Diesmal wird sie sich erhängen. Wenn sie den Hocker mit ihrem Fuß beiseite stößt, fällt das Bild ins Black. Nach der erneuten Aufblende läuft der Film jedoch wieder zurück in die Ausgangsposition, die Selbstdarstellerin steht wieder auf dem Hocker, verlässt die Szenerie des schaurigen Freitods, beginnt erneut mit der Lektüre, um sich wiederholt zu erschießen.“ (Mühling 2004: 47)

Auf ähnlich vielgestaltige Weise hat auch der New Yorker Fotokünstler Sam Samore – seit den frühen 1970er Jahren – seinen Suizid visuell inszeniert: Auf manchen Fotografien liegt der Künstler unter einem Auto, auf anderen treibt er scheinbar leblos auf dem Wasser. Samore hat seine Bilderserien unter dem Titel *The Suicidist* 1973 begonnen und ab 2003 wieder aufgenommen, vielleicht sogar unter dem Eindruck des *Death in the Studio*-Projekts. In Einzelausstellungen hat Samore seine *Suicidist*-Serien u. a. im MoMA P.S. 1 Contemporary Art Center New York und in der Kölner Galerie Gisela Capitain gezeigt.

> „Die mit hintersinnigem, besser: schwarzem Humor entworfenen Szenarien von Anschlägen auf sich selbst greifen einerseits bekannte Muster des Selbstmordes auf – Treppensturz und Autounfall, Tod durch Ertrinken oder eine Tablettenüberdosis –, sind andererseits aber von grotesker Komik geprägt, etwa wenn sich Samore mit einer über den Kopf gezogenen Plastiktüte erstickt und mit einem Telefonkabel stranguliert, sich ein Staubsaugerrohr in den Rachen stößt oder kopfüber von einer Kinderrutsche stürzt.“ (Norpoth 2007: 48)

Erschossen, erhängt und vergiftet hat sich auch der Londoner Künstler Neil Hamon in seinen *Suicide Self-Portraits* (2006): Diese Selbstporträts bestehen aus jeweils sechs Einzelfotos, die in ähnlicher Anordnung dieselbe Szene aus unterschiedlichen Blickwinkeln und Entfernungen zeigen. Die Lichtbilder wirken wie Souvenirs – worauf etwa das linke untere Foto des gerahmten Porträts neben einem Vogelkäfig (in *Suicide Self-Portrait: Overdose*) hinzuweisen scheint –, aber sie könnten auch als Stillleben oder mehrteilige Altarbilder figurieren. Der Suizid wird in den Medien seiner Inszenierung mit makabrer Ironie dekomponiert.

Die Ironie, von der – unter Bezug auf Roland Barthes und Susan Sontag – schon die Rede war, scheint sich gegen die Fotografierenden selbst zu wenden. Zugleich artikulieren sie einen Protest gegen Sterbebilder als Ideale und Normen, wie er bedrückender und schärfer kaum ausfallen könnte. Sterben wird als Pose exekutiert; Models spielen ihren Tod, beispielsweise in den Werken des japanischen Starfotografen Izima Kaoru.

> „Seit 1993 inszeniert Kaoru in den Fotoserien *Landscapes with a corpse* Gewalttaten an Frauen, deren leblose Körper hingegen kaum etwas an Schönheit und Sexappeal eingebüßt haben. [...] Kaorus Reihe von Models, die in die Rolle der toten Schönen schlüpfen wollen, ist lang. Die Inszenierungen erfolgen auf Anweisungen der jeweiligen Models. Die Frauen suchen sich ihren Standort wie ihre Todesart selber aus. Kaorus geschultes Auge setzt die Ideen dann um. Die weiblichen Figuren sind einerseits Opfer, andererseits – die Titel wie *Koide Eiku wears Gianni Versace* machen es deutlich – sind sie Trägerinnen von Qualitätslabels. [...] Das in den Fotografien übermittelte Bild vom Tod wirkt weder abschreckend noch abstoßend, sondern wird – wie die Mode auch – zu einer Ausdrucksweise von Lifestyle." (Friedli 2006: 171)

Ist dieser *Lifestyle* auch und vor allem ein *Deathstyle*? Und die Pose ihrerseits eine Art von Leichenmimesis, Totenstarre im Bild? Dagegen erweckt Richard Avedons Inszenierung Nadja Auermanns, sein ästhetisch sublimes Spiel mit der Erscheinung des Doppelgängers als *Unknown Person*, die vormals den eigenen Tod ankündigte, mit den zwei Seiten der *frou werlte* und dem zerbrochenen Spiegel, mit Totentänzen und *Everyman*-Aufführungen, geradezu nostalgische Erinnerungen an vergangene Traditionen und Ausdrucksformen der *ars moriendi*.

Literatur

Ariès, Philippe: *Bilder zur Geschichte des Todes*, aus dem Französischen übersetzt von Hans-Horst Henschen, München/Wien 1984.

Augé, Marc: *Nicht-Orte*, aus dem Französischen übersetzt von Michael Bischoff, München 2010.

Barthes, Roland: *Die helle Kammer. Bemerkung zur Photographie*, aus dem Französischen übersetzt von Dietrich Leube, Frankfurt a. M. 1985.

Bosworth, Patricia: *Diane Arbus. Leben in Licht und Schatten. Eine Biographie*, aus dem Englischen übersetzt von Peter Münder, Frank Thomas Mende, Dorothee Asendorf und Barbara Evers, München 1984.

Burns, Stanley B.: *Sleeping Beauty. Memorial Photography in America*, Altadena (California) 1990.

Claessens, Dieter: *Das Konkrete und das Abstrakte. Soziologische Skizzen zur Anthropologie*, Frankfurt a. M. 1980.

Eco, Umberto: *Über Spiegel und andere Phänomene*, aus dem Italienischen übersetzt von Burkhart Kroeber, München/Wien 1988.

Enquête: Le Suicide est-il une solution? In: *La Révolution Surréaliste.* N° 2. Première année (15 Janvier 1925). Paris: Librairie Gallimard 1925, S. 8–15.

Friedli, Susanne: *Tod und Lifestyle.* In: *Six Feet Under.* Autopsie unseres Umgangs mit Toten. Katalog zur Ausstellung im Kunstmuseum Bern [2. November 2006 – 21. Januar 2007], Bielefeld/Leipzig: Kerber 2006, S. 169–173.

Fuchs, Werner: *Todesbilder in der modernen Gesellschaft*, Frankfurt a. M. 1973.

Die Vorsokratiker. Band 1. Ausgewählt, aus dem Griechischen und Lateinischen übersetzt und erläutert von Maria Laura Gemelli Marciano, Düsseldorf: Patmos/Artemis & Winkler 2007, S. 305 [34]

Hochreiter, Otto/ Starl, Timm: *Geschichte der Fotografie in Österreich*, Band 1, Bad Ischl 1983 (Hochreiter/Starl 1983a).

Hochreiter, Otto/ Starl, Timm: *Geschichte der Fotografie in Österreich*, Band 2, Bad Ischl 1983 (Hochreiter/Starl 1983b).

Hofmann, Werner: *Masken*, in: Arnulf Rainer (Hg.): *Totenmasken.* Salzburg/Wien 1985, S. 5–13.

Jammes, André: *Hippolyte Bayard. Ein verkannter Erfinder und Meister der Photographie*, aus dem Französischen übersetzt von Gertrud Strub, Luzern / Frankfurt a. M. 1975.

Kant, Immanuel: *Anthropologie in pragmatischer Hinsicht. In: Wilhelm Weischedel (Hg.): Schriften zur Anthropologie, Geschichtsphilosophie, Politik und Pädagogik II.* Werkausgabe Band XII, Frankfurt a. M. 1968.

Kaplan, Louis: *The Strange Case of William Mumler, Spirit Photographer*, Minneapolis 2008.

Khanna, Parag: *Move. Das Zeitalter der Migration*, aus dem Englischen von Norbert Juraschitz und Karsten Petersen, Berlin 2021.

Lederer, Niki / Priesch, Hannes: *Death in the Studio*, New York 2002.

Lessing, Gotthold Ephraim: *Wie die Alten den Tod gebildet.* Herausgegeben von Ludwig Uhlig, Stuttgart 1984.

Menninger, Karl: *Selbstzerstörung. Psychoanalyse des Selbstmords*, aus dem Englischen von Hilde Weller, Frankfurt a. M. 1978.

Monroe, Robert Allan: *Journeys out of the Body*, Garden City (New York) 1973.

Moody, Raymond A.: *Leben nach dem Tod. Die Erforschung einer unerklärten Erfahrung*, aus dem Englischen übersetzt von Hermann Gieselbusch und Lieselotte Mietzner, Reinbek bei Hamburg 1977.

Mühling, Matthias: *Selbst, inszeniert*, Ausst.-Kat. „gegenwärtig: Selbst, inszeniert" [28. November 2004 – 2. Februar 2005], Hamburger Kunsthalle, *Uwe M. Schneede (Hg.)*, Hamburg 2004.

Neueste Nachrichten vom 19. Dezember 1858, München 1858.

Norpoth, Karoline: *Sam Samore White Dahlia.* Ausst.-Kat. „*Zum Sterben schön?* Der Tod in der Kunst des 20. Jahrhunderts. Katalog zur Ausstellung in der Kunsthalle Recklinghausen" [11. Februar – 15. April 2007], Kunsthalle Recklinghausen, Hans-Jürgen Schwalm, Ferdinand Ullrich (Hg.), Recklinghausen 2007.

Ruby, Jay: *Secure the Shadow. Death and Photography in America.* Cambridge (Massachusetts) / London 1995.

Schäfer, Rudolf: *Der Ewige Schlaf - visages de morts*, Hamburg 1989.

Schirrmacher, Frank: *Das Methusalem-Komplott*, München 2004.

Shakespeare, William: *Hamlet. Prince of Denmark*, in: William J. Craig (Hg.): *Complete Works*, London/New York/Toronto 1969.

Sontag, Susan: *Über Fotografie*, aus dem Englischen übersetzt von Mark W. Rien und Gertrud Baruch, Frankfurt a. M. 1980.

Winckelmann, Johann Joachim: *Gedanken über die Nachahmung der griechischen Werke in der Malerei und Bildhauerkunst.* Kunsttheoretische Schriften. Band I, Baden-Baden/Strasbourg 1962 [Reprint].

Zondergeld, Rein A.: Wege nach Sais. Gedanken zur phantastischen Literatur, in: Ders. (Hg.): *Phaicon 1. Almanach der phantastischen Literatur*, Frankfurt a. M. 1974.

Transformationen

Daniel Schäfer

Sterbe- und Todesbilder – ein medizinhistorischer Überblick

Die Fokussierung dieses Tagungsbandes auf das Thema *Sterbebilder* ist aus historischer Perspektive ungewöhnlich. Darin spiegeln sich offensichtlich (post)moderne, vorwiegend naturwissenschaftlich geprägte Konzepte vom Lebensende; sie befassen sich in erster Linie mit extern erfassbaren Sterbevorgängen und nicht mit imaginierten Übergängen in andere Formen der Existenz. Der Begriff *Sterbebilder* signalisiert deshalb recht eindeutig, dass gegenwärtig im westlichen Kulturkreis nur *Sterben* im Sinne eines Vorgangs diskursfähig ist, der zum Leben gehört und mit dem Tod endet. Die folgende Darstellung wird demgegenüber deutlich machen, dass vormoderne sowie nicht vom naturwissenschaftlichen Paradigma geprägte Diskurse weniger über Sterben als vielmehr über den Tod handeln, also *Todesbilder* repräsentieren; auch die darin enthaltenen Aussagen über das Sterben sind von Erwartungen bezüglich Tod und Jenseits geprägt; sie werden häufig transzendiert, indem mit dem Sterben eine Passage beginnt, die über den Eintritt des physischen Todes hinausreicht und zu dessen imaginierter Sphäre rechnet.

Sterbe- und Todesbilder in der Medizin, um die es im Folgenden gehen soll, lassen sich aus historischer Sicht von verschiedenen Blickwinkeln betrachten. Ich wähle im Folgenden einen chronologischen Zugang, indem ich – nach einer kurzen Forschungsübersicht – fünf kulturgeschichtlich relevante Bilder vom Sterben, wie sie bereits der Mentalitätshistoriker Philippe Ariès in den 1970er Jahren stufenförmig unter Bezug auf verschiedene Epochen des westlichen Kulturkreises beschrieb, jeweils medizinischen Konzepten zu Sterben und Tod aus denselben Zeitstufen gegenüberstelle. Abschließend soll noch auf die Frage eingegangen werden, inwieweit medizinhistorisch bedeutsame Konzepte für den Umgang mit heutigem Sterben und Tod noch relevant sein können.

Forschungsübersicht

Obwohl Sterben und Tod in den letzten Jahrhunderten und Jahrzehnten ein immer herausragenderes Thema für die Humanmedizin wurden, findet sich – im Gegensatz zu Analysen der aktuellen Situation[1] – bislang verhältnismäßig

1 Beispielsweise bei Baust (1992), Hucklenbroich/Gelhaus (2001) oder Borasio (2011).

wenig wissenschaftliche Literatur zur *Medizingeschichte* dieses Prozesses. Eine gute Übersicht liefert Groß (2020).[2] Ältere Beiträge fokussieren auf einzelne Aspekte, etwa zum Arzt im Totentanz oder zur Scheintoddebatte im 18. Jahrhundert.[3] Auch neuere Arbeiten widmen sich ausschließlich besonderen Kapiteln der geschichtsträchtigen Beziehung zwischen Medizin und Tod: Ein Sammelband zur Kulturgeschichte der Todesfeststellung geht insbesondere der (Vor-)Geschichte des Hirntod-Konzeptes nach (Schlich/Wiesemann 2001); die Monographien von Benzenhöfer (2009) und Stolberg (2011) untersuchen die mit der Medizin aufs Engste verbundene Historie von Euthanasie und Palliativmedizin. Robert Jütte (2013) hat einen Beitrag zur Sterblichkeit im Arztberuf vorgelegt, Karin Stukenbrock (2001) zur Sozialgeschichte der Anatomie. Die eher populärwissenschaftlich angelegte Monographie von Schäfer (2015) versucht, diese einzelnen Aspekte zu bündeln.

Zur allgemeinen Geschichte des Todes liegen inzwischen zahlreiche Einzelstudien vor (Übersicht bei Schäfer/Fischer 2020). Dass hier trotzdem auf ältere Forschungen von Philippe Ariès (1977; vgl. Bohnengel 2009) zurückgegriffen wird, die bereits von Historikern wie Arno Borst und Detlev Ilmer (1978) als viel zu undifferenziert und zugleich moralistisch angegriffen wurden (vgl. aber die überwiegend positive Einschätzung bei Hahn 2002), liegt an ihrem Bekanntheitsgrad, ihrer (bezüglich der vielfältigen Quellen beeindruckenden) Interdisziplinarität, der (bei näherer Betrachtung allerdings nicht durchgängigen) Griffigkeit ihrer Stadieneinteilung sowie einer Betrachtung der longue durée über mehr als 1000 Jahre. Die gegenwartskritische Grundthese von Ariès, der abendländische Mensch sei bis zur Moderne souveräner Herrscher seines Todes sowie der Umstände seines Todes gewesen, ist zwar abzulehnen; aber die implizit enthaltene Idee, dass bestimmte historische Kontexte häufig zu umrissenen Todesbildern führten (im Sinne von imaginierten Idealen, die natürlich von der Realität häufig durchkreuzt wurden), bietet einen Mehrwert gerade auch für den Vergleich mit medizinischen Konzepten.

(1.) Der gezähmte und von Ärzten gemiedene Tod (600–1200 n. Chr.)

Nach Ariès (1977) war das Verhältnis des Menschen zum Tod in der abendländischen Kultur seit dem frühen Mittelalter durch Akzeptanz geprägt. Insbesondere Rituale, die am Sterbenden und an der Leiche im Beisein der Gemeinschaft vollzogen wurden, trugen zu einer Kontrolle des jederzeit zu erwartenden und

2 Weitere Literatur bei Schäfer (2015).

3 Block (1966), Ackerknecht (1968), Schäfer (2005). Einschlägige medizinhistorische Dissertationen: Steingießer (1936); Augener (1966); Patak (1967); Schadel (1974); Pohl (1982); Culmann (1986).

idealerweise vorausgeahnten Schicksals bei. Zunehmend wurde der Übergang in ein seliges Jenseits durch Sakramente und eine Bestattung bei den Reliquien der Heiligen und Märtyrer gesichert.

Vormoderne Medizin äußerte sich über viele Jahrhunderte in der ohnehin spärlich überlieferten Fachliteratur kaum zu Sterben und Tod – die Distanz zum Lebensende der Patient*innen war traditionell groß. Von Notfällen abgesehen versuchten Ärzte bereits in der griechisch-römischen Antike häufig, den Kontakt zu sterbenden Patient*innen abzubrechen oder gar nicht erst aufzunehmen, wenn ein negativer Ausgang zu befürchten war (Stolberg 2011: 21, Wittern 1982: 10–16). Diese aus heutiger Sicht zunächst schwer verständliche Haltung erklärt sich aus den zeithistorischen Kontexten:

Selbst wenn sie im Dienst einer Stadt oder eines Fürsten arbeiteten, waren vormoderne Ärzte unmittelbar von ihrem beruflichen Erfolg abhängig; die frustrane Behandlung unheilbarer Patienten galt daher als rufschädigend und außerdem für die Heilenden gefährlich, weil sie bei einem negativen Ergebnis womöglich von Angehörigen der Patienten bedroht oder verfolgt wurden (Pohl 1982). Ferner war eine Fortsetzung der Therapie bis zum Ableben ethisch umstritten, weil sie Ärzte dem Vorwurf aussetzte, habgierig zu sein und zugleich anderen Patienten die meist knappen personellen Ressourcen zu entziehen. Außerdem war die Behandlung von Schwerkranken angesichts der geringen therapeutischen Möglichkeiten de facto wenig hilfreich. Studierte Ärzte hatten zudem teilweise den Ruf, nolens volens Helfer des Todes zu sein und auch sich selbst nicht vor dem Tod schützen zu können (Schäfer 2015: 58f., 96–104, 110ff.). Ferner war eine Betreuung Sterbender im vormodernen Europa seit dem Hochmittelalter zunehmend die Aufgabe des Klerus („Arzt der Seele"), gegenüber dem die „Ärzte des Leibes" von Sterbebett zurücktreten sollten (Berthold von Regensburg 1862 [um 1250]). Insofern korrespondiert die Abwesenheit der Medizin mit dem von Ariès skizzierten ritualisierten Sterbeprozess, der den Berichten zufolge in keiner Weise von der Medizin beeinflusst wurde.

Zwar ist anzunehmen, dass Heilkundige in früh- und hochmittelalterlichen Klöstern, einem Schwerpunkt der abendländischen Medizin in dieser Zeit, auch Sterbende versorgten. Doch dies geschah wohl in erster Linie pflegerisch und nicht mit kurativem Ziel. Entsprechend prägte die medizinische Schule von Salerno womöglich schon im 12. Jahrhundert den skeptischen Leitsatz *Contra vim mortis non est medicamen in hortis* (frei übersetzt: Gegen den Tod ist kein Kraut gewachsen). Wo Ärzte gegen diese angesagte Bescheidenheit verstießen und Sterbende versuchten zu heilen (wie es der spätere Heilgott Asklepios im antiken Mythos tat; vgl. Pindar, *3. Pythische Ode* 57–58), sollte sie der Blitzstrahl des Allerhöchsten treffen. Nur Gott oder die Natur (*physis*: Lebens- oder Wuchskraft), als deren Diener sich Ärzte verstanden, waren in der Lage, den Tod in Schach zu halten.

(2.) Der eigene, selbst verantwortete Tod (1200–1600)

Im Hochmittelalter begann sich nach Philippe Ariès ein anderer mentaler Umgang mit dem Tod zu verbreiten, den der Mentalitätshistoriker mit der *Einführung* eines persönlichen Jüngsten Gerichts als eschatologischer Topos in Beziehung setzt: Neben dem kollektiven Weltgericht rückte nun auch ein individuelles (Partikular-)Gericht ins kollektive Bewusstsein, in dem sich jede*r einzelne für die eigenen Taten verantworten sollte. Sterben und Tod wurden zu einem Vorspiel, aber auch zu einer Vorwegnahme dieses Prozesses stilisiert, auf die der oder die Sterbende sich vorbereiten musste durch einen geeigneten Lebenswandel, durch gute Taten, aber vor allem auch durch ein ultimatives Bekenntnis zum Glauben an den rettenden Christus. Letzteres zeigt sich eindrucksvoll in dem Sterberitual *Admonitio morienti* (lat. frühes 12. Jh.; volkssprachliche Übertragungen für Laien ab dem späten 13. Jh.), das Sterbende im Dialog dazu ermahnt, bis zu ihrem Ende aktiv an dieser Heilszusage festzuhalten (Schäfer 1995: 15–44).

Ab dem 14. Jahrhundert verschärfte sich offensichtlich diese Drohkulisse: Die Darstellungen des *Transi* (eines von Würmern zerfressenen Leichnams), des Triumphes des Todes, der Totentänze und die *Ars moriendi*-Literatur signalisieren neue Besorgnis und Angst vor dem Tod, insbesondere dass Dämonen die unbegleiteten Sterbenden vom rechten Weg des Glaubens im heilsentscheidenden letzten Moment noch abbringen könnten. Ariès deutet diese Sorge als Kehrseite einer in der Renaissance neu entflammten Liebe zum Leben; mindestens ebenso plausibel erscheint aber der Bezug zu den Pestpandemien ab dem 14. Jahrhundert, in denen durch die raschen Sterbeverläufe und die hohen Opferzahlen eine Sterbeseelsorge durch den Klerus nicht mehr regelmäßig durchgeführt werden konnte und die Verantwortung der einzelnen für einen guten Tod stieg.

Die vormoderne Heilkunde fokussierte schon seit der griechisch-römischen Antike auf Krankheitszeichen und -prognosen. In diesem Kontext finden sich bereits in verschiedenen hippokratischen Schriften Todesprognosen, beispielsweise die heute noch bekannte *Facies hippocratica*, die Beschreibung des Gesichtes eines/einer Sterbenden. Solche *Vorhersagen* des Todes dominierten in der Medizin bis ins 18. Jahrhundert, während *Feststellungen* des Todes (Todesdiagnosen) durch Ärzte in der Fachliteratur ausgesprochene Raritäten sind – letzteres spiegelt einmal mehr die oben schon erwähnte Distanz zum Sterbenden und die Abwesenheit der Heiler am Sterbebett. Interessant ist nun, dass in der Fachliteratur ab dem 13. Jahrhundert besonders häufig todesprognostische Texte in Volkssprachen übertragen werden; gleichzeitig ändert sich – auch aufgrund des magisch-mantischen Kontextes vieler Texte – die Aussagekraft der Prognosen: Während die Vorlagen aus der Antike und dem hohen Mittelalter in der Regel nur Tendenzen angeben, prognostizieren die volkssprachlichen *Todeszeichen* (*signa mortis*) nicht nur einen *sicheren* Tod, sondern womöglich sogar den Tag des Todes ab dem Zeitpunkt des beobachteten Todeszeichens (Schäfer 1997). Dies legt die Vermutung nahe, dass von Seiten medizinischer Laien aus ein verstärktes Interesse an solchen *sicheren* Vorhersagen bestand, womöglich um sich oder die Angehörigen rechtzeitig auf den *eigenen*, selbstverantworteten Tod vorbereiten zu können. Denn ein plötzlicher, unvorbereiteter Tod galt als schlimmes Vorzeichen für eine Bestrafung im Jenseits.

(3.) Der langdauernde, nahe und zunehmend „verwilderte" Tod (1600–1800)

Bereits im 16. Jahrhundert begann – auch und gerade unter dem Einfluss der Reformation – sich die Bedeutung der Todesstunde wieder abzuschwächen; stattdessen verbreitete sich zunehmend eine allgemeine *vanitas*-Empfindung angesichts der Kürze des Lebens. Nach Ariès begann der Mensch zwar, in Distanz zu seinem Tod zu treten, war aber gleichzeitig von ihm fasziniert. Sterben wurde in der Tradition der antiken Stoa als etwas dargestellt, was jederzeit geschehen kann, aber auch fortwährend geschieht (*cotidie morimur*; Seneca epist. 24), wodurch es abstrahierend als ein *langdauernder* und zugleich *naher* Prozess erschien. Kunst und Kultur in der Zeit des Barocks und Rokokos thematisierten den Tod außerdem häufig als scheußlich-makabres Schreck- und Gegenbild zur Entfaltung diesseitigen Prunks bei Adel und Bürgertum. Aufklärung und Entkirchlichung führen aber ab dem 18. Jahrhundert bei Teilen der Bevölkerung zu einer Ablehnung sakramentaler Tröstungen und zu einer Entdramatisierung des Todes (Hahn 2002: 81; nach Arbeiten von Michel Vovelle). Ariès interpretierte diese Phase einer „abklingenden sozialen Bändigung des Todes" als sukzessive Rückkehr in einen ursprünglichen „wilden Zustand" der Auseinandersetzung mit dem Tod („état sauvage"; Hahn 2002: 74); dieser Trend zur *Verwilderung* soll sich bis ins 20. Jahrhundert fortsetzen.

Die frühneuzeitliche Heilkunde näherte sich ebenfalls in verschiedenen Bereichen dem Thema Sterben und Tod an. (1.) Bereits in der Renaissance begann das Zeitalter der Anatomie: Darstellung und Erforschung des (toten) menschlichen Körpers begeisterte die abendländische Gelehrtenwelt weit über die Medizin hinaus. In der Sektion, aber auch in der moralischen Auseinandersetzung mit den Leichen sollte der Tod die Lebenden *lehren*, und gleichzeitig konzentrierte sich dabei das Interesse auf eine diesseitige, objektbezogene Erfahrbarkeit des Lebensendes. (2.) Im frühen 17. Jahrhundert stellte der englische Philosoph Francis Bacon, der im Übrigen an medizinischen Fragen um Langlebigkeit und Tod sehr interessiert war, die Forderung auf, Ärzte sollten das Sterben ihrer Patienten nicht nur beklagen, sondern es durch konkrete Maßnahmen einer *euthanasia exterior* (palliative Symptomlinderung i. S. v. Sterbebegleitung, nicht aktive Lebensbeendigung) erleichtern – und in der Tat blieben Heilkundige etwa ab 1650 zunächst sporadisch, aber doch immer häufiger bei ihren Patient*innen bis zu deren Lebensende (Stolberg 2011: 110–116). (3.) Etwa zeitgleich erschien in Paris eine vielfach nachgedruckte und plagiierte medizinische Hochschulschrift zur Frage, ob der Mensch von Geburt an krank sei (Patin/Courtois 1643), und untermauerte mit vielen fachlichen Argumenten die ständige Todesnähe des Menschen vor dem Hintergrund der zeitgenössischen *vanitas*-Anschauung. Und schließlich (4.) publizierte der venezianische Arzt Domenico Terilli im Jahr 1615 erstmals über den plötzlichen Tod. Diese Kategorie war bis dahin eigentlich eine Domäne der Theologie und des Klerus gewesen. Galt die *mors repentina* dort als unglückseliges, weil nicht vorbereitetes Sterben, womöglich sogar als typischer Tod des Sünders, so interessierte sich Terilli als einer der ersten Ärzte für die Frage der Todesfeststellung bei solch raschen Sterbeverläufen. Auch der Oberlausitzer Pfarrer Sebastian Albin (1620) berichtete als medizinischer Laie über Unsicherheiten bei der Todesfeststellung und rief zu Wiederbelebungsversuchen auf. Doch erst im 18. Jahrhundert kam es zu systematischen fachlichen Untersuchungen über Todesdiagnose und Sterbephysiologie. Dies wurde auch durch eine Scheintod-Debatte befördert, die ausgehend von einer skandalisierenden Pariser Schrift (Bruhier d'Ablaincourt 1742) die europäischen Gesellschaften überzog; gewissermaßen trat die Angst vor dem individuellen Lebendig-begraben-werden an die Stelle der bisherigen Furcht vor pandemischen Massensterben. Bis zum Ende des Jahrhunderts wurden daraufhin in vielen europäischen Territorien Gesetze und Vorschriften gegen eine vorzeitige Bestattung erlassen, und zunehmend waren Ärzte gefordert, als Experten für Todesdiagnose eine entsprechende Bescheinigung auszustellen. Diese frühen Anzeichen einer Medikalisierung des Todes im 18. Jahrhundert korrespondieren zur oben erwähnten sukzessiven Entkirchlichung: Die Angst vor dem (möglicherweise unvollendeten) diesseitigen Sterben ersetzte die frühere Sorge um das Jenseits, und ärztliche Kompetenz trat zunehmend an die Stelle religiöser Autorität.

(4.) Der (romantisch-verklärte) „Tod des Du" und seine zunehmende Unsichtbarkeit (1800–1900)

Bereits für das Ende des 18. Jahrhunderts diagnostizierte Ariès eine wachsende Privatisierung und emotionale Aufladung von Sterben, Tod und Trauer. Insbesondere der Verlust des geliebten Partners oder der Partnerin wurde Gegenstand langdauernder persönlicher Empfindungen, in denen das Gegenüber gewissermaßen weiterlebte. Die romantische Verklärung des Abschieds in der bürgerlichen Kultur verschleierte die Hässlichkeit der Agonie (Hahn 2002: 75). Auch äußerlich ließ die beginnende demographische Wende Sterben und Tod sukzessive zu selteneren Ereignissen werden. Die früher zentral um die Kirche gelegenen Friedhöfe verschwanden nach und nach aus den Innenstädten; anstelle der Angehörigen kümmerten sich Spezialisten (insbesondere Leichenbestatter) um die *Entsorgung* der Toten. In den neu eingerichteten Krankenhäusern starb eine zwar noch geringe, aber wachsende Anzahl von Menschen, zunächst vorwiegend aus unteren Schichten. Die Kehrseite dieser Entwicklung war, dass im bürgerlichen Alltag der Tod zunehmend unsichtbar und unvertraut wurde und immer weniger Sterbetechniken eingeübt wurden. In Tolstojs Erzählung *Der Tod des Iwan Iljitsch* von 1886 wird dieses Problem des verdrängten Todes eindringlich dargestellt.

Die naturphilosophische Medizin im Gefolge der romantischen Naturphilosophie um 1800 war eine deutsche Sonderentwicklung, die Altern, Sterben und Tod als notwendige Involution und Metamorphose des Lebens begriff. Materialistische Naturforscher wie Jacob Moleschott erweiterten diese Sicht zu einem *Kreislauf des Lebens* (1852), bei dem die Natur durch den Tod den Ausgangsstoff für neues Leben erhält; deshalb schlug Moleschott beispielsweise Leichen als Dünger für die expandierende Landwirtschaft vor. In Charles Darwins Evolutionslehre sind Tod und Aussterben implizite Voraussetzung für die Durchsetzung neuer Arten, die sich an eine veränderte Umwelt angepasst haben. Diese das Wesen des Todes stark verallgemeinernde biologische Sicht wurde etwa ab 1870 von utilitaristisch orientierten Sozialdarwinisten auf den Menschen übertragen: Insbesondere schwer leidenden Menschen, die aufgrund chronischer Krankheit oder Behinderung nicht mehr *nützlich* erschienen, sollte die Möglichkeit zum vorzeitigen Sterben gegeben werden (im frühen 20. Jahrhundert wurde daraufhin nicht nur die Tötung auf Verlangen, sondern auch eine Ermordung nicht Einwilligungsfähiger diskutiert und unter nationalsozialistischer Herrschaft tatsächlich umgesetzt).

Die im 19. Jahrhundert zunehmend naturwissenschaftlich ausgebildete Ärzteschaft lehnte transzendente Perspektiven auf das Lebensende, aber auch vorzeitige Tötungen weitgehend ab; vielmehr verstand sie den Tod zunehmend als zentralen Gegner ihres Heilauftrags und hatte den Anspruch, ihn durch naturwissenschaftliche Forschung und klinische Therapie bis zum Äußersten zu bekämpfen. Deshalb wurde es beispielsweise üblich, präfinal intrakardiale Kampferinjektionen zu applizieren, um den Eintritt des Todes noch um kurze Zeit hinauszuzögern; in chirurgischen Kliniken wurden experimentelle Operationen (z. B. im Magen-Darm-Bereich) an Sterbenden durchgeführt. Palliativerleichternde Maßnahmen am Sterbebett standen dagegen nicht mehr im Fokus. Die Patient*innen hatten sich vielmehr dem paternalistischen Führungsanspruch des kämpfenden und sich für sie aufopfernden Arztes unterzuordnen. Am medizinischen Horizont einiger Protagonisten stand sogar die Vision einer Gesellschaft ohne Krankheit und Tod, die man bei weiteren Anstrengungen in wenigen Jahrzehnten erreichen könne.

Die Kehrseite zu dem in der bürgerlichen Gesellschaft *unsichtbaren* Tod im 19. Jahrhundert zeigte sich also in den wachsenden Aktivitäten thanatopraktischer Experten, zu denen zunehmend auch die Ärzteschaft gerechnet wurde. Aber auch die Medizin könnte eine Form der Emotionalisierung und *Verdrän-*

gung des Todes betrieben haben, indem sie ihn auf die Rolle des Gegners einengte und mit allen Mitteln zu verhindern suchte.

(5.) Der ins Gegenteil verkehrte Tod (ab 1900)

Unter dieser Überschrift versteht Ariès die nunmehr völlige Abkehr von einem durch Rituale, Gemeinschaft und Jenseitsvorstellungen angeblich mehr als tausend Jahre lang *gezähmten* Tod. Diesem vormodernen Ideal stand nun der moderne Tod in Institutionen, insbesondere im Krankenhaus gegenüber, in dem nach 1900 auch mittlere und obere Bevölkerungsschichten behandelt werden, in dem sie gebären und sterben. Damit brach aber die jahrtausendealte räumliche Einheit von Leben und Sterben auseinander. Als Ideal galt nun der schmerzlose, möglichst nicht erlebte Tod; daher gibt es aus Sicht des Mentalitätshistorikers in den 1970er Jahren keine Alternative zur fortschreitenden Medikalisierung. Für die Angehörigen, die ohne Rituale privaten Abschied nehmen und trauern müssen, wird der ohne Jenseitsperspektive sinnlos gewordene Tod zum Trauma, „das man nicht bändigen, sondern nur noch bannen kann" (Hahn 2002: 75f.). Aus der Institutionalisierung und Verdrängung des Sterbens folgt aber die Einsamkeit der Sterbenden in den Institutionen (vgl. auch Elias 1982). Zur *Gegenteiligkeit* des modernen Todes rechnen aber auch die Industrialisierung und Anonymisierung des Sterbens auf den Schlachtfeldern und in den Bombenkriegen der Weltkriege, in den Konzentrations- und Vernichtungslagern, ja selbst die kurz vor 1900 einsetzende Kremierung der Verstorbenen, die mittlerweile von einer großen Mehrheit der Bevölkerung akzeptiert wird: Die Toten werden dadurch auch physisch nahezu zum Verschwinden gebracht, das Schmutzige und Unanständige der Leiche hygienisch entsorgt.

Über die wachsende Hospitalisierung der Sterbenden hinaus erleben Ärzt*innen seit der Mitte des 20. Jahrhunderts eine weitere Annäherung an den Tod: Durch die Entwicklung und den Ausbau der Intensivmedizin sowie der Medizintechnik wuchsen und wachsen die diagnostischen und therapeutischen Möglichkeiten nochmals enorm. Patient*innen, die früher gestorben wären, können nun oft geheilt, in ihrem Gesundheitszustand gebessert oder zumindest über längere Zeit am Leben erhalten werden. Anstelle einen letztlich aussichtslosen Kampf gegen den Tod zu führen, verlegen sich Ärzt*innen ziemlich erfolgreich auf „a ever growing and never exhausted set of battles against particular diseases and other threats to life" (Bauman 1992: 10). Aber auch Zustände von chronischer (Alters-)Schwäche (*frailty*, *Viertes Lebensalter*; vgl. Schäfer 2022) und Sterbeverläufe werden dadurch verlängert. Intensivmedizin und Organtransplantationen trugen auch dazu bei, dass mit der Hirntodfeststellung ab 1967/68 ein neues diagnostisches Kriterium für den Eintritt des Todes entwickelt wurde, dem allerdings zur Überraschung der Ärzteschaft Teile der

Bevölkerung deutlich widersprachen: Die Akzeptanz für eine nur von Fachleuten zu erhebende und dem bloßen Anschein widersprechende Todesdiagnose musste und muss in einer pluralen demokratischen Gesellschaft argumentativ erstritten und nicht einfach festgelegt werden. Auch in anderen Bereichen zeigt sich eine Abkehr vom *paternalistischen Kämpfer gegen den Tod*: Juristische und medizinethische Debatten führen zu einer fortwährenden Stärkung der Patientenrechte, insbesondere auch des Rechtes, über therapeutische Maßnahmen aufgeklärt zu werden (*informed consent*) und über die Behandlung selbst zu entscheiden (*Patientenautonomie*); auf diese Weise kommen Ärzt*innen (im Gegensatz zur Praxis des *therapeutischen Betrugs* in früheren Epochen; vgl. Bergdolt 2004: 145–155) meistens nicht umhin, ihre Patient*innen über deren Zustand aufzuklären – auch wenn sie die Mitteilung über einen bald einsetzenden Sterbeprozess durch *Beenden* einer Therapie oder eine *Änderung des Therapieziels* verklausulieren können. Noch heftigeren Widerstand erleben kurativ oder palliativ tätige Ärzt*innen von der seit den 1970er Jahren erstarkenden internationalen Sterbehilfebewegung, die von der Medizin Ausführungshilfe bei der Tötung auf Verlangen oder dem assistierten Suizid verlangt – ein Ansinnen, das zwar im Einzelfall gut begründet werden kann, das aber dem seit Jahrhunderten hoch gehaltenen Tötungsverbot im Hippokratischen Eid fundamental widerspricht (s. u.).

Zwischenfazit: Gibt es mittlerweile eine sechste Phase?

Philippe Ariès' Darstellung der jahrtausendealten Auseinandersetzung abendländischer Kulturen mit dem Lebensende überging zwangsläufig die unterschiedlichen Reaktionen einzelner auf ihren bevorstehenden Tod – in jeder Epoche finden sich Gegenbeispiele zu den geschilderten Typen, und es ist insbesondere in der Moderne von einer Parallelität verschiedener Sterbekulturen auszugehen. Trotz der vielfältigen Quellen fehlt Ariès' Analyse auch der medizinhistorische Blick auf Entwicklungen innerhalb der Medizin, die für die Allgemeingesellschaft sehr wichtig waren. Trotzdem lassen sich aber die medizinischen Annäherungen an den Tod seit der Renaissance in die Vielfalt der dargestellten Kontinuitäten und Entwicklungen plausibel einordnen. Insbesondere für das 20. Jahrhundert geht Ariès selbst von einer Verwobenheit kultureller und medizinischer Todesbilder im Sinne einer Medikalisierung aus.

Es ist allerdings davon auszugehen, dass in den letzten 40 bis 50 Jahren, die seit dem Erscheinen von Ariès' Publikationen vergangen sind, sich in Medizin und Gesellschaft Vieles weiterentwickelt hat. Kann angesichts des derzeitigen Tempos der Veränderungen in Wissenschaft, Technik und auch in sozialen Bereichen überhaupt noch von einer longue durée in thanatologischer Kultur und Mentalität gesprochen werden? Philippe Ariès stand in den 1970er Jahren am Beginn mentalitätshistorischer und thanato(sozio)logischer Forschung; er erwähnte beispielsweise nicht den grundsätzlichen Einfluss der 68er-Protestkultur und der internationalen Bewegung für Bürger- und Patientenrechte auf die Medizin, auch nicht die Euthanasiebewegung oder Hirntod-Debatten; er kannte natürlich auch nicht die Diskurse um Sterbebegleitung und Therapieabbruch, um Palliativmedizin und Hospizbewegung. Manches spricht dafür, dass in den letzten 50 Jahren eine neue Phase der Auseinandersetzung mit dem Tod begonnen hat: Nicht nur innerhalb der Medizin, sondern auch allgemeingesellschaftlich (insbesondere in Medien aller Art) werden Sterben und Tod häufig thematisiert und angeblich auch *enttabuisiert*. Andererseits ist unklar, wie viele Menschen in den zunehmend pluralen Kulturen tatsächlich von diesen Darstellungen und Diskussionen erreicht werden bzw. sich erreichen lassen. Faktisch nimmt seit einigen Jahren der Anteil der Menschen in Deutschland, die in Krankenhäusern sterben, leicht ab – doch auch die Fraktion derer, die zu Hause sterben, während gleichzeitig die Anteile der Sterbenden in Pflegeheimen, Palliativstationen und Hospizen kontinuierlich ansteigen (Dasch/Zahn 2021). Hierzulande nimmt also insgesamt das Sterben in Institutionen weiter zu, möglicherweise auch eine Folge des gestiegenen durchschnittlichen Sterbealters, das wiederum mit einem Anstieg von Ko-Morbiditäten und Demenzerkrankungen korreliert. Dennoch hat sich das Bild seit den 1970er Jahren, die Ariès vor Augen hatte, deutlich differenziert: Das Sterben in Pflegeheimen, Hospizen und Palliativstationen ist möglicherweise weniger medikalisiert als im Krankenhaus. Vielleicht hat gerade in der Altenpflege auch die Einsamkeit der Sterbenden abgenommen. Doch die von Ariès monierte Trennung der Lebenden von den Toten, d. h. die Abschottung der Sterbenden vom beruflich immer stärker eingespannten Rest der Gesellschaft könnte eher noch zugenommen haben.

Historische Vorbilder für eine neue Sterbekultur?

Angesichts dieses (medizin-)historischen Panoramas von Sterbe- und Todesbildern stellt sich immer wieder die Frage: Welchen Nutzen, welche Lehre ziehen wir aus diesen Kenntnissen über frühere Epochen für unsere heutige Situation? Verschiedentlich wurden und werden tatsächlich historische Vorbilder bemüht, um einen Einfluss auf aktuelle Sterbekulturen zu nehmen oder sie wenigstens kritisch zu beleuchten. Drei sehr unterschiedliche Beispiele von Geschichtsrezeption sollen hier vorgestellt werden, jeweils gefolgt von einem persönlichen Kommentar.

1. Seit mindestens 200 Jahren wird das sogenannte Tötungsverbot aus dem Hippokratischen Eid von Ärzten gezielt herangezogen, um damit Erwartungen aus dem gesellschaftlichen Umfeld (oder auch eigenen Versuchungen) eine Absage zu erteilen und Patient*innen keinesfalls vorzeitig von ihrem Leiden zu

erlösen. Einen oft zitierten Paukenschlag diesbezüglich enthält die einschlägige Passage aus einer deontologischen Schrift Christoph Wilhelm Hufelands (1806):

> „Wenn ein Kranker von unheilbaren Übeln gepeinigt wird, wenn er sich selbst tot wünscht [...], wie leicht kann da, selbst in der Seele des Besseren, der Gedanke aufsteigen: Sollte es nicht erlaubt, ja sogar Pflicht sein, jenen Elenden etwas früher von seiner Pflicht zu befreien [...]? So viel Scheinbares ein solches Raisonnement hat, so sehr es selbst durch die Stimme des Herzens unterstützt werden kann, so ist es doch falsch und eine darauf begründete Handlungsweise würde im höchsten Grade unrecht und strafbar sein. Sie hebt geradezu das Wesen des Arztes auf. Er soll und darf nichts anderes tun, als Leben zu erhalten, ob es ein Glück oder ein Unglück sey, ob es Werth habe oder nicht, dies geht ihn nichts an. Und maßt er sich einmal an, diese Rücksicht in sein Geschäft mit aufzunehmen, so sind die Folgen unabsehbar und der Arzt wird der gefährlichste Mensch im Staate. Denn ist einmal die Linie überschritten, glaubt sich der Arzt einmal berechtigt, über die Nothwendigkeit eines Lebens zu entscheiden, so braucht es nur stufenweise Progressionen, um den Unwerth, und folglich auch die Unnöthigkeit eines Menschenlebens auch auf andere Fälle anzuwenden."

Hufelands markantes Statement entstand nicht im luftleeren Raum: Er reagierte mit diesem impliziten Rekurs auf den Hippokratischen Eid offensichtlich auf mehrere um 1800 publizierte Eingeständnisse von Ärzten, das Leiden ihrer Patienten abgekürzt zu haben – was ihm bekannt gewesen sein musste (Stolberg 2009). Seine apodiktische Position ist einerseits verständlich, denn Ärzt*innen haben in der Tat primär einen Heil- und Linderungsauftrag und sind dabei angehalten, den „Werth" eines Patienten bei der Behandlung nicht zu berücksichtigen. Andererseits umgeht das pauschale Tötungsverbot[4] eine ethische Abwägung des kaum zu lösenden Konflikts zwischen einem (damals nachgeordneten) berechtigten Interesse von Patient*innen, von ihren aus ihrer Sicht sinnlosen Leiden befreit zu werden, und dem professionellen Ethos sowie einer damals noch gesellschaftlich weitgehend akzeptierten Lebenspflicht. Wie Leserbriefe im *Deutschen Ärzteblatt* und anderen Medien deutlich machen, ziehen sich bis heute gar nicht wenige Ärzt*innen auf Positionen dieser historischen Pflichtenlehre (Deontologie) zurück, die allerdings heutigen moralischen Herausforderungen einer komplexen Gesundheitsversorgung für den Einzelfall kaum gerecht werden kann; zugespitzt könnte man vorwerfen: Etliche Ärzt*innen entziehen sich mit Hilfe von Tradition und Geschichte (nicht zuletzt auch mit einem pauschalierenden Vergleich zu den NS-Krankenmorden) aktuellen ethischen Konfliktsituationen, die teilweise aufgrund ihres eigenen Handelns erst entstehen.

2. Einen ganz anderen, eher professionellen Rekurs auf die Geschichte bietet der Schweizer Historiker Arthur E. Imhof (1991). Aus einem Vergleich

---

4 Dieses Tötungsverbot meinte in der Entstehungszeit des Hippokratischen Eids vielleicht ‚nur' das Verbot eines Mordes an kranken und deshalb wertlosen Sklaven im Auftrag von deren Dienstherren (Hooff 2001).

zwischen der demographischen Situation in der Frühen Neuzeit und der Gegenwart entwickelt er eine Form von *demographischer Moral*: Einerseits habe sich in den letzten 300 Jahren die Lebenserwartung verdoppelt und der Tod sich aus der Zeit des aktiven Lebens weitgehend zurückgezogen, so dass Menschen in entwickelten Ländern eine weitgehend *sichere Lebenszeit* erwarten und entsprechend planen können. Andererseits habe sich für die Mehrheit der Bevölkerung durch den Verlust der Ewigkeitsperspektive das *Leben* dramatisch verkürzt. Deshalb müsse es eine zentrale Aufgabe heutiger *Ars moriendi* sein, die Endlichkeit zu akzeptieren und die gewonnenen Jahre als erfüllte Jahre zu leben. Da sich das Sterben wahrscheinlich in der Phase des gebrechlichen *Vierten Alters* ereignen werde, seien Gelassenheit und Lebenssattheit anstelle eines *Immer noch mehr* angemessen. Imhofs Resümee aus der historisch-demographischen Perspektive wirkt zwar plausibel im Sinne einer wertebasierten, säkularen Einstellung gegenüber dem Leben (*ars vivendi*). Trotzdem ist es angesichts pluraler Vorstellungen schwer übertragbar auf die gesamte Gesellschaft, in der eben nicht nur rationale, vorausschauende und das Schicksal akzeptierende Haltungen existieren. Vielmehr gibt es womöglich schon seit Menschengedenken auch das wütende Aufbegehren gegen die Macht des Todes und einen Lebenshunger, der durch Lebenserfahrung nicht gestillt werden kann.

3. Ähnlich wie Arthur E. Imhof bemüh(t)en auch Vertreter der Pastoraltheologie (Arntz 2008), der Hospizbewegung (Stähli 2010), der Palliativmedizin (Anderheiden 2008) und anderer Disziplinen (Literaturübersicht bei Staniul-Stucky/Holderegger 2012) die *Ars (bene) moriendi* als Schlagwort oder gar Schlüsselbegriff für unterschiedliche Konzepte vom eigenen und fremden Umgang mit dem Sterben. Diese moderne Rezeption nimmt allerdings in der Regel keinen Bezug auf die ursprüngliche Funktion der *Ars moriendi*: nämlich Sterbebegleiter (insbesondere den Klerus, später auch Laien und nur in den bebilderten Blockbüchern auch die Sterbenden selbst) aus Sorge um das ewige Heil über die transzendenten Dimensionen des Ablebens zu belehren sowie eine Anleitung zum religiösen Sterberitual zu geben. Mitunter erscheint der Begriff auch nur im Titel der Publikationen als diffuse Metapher[5] für ‚letzte Dinge'; dies geschieht insbesondere in moderner Ratgeberliteratur, in der Fragen zu einem nicht mehr selbstverständlichen Sterben, zum Tod und zur Trauer über das eigene und fremde Schicksal angesprochen werden.

Gegen eine solche Rezeption der historischen *Ars moriendi* im Sinne einer ästhetisch konnotierten „Suggestivformel" und als „sanfter, von überlieferter, aber weitgehend vergessener Weisheit durchtränkter und technikabstinenter Zauberbegriff" wendet sich entschieden der Philosoph und Theologe Jean-Pierre Wils (2007: 25f.). Denn dadurch bestehe die Gefahr, dass „übergroße Mühe und die tiefe Verzweiflung unterschätzt [werden], die das Sterben oft

---

5 Bemerkenswerterweise sogar in der medizinischen Grundlagenforschung als Metapher für ‚geplantes Sterben' von Zellen (Apoptose); s. Heib (2021).

begleiten, und [...] die radikale Hilfsbedürftigkeit [wird ...] sträflicherweise übersehen"; „das humanisierende Potential, das die moderne Medizin gleichwohl enthält, rückt nahezu komplett aus dem Blickfeld."

In Teilen der Hospizbewegung, gegen die sich vermutlich Wils' Kritik auch richtet, hat(te) der Begriff durchaus programmatischen Charakter (Torsten Kruse kennzeichnete sogar Hospizprogramme explizit als *Ars moriendi*; in Wagner 1989: 112): Gutes Sterben kann demnach durch mehr oder weniger geeignete Umstände und Haltungen mehr oder weniger gelingen; damit gewinnt ein so verstandenes Sterben tatsächlich den Charakter einer Aufgabe, um deren Bewältigung man sich gemeinsam bemühen muss; es erscheint erneut als *Kunst* im Sinne von Können, das vermittel- und lernbar ist. Damit ist eine gewisse pädagogische Nähe zum vormodernen *ars*-Begriff durchaus erkennbar. Allerdings setzt diese Vorstellung vom *guten Sterben* voraus, dass im Hospiz nicht jedermann, sondern möglichst nur Patient*innen ihr Lebensende verbringen, die demgegenüber aufgeschlossen sind. Zwar vertritt beispielsweise Stähli (2010: 232–233) ein Hospizkonzept, das „pluralistische Offenheit" sich auf die Fahnen geschrieben hat und dementsprechend „keine autoritäre Instanz [ist], die Überzeugungen doktrinär vertreten und zu erzwingen sucht." Trotzdem zeigt eine Auswertung von fallbezogenen Interviews im Hospizbereich (s. Beitrag von Lilian Coates in diesem Band), dass Hospizmitarbeiter*innen sich mit terminal Erkrankten und deren Angehörigen schwertun, die sich auf den Prozess des Sterbens emotional und/oder mental nicht einlassen wollen oder können.

Wesentlich differenzierter versteht der Theologe und Medizinethiker Franz Josef Illhardt (2020) die moderne *Ars moriendi* als „Modellbegriff" für einen Umgang mit dem Sterben, der auf Hintergrund und Bedeutung des Sterbens hinweist und damit dem mutmaßlichen Trend zur rein *technischen*, d. h. an juristischen und ethischen Problemen orientierten Sterbediskussion unter Ausschluss von Spiritualität entgegenwirken will. Als einer von wenigen Autoren vergleicht er tatsächlich die spätmittelalterlichen Texte mit moderner Sterbeliteratur und findet Parallelen in der Beschreibung von fünf Konflikttypen (beispielsweise im Vergleich mit der Phasenaufteilung nach Kübler-Ross), im Care-Ansatz (Sorge für die Sterbenden durch Beziehung und Sinnstiftung) und in einer wünschenswerten Verbildlichung des Sterbens, um es vorstellbar zu machen. Durch symbolische und allegorische Deutung der historischen Sterbedarstellungen kommt Illhardt ferner zu der interessanten These, dass Sterbende durch *Ars moriendi* dem „Sog der Selbstentfremdung widerstehen" und ihren „eigenen Schatten" akzeptieren können. Wie in den alten Sterbebüchlein angegeben, könne es mitunter auch heute noch sinnvoll sein, Sterbende vor ihren Verwandten zu schützen und Freunde um die Sterbeassistenz zu bitten.

Ähnlich wie Illhardt greifen auch Schäfer, Frewer und Müller-Busch (2012: 15) in ihrem Plädoyer für eine *Ars moriendi nova* Anregungen aus der historischen *Ars moriendi* auf, indem sie mentale, visuelle, pädagogische und pragmatische Möglichkeiten der Vorbereitung auf das Sterben vorstellen. Allerdings wenden sie sich gegen die „anachronistische Indienstnahme oder sogar Usurpation der Geschichte", da „Sterbebedingungen, medizinische, soziale und kulturelle Parameter im 15. und 21. Jahrhundert, auf die eine ahistorische Ars moriendi sich beziehen müsste", zu unterschiedlich seien. Aus der spätmittelalterlichen Sterbekunst werden vielmehr abstrahierend nur Rahmenbedingungen, Handlungsoptionen und Vermittlungsprinzipien abgeleitet, die in der Gegenwart mit neuen Inhalten gefüllt werden müssen.

Insgesamt ist es in den letzten Jahren um den *Ars moriendi*-Begriff stiller geworden.[6] Die Debatten der letzten 30 Jahre zeigen aber die Wirkmächtigkeit dieses wiederentdeckten Begriffs weit über den Kernbereich der Sterbeseelsorge hinaus in einer bestimmten historischen Situation des Umbruchs hin zum *enttabuisierten* Tod (s. o.); dabei sollte nicht von einem *Lernen aus der Geschichte* gesprochen werden, eher von einem Aufladen des Begriffs mit neuen Assoziationen. Eine unbesehene Indienstnahme historischer Vorbilder kann sogar, wie das Beispiel des Hippokratischen Eides zeigt, ausgesprochen problematisch wirken. Jede Epoche muss sich mit Sterbe- und Todesbildern aufs Neue auseinandersetzen und eigene Antworten finden. Der Blick in die Geschichte kann aber durchaus dabei helfen, die Vielfalt von heutigen Sterbebildern sich bewusst zu machen, charakteristische Spannungsfelder zu entdecken und die historischen Lösungsansätze mit den heutigen zu vergleichen.

Literatur

Ackerknecht, Erwin H.: Death in the History of Medicine, in: *Bulletin of the History of Medicine* 24 (1968), S. 19–23.

Albinus, Sebastian: *Kurtzer Bericht und Handgriff, wie man mit denen Personen, groß und klein, so etwan in eusserste Wassers-Gefahr, durch Gottes Verhängnis gerahten, nicht zu lange im Wasser gelegen, doch gleichsam für Tod heraus gezogen werden, gebähren und umbgehen solle*, Zittau, bei Joachim Clement, 1620.

Anderheiden, Michael: *Ambulante Palliativmedizin als Bedingung einer ars moriendi*, Tübingen 2008.

Ariès, Philippe: *L'Homme devant la mort*, Paris 1977 [dt.: *Geschichte des Todes*, München 1982].

Arntz, Klaus (Hg.): *Ars moriendi. Sterben als geistliche Aufgabe*, Regensburg 2008.

Augener, Margrit: *Scheintod als medizinisches Problem im 18. Jahrhundert*, Diss. med. Kiel 1966.

Bauman, Zygmunt: *Mortality, Immortality and Other Life Strategies*, Stanford 1992.

Baust, Günter: *Sterben und Tod. Medizinische Aspekte*, Berlin 1992.

Benzenhöfer, Udo: *Der gute Tod? Geschichte der Euthanasie und Sterbehilfe*, Göttingen 2009.

6 Die medizinnahe Datenbank Livivo der Deutschen Zentralbibliothek für Medizin listet für den Zeitraum 2017–21 nur noch 17 Publikationen, die den Begriff in Titel oder Abstract enthalten, dagegen 44 zwischen 2011–15.

Bergdolt, Klaus: *Das Gewissen der Medizin. Ärztliche Moral von der Antike bis heute,* München 2004.

Berthold von Regensburg: Von des libes siechtuom unde der sele tode, in: Ders.: *Vollständige Ausgabe seiner Predigten,* Franz Pfeiffer (Hg.), Bd. 1, Wien 1862, S. 505–519.

Block, Werner: *Der Arzt und der Tod,* Stuttgart 1966.

Bohnengel, Julia: Philippe Ariès (1914–1984), Geschichte des Todes (1977), in: *KulturPoetik,* 9, (2009), H. 1, S. 92–101.

Borasio, Gian Domenico: *Über das Sterben. Was wir wissen, was wir tun können, wie wir uns darauf einstellen,* München 2011.

Bruhier d'Ablaincourt, Jacques-Jean: *Dissertation sur l'incertitude des signes de la mort [...]* par M. Jacques Benigne-Winslow [lat. Verfasser] traduite et commentée par Jacques-Jean Bruhier, Paris: Simon 1742.

Culmann, Hans-Martin: *Zur geschichtlichen Entwicklung der Todesauffassung des Arztes im europäischen Raum,* Diss. med. Freiburg i. Br. 1986.

Dasch, Burkhard / Zahn, Peter H.: Sterbeorttrend und Häufigkeit einer ambulanten Palliativversorgung am Lebensende, in: *Deutsches Ärzteblatt Intern.* 118 (2021), S. 331–38.

Elias, Norbert: *Über die Einsamkeit der Sterbenden in unseren Tagen,* Frankfurt a. M. 1982.

Groß, Dominik: Sterbeprozess, medizingeschichtlich, in: Héctor Wittwer / Daniel Schäfer / Andreas Frewer (Hg.): *Handbuch Sterben und Tod. Geschichte – Theorie – Ethik*, zweite, erweiterte Auflage, Berlin 2020, S. 89–96.

Hahn, Alois: Tod und Sterben in soziologischer Sicht, in: Jan Assmann / Rolf Trauzettel (Hg.): *Tod, Jenseits und Identität. Perspektiven einer kulturwissenschaftlichen Thanatologie,* Freiburg 2002, S. 55–89.

Heib, Michelle Ars moriendi: Proteases as sculptors of cellular suicide, in: *Biochim Biophys Acta Mol Cell Res* 1869 (2021), H. 4, https://doi.org/10.1016/j.bbamcr.2021.119191.

Hooff, Anton van: Thanatos und Asklepios. Wie antike Ärzte zum Tod standen, in: Thomas Schlich / Claudia Wiesemann (Hg.), *Hirntod. Zur Kulturgeschichte der Todesfeststellung,* Frankfurt a. M. 2001, S. 85–101.

Hucklenbroich, Peter / Gelhaus, Petra (Hg.): *Tod und Sterben. Medizinische Perspektiven,* Münster 2001.

Ilmer, Detlev: Review zu „Studien zur Geschichte des Todes im Abendland" von Philippe Ariès, in: *Zeitschrift für Historische Forschung,* 6 (1979), H. 2, S. 213–215.

Illhardt, Franz Josef: Ars moriendi – aktuelle Wiederentdeckung, in: Héctor Wittwer / Daniel Schäfer / Andreas Frewer (Hg.), *Handbuch Sterben und Tod. Geschichte – Theorie – Ethik,* Berlin 2020, S. 216–220.

Imhof, Arthur E.: *Ars moriendi: die Kunst des Sterbens einst und heute,* Wien/Köln 1991.

Jütte, Robert: Leben Ärzte länger? Eine medizinhistorische Betrachtung, in: *Deutsche medizinische Wochenschrift* 138 (2013), H. 51/52, S. 2666–2670.

Moleschott, Jacob: *Der Kreislauf des Lebens. Physiologische Antworten auf Liebig's Chemische Briefe,* Mainz 1852.

Patak, Martin: *Die Angst vor dem Scheintod in der 2. Hälfte des 18. Jahrhunderts,* Diss. med. Zürich 1967.

Patin, Guy / Courtois, Paul: *Estne totus homo a natura morbus?,* Paris 1643.

Pohl, Klaus-Peter: *Unheilbar Kranker und Sterbender. Problemfälle ärztlicher Deontologie, Stellungnahmen aus dem 18. Jahrhundert und ihre historischen Voraussetzungen,* Diss. med., Münster 1982.

Schadel, Helene: *Thánatos. Studien zu den Todesvorstellungen der antiken Philosophie und Medizin,* Diss. med., Würzburg 1974.

Schäfer, Daniel: *Texte vom Tod. Zur Darstellung und Sinngebung des Todes im Spätmittelalter*, Göppingen 1995.

Schäfer, Daniel: Signa mortis – antike Vorgaben und spätmittelalterliche Ausprägungen, in: *Würzburger medizinhistorische Mitteilungen* 16 (1997), S. 5–13.

Schäfer, Daniel: „Herr Doctor beschauw die Anatomey an mir ob sie Recht gemacht sey". Arzt und Tod im frühen Totentanz – zwischen Fiktion und Realität, in: *Das Mittelalter. Perspektiven mediävistischer Forschung* 10 (2005), S. 73–90.

Schäfer, Daniel: *Der Tod und die Medizin. Kurze Geschichte einer Annäherung*, Heidelberg 2015.

Schäfer, Daniel: *Nur rasten und rosten? Leistungsfähigkeit älterer Menschen in Geschichte und Gegenwart*, Berlin 2022.

Schäfer, Daniel / Fischer, Norbert: Geschichtswissenschaft, in: Héctor Wittwer / Daniel Schäfer / Andreas Frewer (Hg.): *Handbuch Sterben und Tod. Geschichte - Theorie - Ethik*, zweite, erweiterte Auflage, Berlin 2020, S. 3–17.

Schäfer, Daniel / Frewer, Andreas / Müller-Busch, Christof: Ars moriendi nova. Überlegungen zu einer neuen Sterbekultur, in: Daniel Schäfer / Christof Müller-Busch / Andreas Frewer (Hg.), *Perspektiven zum Sterben. Auf dem Weg zu einer Ars moriendi nova?* Stuttgart 2012, S. 15–23.

Schlich, Thomas / Wiesemann, Claudia (Hg.): *Hirntod. Zur Kulturgeschichte der Todesfeststellung*, Frankfurt 2001.

Stähli, Andreas: *Antike philosophische ARS MORIENDI und ihre Gegenwart in der Hospizpraxis*, Münster 2010.

Staniul-Stucky, Kathrin / Holderegger, Adrian: Ars moriendi – ein Literaturbericht, in: *Zeitschrift für medizinische Ethik* 58 (2012), S. 51–63.

Steingießer, Hildegard: *Was die Ärzte aller Zeiten vom Sterben wussten*, Bamberg 1936.

Stolberg, Michael: Aktive Sterbehilfe um 1800: „Seine unbeschreiblichen Leiden gemildert und sein Ende befördert", in: *Deutsches Ärzteblatt* 106 (2009), H. 38, S. A-1836 / B-1575 / C-1543.

Stolberg, Michael: *Die Geschichte der Palliativmedizin. Medizinische Sterbebegleitung von 1500 bis heute*, Frankfurt a. M. 2011.

Stukenbrock, Karin: *„Der zerstückte Cörper". Zur Sozialgeschichte der anatomischen Sektionen in der frühen Neuzeit (1650–1800)*, Stuttgart 2001.

Wagner, Harald (Hg.): *Ars moriendi: Erwägungen zur Kunst des Sterbens*, Freiburg 1989.

Wils, Jean-Pierre: *Ars moriendi. Über das Sterben*, Frankfurt a. M. 2007.

Wittern, Renate: *Grenzen der Heilkunst*, Gerlingen 1982.

Eva Styn

Der Übergang – Sterbeprozesse im spätmittelalterlichen Bild

Einleitung: Sterben im Bild

Sterben und Tod sind Themen, die im späten Mittelalter zur intensiven Auseinandersetzung anregen und umfangreiche Text- und Bildzeugnisse hervorbringen. *Das* Bild des Mittelalters – der ans Kreuz genagelte Christus – ist im Grunde auch eine Darstellung des Sterbens. Daneben stehen detailliert ausgearbeitete Sterbelegenden unzähliger Märtyrer und Märtyrerinnen. In teils überdeutlicher Weise werden ihre Todesqualen geschildert, Marterwerkzeuge und verletzte oder abgetrennte Körperteile sind als Attribute der Heiligen stets präsenter Bildgegenstand. Seit dem 14. Jahrhundert findet sich zudem in der Grabplastik der sog. Transi. Dieser Figurentyp präsentiert in aller Ausführlichkeit sowohl verwesendes Fleisch, skelettierte Leichen als auch wurmzerfressenes Gedärm. Auch die Personifikation des Todes als Knochenmann, ob zum gemeinsamen Tanz auffordernd oder hinterrücks zuschlagend, lässt sich ins 14. Jahrhundert zurückverfolgen und wird über Jahrhunderte prägend bleiben (vgl. Hülsen-Esch/Westermann-Angerhausen 2006; Dinzelbacher 2007: 46–50).

Diese prägenden Bildfindungen aber sollen hier *nicht* behandelt werden. Spätmittelalterliche Schriftquellen vermitteln wiederholt Sterbevorstellungen, die geprägt sind von dem Konzept des Übergangs. Sterben sei demnach nicht das Ende menschlichen Daseins, sondern eine Phase des Durchgangs, der Beginn einer neuen Existenzform. Zusammengestellt werden sollen einige der Bildformeln, die diesen Durchgangscharakter und das Prozesshafte mittelalterlicher Sterbevorstellungen im Bild vermitteln. Wie wird das sukzessive Hinübergleiten vom Leben zum Tod und die Ungewissheit dieses Moments veranschaulicht? Als Material dient insbesondere ein Tafelgemälde aus dem Aachener Suermondt-Ludwig-Museum; es zeigt eine *Ars bene moriendi*-Darstellung – eine Darstellung der Kunst des guten Sterbens (Abb. 1). Im Medium der Tafelmalerei kommt dies nur selten vor, viel häufiger erscheinen solche Motive in der spätmittelalterlichen Druckgraphik (vgl. Eissenhauer 1993: 110; Preising 2016: 15). Dieser Gattung entstammt die *Ars moriendi*-Ikonographie und hier wurden in steter Wiederholung feste Bildformeln geprägt. Gezeigt werden soll, dass das Aachener Gemälde sich in einigen Punkten von diesen vorbildlichen

Formeln unterscheidet und die bekannte Ikonographie auf einer Einzeltafel gleichzeitig verdichtet und erweitert.

Abb. 1: Meister des Sinziger Kalvarienbergs, Ars bene moriendi (Die Kunst des guten Sterbens), um 1475, Aachen, Suermondt-Ludwig-Museum

Hintergrund: Spätmittelalterliche Sterbe- und Jenseitsvorstellungen

In einem Klassiker spätmittelalterlicher Kulturgeschichte hält der niederländische Historiker Johan Huizinga schon vor über 100 Jahren fest: „Das 15. Jahrhundert hat wie keine andere Zeit alle Menschen fortwährend mit großem Nachdruck mit dem Todesgedanken konfrontiert“ (Huizinga 2018: 191). Solche und ähnliche Feststellungen erscheinen seitdem konstant in wissenschaftlichen Publikationen, so dass zu diesem komplexen Thema hier wenige, einführende Schlagworte und weiterführende Hinweise genügen können. Immer wieder wird die Lebensrealität des 15. Jahrhunderts mit Epidemien insbesondere mit Pestwellen, religiösen Krisen und klimatischen Katastrophen in Verbindung gebracht (vgl. u. a. Reudenbach 1998: 73; Dinzelbacher 2007: 28, 2008: 290; Schäfer et al. 2010: 4; Hamm 2011: 425–428). Gesellschaftliche Destabilisierung und kollektive Verunsicherungs- und Angstzustände prägen einen Mentalitätswandel, der auch die Einstellungen und Bilder zu den Themen des Todes und der Vergänglichkeit verändert.

Wichtiges Kennzeichen der Sterbevorstellungen ist – nicht nur im christlichen Spätmittelalter – die Idee des Weiterlebens nach dem Tod. Das Sterben mündet nicht in das Ende, sondern wird als Teil einer Entwicklung und als Durchgang zu einer neuen Daseinsform betrachtet (vgl. Dinzelbacher 2008: 279f.). Um sich für den Beginn dieser neuen Existenz die bestmögliche Ausgangsposition zu sichern, gilt es, den mehrstufig gedachten Sterbeprozess mit vielerlei Prüfungen, Ungewissheiten und Urteilssituationen erfolgreich zu bestehen. In diesem Moment geht es um eine Entscheidung für die Ewigkeit, und die Optionen sind Seelenheil oder endlose Höllenqualen.

Die erste Station des Prozesses ist die Sterbestunde selbst. Die im 15. Jahrhundert populäre Literaturgattung der *Ars moriendi* gibt – oft in Bild und Text – Aufschluss über die zeitgenössischen Vorstellungen zu diesem Moment (vgl. Lentes 2006: 311f.; Dinzelbacher 2007: 45f.; Schäfer et al. 2010: 17f., 159–174; Preising 2016: 15–18). Als Hauptanstoß und Namensgeber dieser Schriftgattung gilt Johannes Gersons Traktat *De arte bene moriendi* (um 1408). Ursprünglich war dieses knappe Büchlein für Geistliche konzipiert und diente als Anleitung zur Sterbebegleitung (vgl. Rudolf 1977–2004: 144f.; Schäfer et al. 2010: 159). Im Verlauf des 15. Jahrhunderts wird Gersons Traktat zum Vorbild vieler ähnlicher Schriften. Die Texte erscheinen bald auch in Volkssprachen, erhalten reiche Bebilderung und das richtige, also gottgefällige Sterben wird zum Inhalt großer Volkspredigten. Das Publikum wird auf diese Weise enorm erweitert und das einstige Thema monastischer Eliten entwickelt sich im 15. Jahrhundert zu einem Massenphänomen (vgl. Rudolf 1977–2004: 143f.; Schneider 1996: 15f.; Dinzelbacher 2007: 45f.; Huizinga 2018: 191).[1]

Dass die Auseinandersetzung mit dem Sterben im späten Mittelalter zur aktiven, individuellen Lebensaufgabe jedes einzelnen Mitglieds der Christenheit erhoben wird, hängt auch mit einer veränderten Bewertung des Sterbemoments zusammen. Zahlreich werden die Verführungen des Teufels beschrieben, die den Menschen im Moment des Todes bedrängten. Der Teufel nutze die geistige und körperliche Schwäche der Sterbenden aus und versuche zu Hochmut, Ungeduld und Unglauben zu verführen. So wird die Todesstunde zur letzten und wichtigsten Glaubensprüfung und deren erfolgreiches Bestehen zur notwendigen Voraussetzung für den Eintritt ins Paradies. Die zunehmende Bedeutung eines standhaften, bußfertigen Todes konzentrierte die Entscheidung über Heil oder Unheil in jenem kurzen, allerletzten Lebensmoment (vgl. Kümper 2007: 14; Dinzelbacher 2008: 288ff.). In diesem Moment könne die Bilanz eines gesamten Menschenlebens umgekehrt werden. Der

1 Sterbebegleitung durch Vorlesen der Bibel- und Erbauungstexte war durch volkssprachliche Übersetzungen seitdem auch für lesefähige Laien möglich. Zuvor erfüllten diese Aufgabe fast ausschließlich Kleriker (vgl. Schreiner 1995: 288).

italienische Bußprediger Savonarola predigt am Ende des 15. Jahrhunderts in Florenz: „Sei [...] gerüstet, [...] denn wenn du in jenem Augenblick siegst, hast du alles gewonnen, verlierst du aber, so war dein ganzes Tun vergeblich" (Savonarola 1996: 251).

Waren die Anfechtungen und Gefahren der Sterbestunde überwunden, so kann der Beginn der Ewigkeit seit dem 13. Jahrhundert noch einmal vertagt werden; seitdem ist nämlich das Fegefeuer als Übergangsstation dogmatisiert. Zuvor dominierte die Vorstellung eines Weltgerichts über alle Auferstandenen, das am Ende der Zeiten urteilte und gemäß der Lebensbilanz dem Himmel oder der Hölle zuteilte. Mit der Etablierung des Fegefeuerkonzepts wird ein Ort zwischen Diesseits und Jenseits geschaltet, an dem noch nach dem Versterben lässliche Sünden durch körperliche und geistige Qualen gebüßt werden können. Im Unterschied zur Hölle ist die Station des Fegefeuers zeitlich begrenzt und die anschließende Aufnahme in den Himmel gewiss. Außerdem ist es möglich, Hilfe der lebenden Angehörigen in Anspruch zu nehmen, denn diese können durch Gebete, Stiftungen und Ablasskäufe den Aufenthalt im Fegefeuer verkürzen. Unter diesen neuen Voraussetzungen wird eine Entscheidung über den Verbleib der Seele nötig noch bevor am Zeitenende über die Gesamtheit der Menschen gerichtet wird. Um dem Fegefeuer vor dem allgemeinen Endgericht Seelen zuführen zu können und ihnen vor dem endgültigen Eintritt ins Himmelreich Zeit für die Läuterung einzuräumen, muss unmittelbar nach dem Tod jeder Einzelperson festgelegt werden, ob die begangenen Sünden lässlich seien. Das sogenannte Partikulargericht wird deswegen als Teil des Jenseits-Szenarios aufgenommen. Dieses Gericht spricht individuell und unmittelbar nach dem Versterben ein Urteil, das die Entscheidung des universellen, letzten Gerichts vorwegnimmt (vgl. Koch 1977–2004; Jezler 1994b; Ohler 2003: 165; Braunfels 2020).

„Den mittelalterlichen Jenseits-Vorstellungen eigentümlich ist [...] ihre Präzision im Detail bei mangelnder Folgerichtigkeit im System" (Jezler 1994b: 13). Nicht in jedem Entwurf ist z. B. geklärt, was während langer Wartezeiten mit den Seelen geschieht. Deutlich wird aber, dass sich das Sterben und der Eintritt ins Jenseits im späten Mittelalter als mehrstufige Konstruktion darstellt. Es galt, den Herausforderungen der Sterbestunde mit den richtigen Gebeten und Sakramenten zu begegnen, das Partikulargericht über sich ergehen zu lassen, den optionalen Aufenthalt im Fegefeuer zu überstehen und die Bestätigung des Urteils im jüngsten Gericht abzuwarten.

Übergangsmotiv: Kampf um die Seele

Auf diesem vielteiligen, ungewissen Weg zum ewigen Seelenheil entstanden wiederholt Möglichkeiten, den Verlauf zu beeinflussen und umzulenken. Das Motiv des Kampfes um die Seele versinnbildlicht die zwei möglichen Ausgänge des Sterbeprozesses. Dieser Kampf kann in unterschiedlicher Intensität und mit variierenden Waffen ins Bild gesetzt werden, immer aber sind es Stellvertreter himmlischer und dämonischer Mächte, die um den Erhalt der Seele ringen.

Das Aachener Gemälde *Ars bene moriendi* (Abb. 1) teilt sich sowohl horizontal als auch vertikal in zwei Zonen (vgl. Eissenhauer 1993: 110; Preising 2016). Der untere, linke Bereich ist den Menschen vorbehalten. Er wird markiert durch ein übergroßes, rotes Baldachinbett, in dem ein sterbender Mann liegt. Kaum zu erkennen, weil winzig klein, schwebt neben dem Kopf des Mannes eine nackte Figur, die die Seele symbolisiert. Der am Fußende kniende Mönch mit Kreuz und Kerze übernimmt die angeratene Sterbebegleitung. Daneben liegt vor landschaftlichem Hintergrund der Bereich der himmlischen, aber auch der dämonischen Wesen. Ebenso wie Maria im dunkelblauen und Johannes im roten Gewand erscheinen hier ein Engel und ein Teufel. Blicke und Nimben der Heiligen leiten über zur oberen Bildhälfte, die vor Goldgrund gegeben ist. In dieser Zone erscheinen mit dem gekreuzigten Christus und Gottvater ausschließlich göttliche Figuren.

Abb. 2: Blockbuch Ars moriendi, Anfechtung und Bestärkung des Glaubens, um 1475, Mainz, Gutenberg-Museum

In vielerlei Hinsicht findet dieses Gemälde seine Vorbilder in der meist druckgraphisch ausgearbeiteten *Ars moriendi*-Ikonographie. Der bettlägerige Sterbende, die fürbittenden Heiligen sowie wettstreitende Engel und Teufel sind auch dort feste Bestandteile. Das literarisch und künstlerisch prägende Blockbuch der *Bilder Ars* präsentiert den Kampf um die Seele in fünf Bilderpaaren (vgl. Preising/Rief et al. 2016: 48–55). Die gefürchteten Versuchungen der Teufel werden den Ermahnungen der Engel gegenübergestellt. Ziel jeder Partei ist es, die Aufmerksamkeit auf sich zu ziehen und die Imagination des Sterbenden zu besetzen. Im ersten Holzschnitt-Bilderpaar geht es um die Anfechtung bzw. die Bestärkung des Glaubens (Abb. 2). Zunächst umkreisen Dämonen das Sterbebett und betreiben vielerlei Anstrengungen, die zum Glaubensabfall verleiten sollen. Während der eine Teufel dem Liegenden etwas ins Ohr flüstert und per Fingerzeig auf eine Szene der Götzenanbetung verweist, boykottiert ein anderer, geflügelter Dämon die Bemühungen der Himmelsseite. Mit einem ausgebreiteten Tuch versperrt er den Blick auf die Heiligen und drängt sie in den Hintergrund. Im folgenden Bild hingegen behält die himmlische Seite die Oberhand: Jesus, Maria, Mose und weitere Heilige versammeln sich am Bett, ein Engel hält die Hand des Sterbenden und die Teufel flüchten sich in wilder Panik unter das Bett.

Abb. 3: Grandes Heures de Rohan, Titelblatt des Totenoffiziums (fol. 159r), um 1430, Paris, Nationalbibliothek

Handgreiflich geht es zu in einer Miniatur des ausgehenden 12. Jahrhunderts.[2] In der illuminierten Schrift der Hildegard von Bingen erscheint eine sterbende Frau zwischen auf sie zu drängenden Engels- und Dämonenscharen (vgl. Chapeaurouge 1991: 115f.; Saurma-Jeltsch 1998: 70ff.). Ein Vertreter jeder Seite hat sich eingefunden, um die aus dem Mund entsteigende Seele für sich zu beanspruchen. Während der Teufel mit seinen Klauen Hand und Fuß der bläulichen Seelenfigur packt, als wolle er sie zu sich herabzerren, nähert sich von oben ein Engel. In der Sicherheit des Empfangs der Seele hat der Himmelsbote seine Hände bereits mit einem Pallium verhüllt.

In dem berühmten Rohan-Stundenbuch leitet eine ganzseitige Miniatur (Abb. 3) den Teil des Totenoffiziums ein (vgl. Bartz 1987: 510f.; Reudenbach 1998: 80f.; König 2006: 21). Die Auseinandersetzung zwischen himmlischen und teuflischen Wesen ist hier in vollem Gange, wird sogar bewaffnet ausgefochten. In der unteren Bildhälfte liegt ein nahezu nackter Toter, dessen Seele den Körper verlassen hat und in die Klauen des Teufels geraten ist. Der Kampf jedoch ist noch nicht entschieden: Ein gerüsteter Engel strebt vom oberen Bildrand und mit gezücktem Schwert auf das Höllenwesen zu und ergreift es energisch am Schopf. Im kräftig blauen Hintergrund ist zudem eine herbeieilende Engelsarmee erkennbar, deren Mitglieder den Teufel sogleich mit langen Lanzen malträtieren. Der Streit über Erlösung oder Verdammnis des Toten scheint auf seinem Höhepunkt angekommen zu sein.

Im Aachener Gemälde ist das Motiv des Kampfes um die Seele hingegen zurückhaltend ausgeführt (Abb. 1). Sowohl Engel als auch Teufel werden teilweise verdeckt. Während der Engel am Kopfteil des Betts hervorschaut und mit der Hand den Weg zum Himmel weist, wird der spitzohrige Teufel durch die Johannesfigur vom Sterbenden ferngehalten. Trotzdem gelingt es ihm die Betrachtenden des Werks mit dämonischem Grinsen in den Blick zu nehmen und so auch diese zur Vergegenwärtigung ihrer Endlichkeit zu mahnen. Die im Rohan-Stundenbuch gesehene Dynamik des Kampfmotivs (Abb. 3) fehlt im Aachener Gemälde. Die Anwesenheit der beiden nicht irdischen Wesen integriert lediglich die Vorstellung, dass es für den dargestellten Moment unterschiedliche, denkbare Ausgänge gibt. Sie repräsentieren zwei mögliche Wege, auf denen die Seele das Diesseits verlassen könnte.

Übergangsmotiv: Fürbitte der Heiligen

Als weiterer Part der Himmelsseite erscheinen oft Heilige und insbesondere Maria im Sterbebild. Sie stellen eine Verbindung her zwischen den Sterbenden und Christus bzw. Gottvater und fungieren als Fürsprecher, die den Übergang

2 Rupertsberger *Liber scivias*, Die Seele verlässt ihr Zelt (fol. 25), um 1160 bis 1180, Wiesbaden, Hochschul- und Landesbibliothek RheinMain.

der Seele in den Himmel sichern. Das Aachener Gemälde zeigt eine besondere Form der Fürsprache durch Heilige, die „doppelte Interzession“ oder „Heilstreppe“ (Koepplin 2020: 346) genannt wird. Dieses Fürbittsystem steigt in mehreren Stufen vom Menschen zu Gottvater auf und nutzt auf diesem aufwärts gedachten Weg die Wirkkraft mächtiger Fürsprache. Maria verweist mit dem ausgestreckten, rechten Arm auf den flehenden Menschen im Bett; während die linke Hand auf der Brust ruht und so an ihre Mutterschaft erinnert. Marias Blick ist nach oben auf das Kruzifix gerichtet, wo Jesus eine ähnliche Geste zeigt. Der rechte Arm ist vom Kreuzesbalken gelöst, um die blutende Seitenwunde zu präsentieren (Abb. 1). Über ein Inschriftenband wird die Fürsprache-Kette bis zu Gottvater verlängert. So sind Jesus und Maria bittend vor Gott getreten und erinnern an die Mühen der Gottesmutterschaft und die Sühnekraft der Passion, die die Erlösung der Menschheit ermöglicht haben. Verweisend stehen Gottesmutter und Gottessohn für das Anliegen des bittenden Menschen bei Gottvater ein (vgl. Hamm 1999: 193–197, 2007: 312; Preising 2016: 19).

Abb. 4: Flugblatt mit Heilstreppe und zwei Gebeten (Detail), um 1500, Hannover, Museum August Kestner

Die doppelte Interzession ist nicht primär Teil der Sterbebilder, sondern kann auch für Stifter und Stifterinnen dargestellt werden oder als Einzelbild erscheinen. Auf einem Flugblatt mit Gebeten beispielsweise deutet lediglich Marias linke Hand, indem sie nach unten zeigt, an, dass die erhobene Fürbitte der auf der Abbildung nicht sichtbaren Menschheit gilt. Noch offensichtlicher als im Aachener Werk kommt hier der Verweis auf die Mutterschaft zur Geltung, denn Maria zeigt nicht nur auf ihre Brust, sondern diese ist zudem entblößt (Abb. 4).[3] Das familiär gedachte Beziehungsgeflecht zwischen den einzelnen Personen der Fürbitt-Kette wird inschriftlich betont. Maria wendet sich mit folgender Bitte an Jesus: „Mein Sohn, um dieser Brüste Willen erbarme dich der Sünder." Jesus wiederum spricht zu Gottvater wie folgt: „Sieh meine Wunden an, und erfülle, um was dich meine Mutter bittet." Im Spruchband Gottvaters schließlich kommt die Wirkmacht der doppelten Interzession deutlich zur Geltung, denn er äußert: „Wir können dir, o Sohn, und deiner Mutter nichts abschlagen."[4] Obwohl Gottvater als zürnende Figur mit Richtschwert und Pestpfeilen gezeigt ist, vermittelt die Inschrift der Menschheit Heilsgewissheit, die auf die aufopferungsvolle Fürsprache zurückzuführen ist.

Auch in der Wirkung des Aachener Gemäldes (Abb. 1) sind die Schriftbänder markant. Die Inhalte jedoch haben sich nicht im Originalwortlaut erhalten. Die Texte wurden durch Übermalungen verfälscht, wahrscheinlich bei Restaurierungsarbeiten im 20. Jahrhundert (vgl. Preising 2016: 20f.). Ihre formale Gestaltung aber ist typisch für Darstellungen der doppelten Interzession, lassen den Ursprung der Bildthematik aus dem Bereich der Buchillustration erkennen (vgl. Preising 2000: 33) und klären das Beziehungsgeflecht der Figuren zueinander. Alle Schriftbänder verlaufen in vertikaler Richtung, sie streben Christus und Gott entgegen. Einzig die Inschrift Gottvaters, die eine Zusage an den Sterbenden enthält, verläuft horizontal über dem Querbalken des Kreuzes.

Für die Sicherung des Seelenübergangs und die Annahme durch Gott ist die Fürsprache Marias und der Heiligen elementar. Auch die *Ars moriendi*-Schriften empfehlen einheitlich die Ansprache der Heiligen auf dem Sterbebett (vgl. Hamm 2007: 312; Preising 2016: 21). Im Aachener Gemälde schraubt sich vorbildlich die Fürbitte in mehreren wirkungsreichen Etappen hinauf in den Himmel. Die Blickrichtungen, die Armverweise und die Schriftbänder untermauern eine nach oben gerichtete Dynamik. Inhaltlich und formal erzeugt die doppelte Interzession eine Aufwärtsbewegung, die für den Sterbenden eine Verbindung zu Gottvater herstellt.

---

3 Zum Motiv der Marienbrüste als Symbol mit heilsgeschichtlicher Relevanz vgl. Jezler 1994a: 198–201; Marti/Mondini 1994.

4 Die Inschriften lauten im Originalwortlaut: „Nate per has mammas peccatorum miserere" (Maria). „Vulnera cerne, da quod genitrix mea poscit" (Jesus). „Abnuere o tibi nate nihil matrique valemus" (Gott). Lateinisches Original und deutsche Übersetzung zitiert nach Jezler 1994a: 200. Vgl. dazu Hamm 1999: 195.

Übergangsmotiv: Seelenflug

Im Mittelalter wird das Sterben gedacht als Trennung von Körper und Seele (vgl. Scheffczyk 1977–1999: 823ff.; Schäfer et al. 2010: 22f.). Die Seele löse sich von den Fußspitzen beginnend aus den Gliedern, ziehe sich Stück für Stück aus dem Körper zurück und entweiche schließlich aus dem Mund, seltener aus der Nase. Dieses Aushauchen der Seele erscheint wie die rückwärts ablaufende Belebung des Menschen, die im Buch Genesis als Einhauchen des Lebensatems durch Gott (Gen 2, 7) beschrieben wird (vgl. Schreiner 1995: 300f.; Ohler 2003: 158). Zur Darstellung der Seele etabliert sich im Spätmittelalter die Figur eines kleinen, unbekleideten Menschleins. Zuvor fiel das Bild der Seele uneinheitlich aus; sie erschien u. a. als Büste oder Vogel (vgl. Chapeaurouge 1991; Dinzelbacher/Sprandel 2008: 190f.; Kemp 2020).

Der der Seele nach dem Austritt aus dem Körper bevorstehende Weg kann von verschiedenen Darstellungsmitteln angezeigt, vorweggenommen und begleitet werden. Bereits in einem Beispiel des 9. Jahrhunderts finden sich solche Strategien. Ein Relief auf der Rückseite des Goldaltars in Mailand[5] zeigt den Tod des Heiligen Ambrosius (vgl. Chapeaurouge 1991: 111). Die als Büste wiedergegebene Seele hat den liegenden Körper verlassen und wird von einem geflügelten Engel emporgehoben. So schwebt sie der Sonne entgegen, aus der heraus die Hand Gottes nach ihr greift. Die Sonnenstrahlen schaffen eine formale Verbindung zwischen Seelenbüste und Himmel und nehmen das Ziel ihres Flugs vorweg. Die erfolgreiche Ankunft der Seele im Himmel wird auf mehrfache Weise im Bild abgesichert und der erst noch bevorstehende Moment der göttlichen Annahme evoziert.

Von diesen Darstellungsweisen, die das erhoffte Ziel des Seelenflugs beschreiben, finden sich im 15. Jahrhundert und in Sterbebildern nicht-Heiliger insbesondere noch die unterstützenden Engel. Die Aktivität der Himmelsvertreter und die dargestellte Fähigkeit der Seele, sich selbst fortzubewegen, kann variieren. Während im Blockbuch *Ars moriendi*[6] die zwei Engel hinter dem Kopfteil des Betts passiv wirken und die Entgegennahme der Seele erwarten, könnte die Körperhaltung des Figürchens einen Sprung andeuten. In einem Holzschnitt[7] des beginnenden 16. Jahrhunderts gerät die Darstellung des assistierenden Engels bewegter. Aus schwebender Position heraus scheint er kraftvoll die Seele aus dem Körper des Sterbenden hinausbefördern zu wollen. Im Aachener Gemälde (Abb. 1) begibt sich die kleine Figur selbstständig auf den Weg. Die Unterstützung des Engels beschränkt sich auf ein Handzeichen, das

5 Goldaltar/Pala d'oro, Tod des Ambrosius, 824–859, Mailand, S. Ambrogio.

6 Blockbuch *Ars moriendi*, Die Stunde des Todes, um 1475, Mainz, Gutenberg-Museum.

7 *Mortilogus* von Konrad Reuter, Ein Engel nimmt die Seele eines Sterbenden in Empfang (o. P.), 1508, Augsburg, Staats- und Stadtbibliothek.

die einzuschlagende Richtung vorgibt. In einer Bewegung, die wie schwimmend oder fliegend wirkt, strebt die Seele dem Kruzifix entgegen.

Fazit: Das Aachener Gemälde als Simultandarstellung und Trostbild

Das als *Ars bene moriendi* (Abb. 1) bezeichnete Tafelgemälde unterscheidet sich in einigen entscheidenden Punkten von der druckgraphisch geprägten *Ars moriendi*-Ikonographie des 15. Jahrhunderts. Es wird zwar bestimmt von dort ausgearbeiteten Motiven, aber die übergroße doppelte Interzession und die damit verbundene direkte Konfrontation mit der Figur Gottvaters sind in diesem Bereich als Ausnahmen zu bewerten (vgl. Reudenbach 1998: 84).

Ein berühmtes Beispiel der Buchmalerei, das einen Verstorbenen unmittelbar vor den richtenden Gottvater stellt, ist die bereits erwähnte Miniatur des Rohan-Stundenbuchs (Abb. 3). Die übergroße Halbfigur Gottvaters erscheint als bärtiger Greis, mit Kreuznimbus und Richtschwert, schwebend vor blauem Hintergrund. Wieder geben die Schriftbänder Auskunft über die Kommunikation der Abgebildeten. Das Schriftband des Toten zeigt den gleichen Psalm,[8] den auch Christus laut Lukas-Passion (Lk 23,46) sterbend am Kreuz betete (vgl. Schreiner 1995: 292). Die Antwort auf sein Erlösungsgesuch fällt zwiegespalten aus; sie lautet: „Für deine Sünden wirst du Buße tun; am Tag des Gerichts wirst du mit mir sein“ (König 2006: 21). Gott stellt dieser Seele zwar die Aufnahme im himmlischen Reich in Aussicht, erlegt aber zunächst eine Zeit der Läuterung auf. Offensichtlich ist für diese Seele der Aufenthalt im Fegefeuer vorgesehen (vgl. Chapeaurouge 1991: 116).

Die Rohan-Miniatur zeigt wahrscheinlich das selten dargestellte Partikulargericht (vgl. Dinzelbacher 2007: 87). Text- und Bildausarbeitungen des unmittelbar nach dem Sterben abgehaltenen Individualgerichts stehen solchen des Endzeitgerichts weit hinterher, weshalb die Ikonographie unscharf ausfällt und oft vermischt erscheint (vgl. Dinzelbacher 2007: 94). Trotzdem ist klar: Die Illumination des Rohan-Stundenbuchs zeigt *keine* Weltgerichtsdarstellung. Ein einzelner Mensch, nicht die Menschheit steht vor dem Richter, es findet umgehend nach dem Versterben statt und die im Schriftband angekündigte Bußphase kann beim Endzeitgericht keine Urteilsoption mehr sein.

Deutet auch im Aachener Gemälde die Wiedergabe der Gottesfigur auf die Darstellung eines Individualgerichts hin? Gottvater erscheint hier als Teil der Figurenkonstellation der doppelten Heilstreppe. Dass der richtende Gott seinem Sohn und Maria keine Bitte abschlagen könne – sowie es Inschriften als

8 „In deine Hände, Herr, begebe ich meinen Geist. Erlöse mich, Herr, Gott der Wahrheit!“ (Ps 31, 6).

bedeutender Teil dieses Motivs oft ausdrücken – macht sie in dem kritischen Moment des Übergangs und der Urteilssprechung zur idealen Vertretung. Stimmig erscheint deswegen, dass etwa in den Jahren zwischen 1370 und 1520 die Gattung des Sterbebildes, die Bildfindung der doppelten Heilstreppe und die Darstellung des Individualgerichts zunehmend aufeinander bezogen werden (vgl. Hamm 1999: 193, 2011: 430–437).

Ein frühes Beispiel dieser Dreifachkombination findet sich auf einem Epitaph von 1370.[9] Der an linker Position Knieende wird als Stifter der Tafel angenommen. Über ein Schriftband richtet er folgende Forderung an Maria: „Ich bitte dich, gütige Jungfrau Maria, jetzt verteidige mich!“[10] Obwohl der Stifter nicht als Sterbender, im Bett Liegender gezeigt wird, bezieht sich der als „jetzt“ angesprochene Zeitpunkt auf den Moment seines Todes. Die Darstellung ist eindeutig mit dem Ereignis seines Versterbens verknüpft, denn auf dem Originalrahmen lässt sich eine Umschrift rekonstruieren, die den Todestag des Dargestellten beschreibt.[11] Die Formulierung des Verstorbenen „verteidige mich“ schafft außerdem eine sprachliche Brücke, um die dargestellte Situation in den Bereich einer Gerichtsverhandlung zu rücken (vgl. Hamm 2011: 432).

Kurz nach 1500 entsteht ein Epitaph, das die einzelnen Stufen des Jenseitsübergangs in einzigartiger Ausführlichkeit ins Bild bringt (Abb. 5).[12] Auch hier finden sich u. a. die drei beschriebenen Etappen auf dem Weg vom Diesseits ins Jenseits. Das schmale, hochrechteckige Format ist speziell und gleichzeitig dem inhaltlichen Aufbau optimal angepasst. Im unteren Bildviertel ist die Dinkelsbühler Familie Scholl zu sehen. Mit reicher Nachkommenschaft haben sie sich zum Gebet an einem Sarg versammelt. An dritter Position hinter dem Familienvater ist ein einziger der Söhne im Profil wiedergegeben. Er legt den Kopf in den Nacken, um aus dem durch eine Mauer abgetrennten, irdischen Bereich in den Himmel zu schauen. Weil er der Einzige ist, der das dortige Geschehen wahrnehmen zu können scheint, wird angenommen, er sei der Verstorbene, zu dessen Andenken dieses Epitaph gestiftet wurde (vgl. Jezler 1994a: 282f.).

Dem Blick des verstorbenen Sohnes folgend lassen sich die einzelnen Stationen der Seele bis zum Individualgericht verfolgen. Dabei fällt die Darstellung umfangreicher aus als die der Aachener Tafel. Als zusätzliche Figur taucht der Erzengel Michael als Seelenwäger auf, der in dieser Funktion aus den Darstellungen des Jüngsten Gerichts bekannt ist. Außerdem ist der richtende Gott als Ganzfigur, auf einem imposanten Thron platziert. Die zwei Tafeln zeigen aber

9 Meister des Hochaltars von St. Jakob in Nürnberg (?), Epitaph für den Arzt Friedrich Mengot (gest. 21. Jan. 1370), 1370, Heilsbronn, Zisterzienserkirche.

10 Die lateinische Inschrift lautet: „te rogo virgo pia nunc me defende maria“ (Originalwortlaut und deutsche Übersetzung zitiert nach Hamm 2011: 432).

11 Die Übersetzung des Rahmen-Textes lautet: „Im Jahr des Herrn 1370 am Tag der Jungfrau und Märtyrerin Agnes starb der Magister, seine Seele ruhe in Frieden“ (zitiert nach Hamm 2011: 432, hier auch die lat. Originalinschrift).

12 Epitaph der Dinkelsbühler Familie Scholl, kurz nach 1500, Erkelenz, St. Lambertus.

Abb. 5: Epitaph der Dinkelsbühler Familie Scholl, kurz nach 1500, Erkelenz, St. Lambertus

auch Parallelen: In beiden Werken findet sich eine Seelenfigur von geringer Größe, die sich jeweils selbstständig auf den Weg ins Jenseits begibt. Außerdem wird dem Kampf zwischen Engel und Teufel in beiden Ausführungen nur wenig Bedeutung beigemessen. Er wird lediglich angedeutet oder im verkleinerten Maßstab an den Rand verlagert.

Sowohl auf der Aachener (Abb. 1) als auch der Erkelenzer Tafel (Abb. 5) nimmt das Heilstreppen-Motiv den größten Raum ein. Die Ausführung dieses Motivs in Kombination mit der *Ars moriendi*-Ikonographie deutet eine Gerichtssituation vor Gottvater an und setzt Jesus und Maria zur Verteidigung der Seele ins Bild. In der *Legenda Aurea* des Jacobus de Voragine, einer umfangreichen Heiligenlegendensammlung des 13. Jahrhunderts, findet sich folgendes Zitat, das Bernhard von Clairvaux zugeschrieben wird: „O Mensch, du hast einen sicheren Zutritt zu Gott, da die Mutter vor dem Sohne steht und der Sohn vor dem Vater. Die Mutter weist dem Sohn ihren Leib und ihre Brüste, der Sohn zeigt dem Vater seine Seite und seine Wundmale: da mag keine Abweisung sein, wo so viele Zeichen der Liebe sind" (Voragine 2007: 287f.). Im gefürchteten, denn für die Ewigkeit entscheidenden Moment des Todes wird dem versterbenden Menschen der mächtige Beistand der Gottesmutter und des Gottessohnes in Aussicht gestellt. Auf diese Art vermittelt die Sterbedarstellung eine neue Barmherzigkeit und die Gewissheit der Erlösung. Und so handelt es sich bei der Aachener Tafel nicht *ausschließlich* um ein Sterbebild, wie es in der *Ars moriendi*-Kultur des 15. Jahrhunderts geprägt und insbesondere als Schlussbild der *Bilder-Ars* bekannt ist. Es entfernt sich von dem belehrenden und teils furchteinflößenden Charakter dieser Darstellungen und bietet vielmehr eine Simultandarstellung des vielstufigen Sterbeprozesses nach spätmittelalterlichen Sterbevorstellungen. Es dient nicht nur der Mahnung und Anleitung, sondern setzt einen neuen, tröstenden Schwerpunkt auf die Darstellung intensiver Fürsprache und der dadurch sicher erwirkbaren Gnade Gottes im Partikulargericht.

Literatur

Bartz, Gabriele: Die Illustrationen des Totenoffiziums in Stundenbüchern, in: Hansjakob Becker (Hg.): *Im Angesicht des Todes. Ein interdisziplinäres Kompendium*, St. Ottilien 1987, S. 487–528.

Braunfels, Wolfgang: s. v. Fegfeuer, in: Engelbert Kirschbaum / Günter Bandmann / Wolfgang Braunfels / Johannes Kollwitz / Wilhelm Mrazek / Alfred A. Schmid / Hugo Schnell (Hg.): *Lexikon der christlichen Ikonographie (LCI)*, Freiburg i. Br. 2020, Sp. 16–20.

Chapeaurouge, Donat de: Die Darstellung der Seele in der bildenden Kunst des Mittelalters, in: Gerd Jüttemann (Hg.): *Die Seele. Ihre Geschichte im Abendland*, Weinheim 1991, S. 104–122.

Dinzelbacher, Peter: *Von der Welt durch die Hölle zum Paradies. Das mittelalterliche Jenseits*, Paderborn 2007.

Dinzelbacher, Peter: Sterben/Tod. Mittelalter, in: Peter Dinzelbacher (Hg.): *Europäische Mentalitätsgeschichte. Hauptthemen in Einzeldarstellungen,* Stuttgart 2008, S. 279–297.

Dinzelbacher, Peter / Sprandel, Rolf: Körper und Seele. Mittelalter, in: Peter Dinzelbacher (Hg.): *Europäische Mentalitätsgeschichte. Hauptthemen in Einzeldarstellungen,* Stuttgart 2008, S. 182–202.

Eissenhauer, Michael (Hg.): *Ludwigs Lust. Die Sammlung Irene und Peter Ludwig,* Ausst.-Kat. Germanisches Nationalmuseum Nürnberg, München 1993.

Hamm, Berndt: Normative Zentrierung im 15. und 16. Jahrhundert. Beobachtungen zu Religiosität, Theologie und Ikonologie, in: *Zeitschrift für Historische Forschung* 26 (1999), H. 2, S. 163–202.

Hamm, Berndt: Ars moriendi, Totenmemoria und Gregorsmesse, in: Andreas Gormans / Thomas Lentes (Hg.): *Das Bild der Erscheinung. Die Gregorsmesse im Mittelalter,* Berlin 2007, S. 305–346.

Hamm, Berndt: *Religiosität im späten Mittelalter. Spannungspole, Neuaufbrüche, Normierungen,* Tübingen 2011.

Huizinga, Johan: *Herbst des Mittelalters. Studie über Lebens- und Gedankenformen des 14. und 15. Jahrhunderts in Frankreich und den Niederlanden,* Paderborn 2018 [Original: Herfsttij der middeleeuwen, 1919].

Hülsen-Esch, Andrea von / Westermann-Angerhausen, Hiltrud (Hg.): *Zum Sterben schön. Alter, Totentanz und Sterbekunst von 1500 bis heute,* Ausst.-Kat. Museum Schnütgen Köln/Schloß Jägerhof – Goethemuseum Düsseldorf/Kunsthalle Recklinghausen, Regensburg 2006.

Jezler, Peter (Hg.): *Himmel, Hölle, Fegefeuer. Das Jenseits im Mittelalter,* Ausst.-Kat. Schweizerisches Landesmuseum Zürich / Schnütgen-Museum Köln / Wallraf-Richartz-Museum Köln, Zürich 1994a.

Jezler, Peter: Jenseitsmodelle und Jenseitsvorsorge – eine Einführung, in: Peter Jezler (Hg.), *Himmel, Hölle, Fegefeuer. Das Jenseits im Mittelalter,* Ausst.-Kat. Schweizerisches Landesmuseum Zürich/Schnütgen-Museum Köln/Wallraf-Richartz-Museum Köln, Zürich 1994b, S. 13–26.

Kemp, Wolfgang: s. v. Seele, in: Engelbert Kirschbaum / Günter Bandmann / Wolfgang Braunfels / Johannes Kollwitz / Wilhelm Mrazek / Alfred A. Schmid / Hugo Schnell (Hg.): *Lexikon der christlichen Ikonographie (LCI),* Freiburg i. Br. 2020, Sp. 138–142.

Koch, Ernst: s. v. Fegefeuer, in: Gerhard Müller / Albrecht Döhnert / Hermann Speikermann / Horst Balz / James K. Cameron / Brian L. Hebbletwaite/Gerhard Krause (Hg.): *Theologische Realenzyklopädie (TRE),* Berlin / New York 1977–2004, S. 69–78.

Koepplin, Dieter: s. v. Interzession, in: Engelbert Kirschbaum / Günter Bandmann / Wolfgang Braunfels / Johannes Kollwitz / Wilhelm Mrazek / Alfred A. Schmid / Hugo Schnell (Hg.): *Lexikon der christlichen Ikonographie (LCI),* Freiburg i. Br. 2020, Sp. 346–352.

König, Eberhard: *Die Grandes Heures de Rohan. Eine Hilfe zum Verständnis des Manuscrit latin 9471 der Bibliothèque national de France,* Simbach am Inn 2006.

Kümper, Hiram: *Tod und Sterben. Lateinische und deutsche Sterbeliteratur des Spätmittelalters,* Duisburg/Köln 2007.

Lentes, Thomas: Sterbekunst, Rettungsring und Bildertod. Rosenkranz und Todesvorstellung zwischen Spätmittelalter und Früher Neuzeit, in: Andrea von Hülsen-Esch / Hiltrud Westermann-Angerhausen (Hg.), *Zum Sterben schön. Alter, Totentanz und Sterbekunst von 1500 bis heute,* Ausst.-Kat. Museum Schnütgen Köln / Schloß Jägerhof – Goethemuseum Düsseldorf / Kunsthalle Recklinghausen, Regensburg 2006, 310–320.

Marti, Susan / Mondini, Daniela: „Ich manem dich der brüsten min, Das du dem sünder wellest milte sin!". Marienbrüste und Marienmilch im Heilsgeschehen, in: Peter Jezler

(Hg.), *Himmel, Hölle, Fegefeuer. Das Jenseits im Mittelalter,* Ausst.-Kat. Schweizerisches Landesmuseum Zürich / Schnütgen-Museum Köln / Wallraf-Richartz-Museum Köln, Zürich 1994, S. 79–90.

Ohler, Norbert: *Sterben und Tod im Mittelalter,* Düsseldorf 2003.

Preising, Dagmar (Hg.): *Galerie der Novitäten. Neuzugänge 1990–2000,* Ausst.-Kat. Suermondt-Ludwig-Museum Aachen, Aachen 2000.

Preising, Dagmar: „Brille des Todes". Das Einzelbild als Anleitung zu gutem Sterben im Mittelalter, in: Dagmar Preising / Michael Rief / Christine Vogt (Hg.), *Der gute Weg zum Himmel. Spätmittelalterliche Bilder zum richtigen Sterben. Das Gemälde ars bene moriendi aus der Sammlung Peter und Irene Ludwig,* Ausst.-Kat. Ludwiggalerie Schloss Oberhausen / Suermondt-Ludwig-Museum Aachen, Bielefeld/Berlin 2016, S. 15–41.

Preising, Dagmar / Rief, Michael / Vogt, Christine (Hg.): *Der gute Weg zum Himmel. Spätmittelalterliche Bilder zum richtigen Sterben. Das Gemälde ars bene moriendi aus der Sammlung Peter und Irene Ludwig,* Ausst.-Kat. Ludwiggalerie Schloss Oberhausen / Suermondt-Ludwig-Museum Aachen, Bielefeld/Berlin 2016.

Reudenbach, Bruno: Tod und Vergänglichkeit in den Bildern des Spätmittelalters und der Frühen Neuzeit, in: Richard van Dülmen (Hg.): *Erfindungen des Menschen. Schöpfungsträume und Körperbilder 1500–2000,* Köln/Wien/Weimar 1998, S. 73–91.

Rudolf, Rainer: s. v. Ars moriendi I, in: Gerhard Müller / Albrecht Döhnert / Hermann Speikermann / Horst Balz / James K. Cameron / Brian L. Hebbletwaite / Gerhard Krause (Hg.): *Theologische Realenzyklopädie (TRE),* Berlin/New York 1977–2004, S. 143–149.

Saurma-Jeltsch, Lieselotte E.: *Die Miniaturen im „Liber scivias" der Hildegard von Bingen. Die Wucht der Vision und die Ordnung der Bilder,* Wiesbaden 1998.

Savonarola, Girolamo: Über die Kunst, gut zu sterben. Predigt vom 2. November 1496, in: Jacques Laager (Hg.): *Ars moriendi. Die Kunst, gut zu leben und gut zu sterben,* Zürich 1996, S. 237–288.

Schäfer, Daniel / Fischer, Norbert / Frenschkowski, Marco / Schumacher, Bernard N. / Erbguth, Frank / Wittkowski, Joachim: Sicht der Wissenschaften und Religionen, in: Héctor Wittwer / Daniel Schäfer / Andreas Frewer (Hg.): *Sterben und Tod. Geschichte – Theorie – Ethik,* Stuttgart 2010, S. 1–74.

Scheffczyk, Leo: s. v. Tod, Sterben. b) Scholastik: *Lexikon des Mittelalters,* Stuttgart 1977–1999, S. 823–825.

Schneider, Cornelia: *Ars moriendi,* Mainz 1996.

Schreiner, Klaus: Der Tod Marias als Inbegriff christlichen Sterbens. Sterbekunst im Spiegel mittelalterlicher Legendenbildung, in: Anno Borst / Gerhart von Graevenitz / Alexander Patschovsky / Karlheinz Stierle (Hg.): *Tod im Mittelalter,* Konstanz 1995, S. 261–312.

Voragine, Jacobus de: *Legenda Aurea,* aus dem Lateinischen übersetzt von Richard Benz, mit einem Nachwort von Walter Berschin, 15. Auflage, Gütersloh/München 2007.

Bildnachweise

Abb. 1 Aachen, Suermondt-Ludwig-Museum, Foto: Anne Gold

Abb. 2 Preising et al. 2016: 49 (Kat.-Nr. 2)

Abb. 3 König 2006: 20

Abb. 4 Hannover, Museum August Kestner, Foto: Chr. Rose

Abb. 5 Jezler 1994a: 283 (Kat.-Nr. 91)

Malte Dominik Krüger

Christliche Sterbebilder

Traditionelle und aktuelle Perspektiven

1 Die Verlegenheit des Jenseits und die Wahrheit seiner Problematik

In der britischen Serie *Rev. It's hell being a vicar* wird die Geschichte eines anglikanischen Geistlichen erzählt (vgl. Almond 2017: 9f.).[1] Er heißt Adam Smallbone und tut in einem Problemviertel Londons seinen Dienst. Dort ist er auch für den Religionsunterricht in der Grundschule zuständig. Als ein Lieblingslehrer der Schule verunglückt und stirbt, muss er mit den Kindern über das Sterben und den Tod sprechen. Und Adam Smallbone tut dies, indem er die Geschichte von den Wasserkäfern und der Libelle erzählt. Das Volk der Wasserkäfer lebt in einem Fluss. Von Zeit zu Zeit klettert ein Wasserkäfer heraus, ist dann verschwunden und wird vermisst. Ein besonders kleiner Wasserkäfer versucht der Sache auf den Grund zu gehen, indem er selbst auch eine Pflanze hinaufklettert – durch das Wasser an die Oberfläche und in die Luft. Dabei verwandelt sich der Wasserkäfer in eine Libelle, die nicht nur wunderschön ist, leicht und glücklich durch das Leben fliegt, sondern dies auch gern seinen Freunden im Wasser unten mitteilen würde. Doch so sehr sich der zur Libelle gewandelte Wasserkäfer es auch versucht: Es gelingt nicht. Erst ist er darüber traurig, doch dann sagt er sich, dass alle seine Freunde auch diese Erfahrung machen werden und man sich gemeinsam wiedersehen wird (vgl. ebd.).

Adam Smallbones Antwort auf die Frage nach demjenigen, was nach dem Tod auf uns wartet, ist eine Erzählung, die nicht zwingend argumentiert, sondern etwas metaphorisch evident machen möchte. Sie reagiert damit auf uralte Fragen des Menschen: Was erwartet uns nach dem Tod? Werden wir, falls wir leben, uns wiedererkennen oder nicht? Werden wir bestraft oder belohnt oder lediglich verwandelt? Werden wir etwas gut machen können, werden wir ins normale Leben eingreifen können? Werden wir einen neuen, anderen oder gar

---

[1] Grundsätzlich gilt für diesen Beitrag: Ist eine Aussage oder ein Beleg nicht unmittelbar durch eine entsprechende Angabe nachgewiesen, ist die Angabe an der im Text nachfolgenden Stelle darauf zu beziehen. Vgl. grundsätzlich schon zu dem Folgenden: Krüger 2017; Krüger 2021; Krüger 2022.

keinen Körper haben? Und: Ist dasjenige, was wir uns vorstellen und was direkt keiner beweisen noch widerlegen kann, mehr als eine anschauliche Szene, die wir uns erzählerisch einbilden? Was dürfen wir hoffen – und warum stellen wir uns das vor, also imaginieren dies (vgl. ebd.)?

Damit ist schon angedeutet: Die Vorstellungen, Konzepte und Bilder, die wir uns von den sogenannten letzten Dingen machen, sind vielfältig. Sie sind geschichtlich auf komplizierten Wegen gewachsen, justieren sich immer wieder neu und imponieren sich unterschiedlich dem jeweiligen Zeitgeist (vgl. ebd.). Das gilt unbeschadet des eigentlich der Ewigkeit verschriebenen Inhalts auch von dem entsprechenden Lehrstück der christlichen Theologie. Dieses Lehrstück von den letzten Dingen, das in der Regel unter den Titeln der *Eschatologie* oder *De novissimis* firmiert, hat sich immer wieder verändert (vgl. Essen 2016).

Dies betrifft sowohl seine inhaltliche Binnenstruktur als auch seine formale Verortung und seine hermeneutische Einschätzung. Was die inhaltliche Binnenstruktur angeht, werden präsentische und futurische, geschichtsimmanente und geschichtstranszendente, individuelle und (heils-)geschichtliche Eschatologie, Apokalyptik und Eschatologie, religiöse und säkulare Apokalyptik, Unsterblichkeit der Seele und Auferstehung des Fleisches, Auferstehung im Tod und Auferstehung nach dem Tod und vieles mehr diskutiert. Was die formale Verortung angeht, streitet man, ob die Eschatologie unter dem Begriff des Letztgültigen christologisch so entgrenzen darf, dass sie das Ganze der Theologie umfasst, oder ob sie nicht eher religionsgeschichtlich überholt und neu kultiviert gehört. Was die hermeneutische Einschätzung betrifft, ist selbstkritisch zu fragen, ob die Eschatologie gleichsam als ‚Verschiebebahnhof' für unlösbare Fragen missbraucht wird, um sich vor dem Eingeständnis theologischer Inkonsistenz zu drücken. Außerdem stellt sich die Frage, ob die Eschatologie ein Sachbericht über zukünftige Ereignisse oder eine berechtigte Artikulation von aktueller Hoffnung bietet. Hier gibt es in der akademischen Theologie eindeutig die Tendenz zur zweiten Lesart, die gern mit dem Hinweis auf die Bildhaftigkeit der Hoffnung verknüpft wird. Denn dasjenige, was man weder überprüfen noch verbürgen kann, das lässt sich immer noch am ehesten in Gleichnissen und Metaphern, in Vorstellungsbildern und Imaginationen, in szenischen Gestaltungen und artifiziellen Werken symbolisieren. Letzteres dokumentiert sich ausschnitthaft in der menschlichen Kunstgeschichte (vgl. Rahner 2016; Lohfink 2017; Körtner 2008).

Insofern hat die Rede von Sterbebildern, wie der Titel dieses Beitrags lautet, eine Pointe: Wer von den Konzeptionen und Vorstellungen sprechen möchte, wie wir sterben und was wir uns vorstellen, was nach dem Tod kommen könnte, hat es in der Regel mit Bildern, Metaphern und Analogien zu tun. Das gilt nicht nur in der christlichen Theologie, sondern auch in allgemeiner Hinsicht. Dazu und zum weiteren Kontext seien an dieser Stelle noch drei Anmerkungen angebracht.

Erstens sollte man vielleicht besser von Sterbebildern als ausschließlich von Todesbildern sprechen, um das Prozessuale des in seiner Richtung unstreitig unumkehrbaren Todesvorgangs festzuhalten. Gerade die aktuelle Diskussion in Deutschland, wie sich Theologie und Kirche zum assistierten Suizid verhalten sollen, richtet die Aufmerksamkeit nicht nur auf den vermeintlichen Letztpunkt des Todes, sondern auch die zu ihm führenden Vorgänge und deren Gestaltung, die zunehmend Möglichkeiten menschlicher Medizin unterliegt (vgl. Kühnbaum-Schmidt 2022). Insofern wäre es gegebenenfalls sinnvoll, Sterben und Tod bzw. Sterbebilder und Todesbilder stärker zu unterscheiden, ohne sie zu scheiden, um die Voraussetzungen für eine noch bessere Dialogfähigkeit zu stärken. Eine Theologie des Todes muss noch nicht automatisch eine aussagekräftige Theologie des Sterbens sein. Doch auch unabhängig von dieser aktuellen Motivation dürfte es sinnvoll sein, das Verständnis des (Hirn-)Todes als eines wiederum von der Medizin konventionell festgesetzten Endzeitpunktes in den Zusammenhang mit den Prozessen zu bringen, die zu ihm führen. So stellt es medizinisch offenbar vor nicht geringe Probleme, genau zu bestimmen, wann und wie der Vorgang des Sterbens beginnt (vgl. Maio 2018: 282–284). Dies ist wiederum auf den gesamten Lebensprozess zurückbezogen: „Wir sind alle zum Tode gefordert“ (WA 10/III, 1), heißt es in einer Invokavitpredigt Martin Luthers, die Martin Heidegger höchstwahrscheinlich aufgrund seiner Lutherlektüre zu der Wendung „Sein zum Tode“ führte, wonach der Mensch auf seinen Tod ausgerichtet lebt (vgl. Baur 1993: 13). Die Geburt des Lebens steht von Anfang im Zeichen des Sterbens, auch wenn sich das Bewusstsein der eigenen Endlichkeit in der Regel wohl erst mit zunehmendem Alter aufdrängen dürfte. Freilich darf man dies auch nicht wieder übertreiben, denn nicht jedes Bild eines lebendigen Menschen ist offenbar ein Sterbebild. Oder ist das doch so? Ist nicht jedes Bild eines zum Zeitpunkt seiner Aufnahme unbestritten vitalen Menschen gerade auch ein Sterbebild? Damit sind wir beim nächsten Punkt.

Zweitens gibt es eine enge Verbindung von Tod und Bild, von Verbildlichung und Sterben. Das vermag man einerseits auf das Verhältnis von Zeit und Bild zu beziehen, wenn Bilder einen unwiederbringlich vergangenen Augenblick festhalten (vgl. Därmann 1995). Dabei partizipieren Bilder am Sosein des Erlebten, wenn die Farben und Formen – eventuell auch noch durch die chemische oder elektronische Abspeicherung von Lichtverhältnissen unmittelbar – das Vergangene als gegenwärtig fixieren (vgl. Belting 2001: 7–188). Andererseits lässt sich dies wiederum mit der kulturwissenschaftlichen Einsicht verknüpfen, dass dasjenige, was wir heute Bild nennen, aus verzierten Totenschädeln von Angehörigen entstanden ist.

Abb. 1: Ain-Ghazal-Statue, Paris, Louvre.[2]

2 Entnommen aus Wikimedia Commons, Link: https://upload.wikimedia.org/wikipedia/commons/1/12/Statue_A%C3%AFn_Ghazal_Louvre_AO_14012018_1.jpg (Zugriff: 26.06.2022).

Das Bild ist also aus der Todeserfahrung geboren. Das Bild des Toten ist das Urbild des Bildes. Unser Bild kommt aus deren Bewältigung durch die Veranschaulichung; und dies zeigt sich zunächst in dreidimensionalen Schädeln der Verstorbenen, wie der Kunstwissenschaftler Hans Belting nachweist (Belting 2001: 143–188). Und unsere Fotografien in Wohnzimmern von verstorbenen Familienmitgliedern stehen in direkter Linie dieser Kulturpraxis (vgl. ebd.). Menschen sind Lebewesen, die ihre Angehörigen bestatten und um ihre Endlichkeit wissen. Insofern ist es kein weiter Weg zu der Einsicht der Kulturanthropologie des Philosophen Hans Jonas, dass bildliche oder bildähnliche Erzeugnisse – auch im Weltraum – als Zeichen für humanes oder menschenähnliches Leben gelten (vgl. Jonas 1992: 34–49). Um es schlicht zu sagen, könnte man zusammenfassend festhalten: Schon in und mit äußeren Bildern dokumentiert der Mensch bewusst oder unbewusst seinen Bezug auf die Endlichkeit. Insofern sind tatsächlich Bilder immer auch Sterbebilder.

Drittens ist der beanspruchte Bildbegriff dieses Beitrags im ersten Zugriff vielleicht etwas irritierend, wenn man den bildtheoretischen Diskurs noch nicht wahrgenommen hat. Bilder an der Wand und außerhalb des Kopfes scheinen ein klares Phänomen unserer Alltagswelt zu sein. Doch was haben diese Bilder an der Wand oder auf dem Smartphone mit den Bildern im Kopf und in der Sprache zu tun? Was verbindet äußere Bilder über den Begriff hinaus mit mentalen Anschauungen, in welcher Form es sie auch immer gibt, und sprachlichen Metaphern, die man wiederum von Gleichnissen und Analogien abheben kann? Darauf kann man antworten: Überraschenderweise gibt es mindestens eine strukturelle Affinität oder sogar Übereinstimmung zwischen diesen drei Formen des Bildes, die in dem kulturwissenschaftlichen Gegenwartsdiskurs nach dem *iconic turn* lebhaft diskutiert werden (vgl. Krüger 2017: 151–469). Im Einzelnen spielen hier vermögenstheoretische Sublimierungen, speziesgeschichtliche Verschiebungen und zeitdiagnostische Beurteilungen eine Rolle, die theoretisch nie alternativlos sind (vgl. ebd.). Um es aber zumindest bekenntnishaft zu markieren, ist meines Erachtens die Fähigkeit des Menschen entscheidend, etwas verneinen und darin festhalten zu können, und zwar anschaulich. Denn wenn Bilder zeigen, was sie selbst nicht sind, kommt dieses Negationsvermögen in Bildern in konstruktiver und prägnanter Weise zum Ausdruck (vgl. Krüger 2017: 455–468; Krüger/Lindemann/Schmitt 2021: 33–160, bes. 92–125.). Was Bild genannt zu werden verdient, ist eine Struktur, die vermittelnd und prägnant zwischen dem Sinnlichen und dem Logischen steht. *Bild* ist dann Teilhabe und Prägnanz, wie es systematisch bei keinem Geringeren als Platon selbst ausgearbeitet ist. Der Heidelberger Philosoph Christoph Poetsch hat dies jüngst in seiner einschlägigen Studie dazu deutlich herausgestrichen, wie es auf seine Weise seit längerem auch der Marburger Gräzist Arbogast Schmitt tut (vgl. Poetsch 2019; Schmitt 2008; Schmitt 2020: 12–26). Übrigens hat in der Tradition des Marburger Neukantianismus und seiner Platon-Verehrung hier der Symbolbegriff in der modernen Philosophie zum

Beispiel bei Ernst Cassirer eine prominente Stellung erhalten (vgl. Moxter 2000; Moxter/Deuser 2002). Dabei hat dasjenige, was meines Erachtens als Bild gelten darf, im Bereich des Visuellen eine herausragende Bedeutung. Doch *Bild* als Teilhabe und Prägnanz umfasst alle Weisen gestalteter Wahrnehmung und ebenso sinnliche Erlebnisse akustischer oder atmosphärischer Art. Auch das ist keine neue Erkenntnis, vielmehr kann man sie etwa dem Bildbegriff bei Erich Rothacker entnehmen, dem Lehrer von Jürgen Habermas, und Ferdinand Fellmann, einem Schüler von Hans Blumenberg (vgl. Fellmann 1991: 19f.). Die 2500-jährige Geschichte der europäischen Philosophie kreist immer wieder um den Bildbegriff – von Platons Urbbild-Abbild-Denken über Johann Gottlieb Fichtes Spätphilosophie bis zum *iconic turn*.

2 Christliche Sterbebilder. Eine idealtypische Versuchsskizze der Tradition

Welche Bilder mentaler, sprachlicher und artifizieller Art vom Sterben gab es in der Geschichte des Christentums? Die Frage ist offenkundig so weit gestellt, dass sie nur schwer handhabbar ist. Dennoch sollte die Theologie auf das Interesse an der Geschichte, wie sie das Sterben und den Tod gesehen hat, reagieren können und auskunftsfähig sein. Im Sinn eines solchen, heuristischen Zugangs erscheint eine außertheologische Einteilung des US-amerikanischen Philosophen Richard Rorty sinnvoll, die auch weithin gern rezipiert wird (vgl. Rorty 1967: 1–39; Rorty 1997: 288f.; Lüdeking 2005: 122–131, bes. 122–124). Danach gibt es einen paradigmengeschichtlichen Dreischritt von der Antike zur Moderne, der in der Wende zur Sprache, im *linguistic turn* endet. Das meint keine einfache Ablösungslogik, sondern eine problembewusste Fortschreibung (vgl. ebd.). Von der Antike bis zur Barockzeit, so der Vorschlag, war man überzeugt, das Sein der Dinge direkt erkennen zu können. Dabei muss dieses Sein der Dinge keineswegs materiell, sondern kann auch geistig sein. In der Aufklärung wurde dieses Paradigma des Seins von dem des Bewusstseins überholt, weil man zur Überzeugung gelangte: Der Mensch hat keinen direkten Zugriff auf die Wirklichkeit, sondern nur, insofern er selbst diese realisiert, mithin sich also die Realität in seinem Bewusstsein vollzieht. Das heißt allerdings nicht zwingend, dass alles bloß konstruiert ist, sondern lediglich, dass es für den Menschen kein Verstehen des Wirklichen am Bewusstsein des Menschen vorbei gibt. Der dritte Einschnitt erfolgte, so Rorty, als man im 20. Jahrhundert verstand, dass weder das Sein noch das Bewusstsein, sondern die Sprache als öffentliche und nachvollziehbare Verständigung die letzte Ebene unserer Wirklichkeitsvergewisserung darstellt (vgl. ebd.). Dieses Schema vom Sein über das Bewusstsein zur Sprache lässt sich mit dem Recht relativer Einseitigkeit auch auf die Geschichte des Christentums beziehen, um herausragende Sterbebilder idealtypisch und damit näherungsweise zu identifizieren.

Im Paradigma des Seins, so kann man sagen, herrscht die realistische Überzeugung vor. Demzufolge gibt es die Wirklichkeit unabhängig vom Menschen und seiner Wahrnehmung. Und genau so, und das ist die Pointe, kann sie der Mensch auch wahrnehmen. In der herkömmlichen Lesart der Philosophiegeschichte kann man die Wirklichkeit dann unter Berufung auf Platon in einer immateriellen, *himmlischen* Ideenwelt lozieren, an der wiederum die endliche Erscheinungswelt materiell und mangelhaft teilhat. Einmal abgesehen davon, dass dies eine meines Erachtens problematische Verzeichnung von Platons Philosophie darstellt, kann man so die theologischen Inhalte plausibilisieren. Gott wird dann zur obersten, immateriellen Idee aller Ideen. Der Mensch hat als Seele teil an dieser Gotteswirklichkeit, und der menschliche Körper wird zu einer niederen oder gegebenenfalls auch abzustreifenden Realität. Eine christliche Eschatologie in dieser Fluchtlinie kann folgendermaßen aussehen. Im Tod trennen sich der Leib und die Seele. Die Seele existiert ohne den Leib fort, mit dessen verklärter Form sie am jüngsten Tag wiedervereinigt wird. In diese Vorstellungswelt kann man noch den Gedanken aufnehmen, dass die Seele nach dem Tod zurechtgebracht wird und diejenige Seele, die sich von Gott abwendet, dessen Gegenteil erfährt. Reinigendes Fegefeuer und gottlose Hölle drücken dies aus. Wollte man einen aktuellen Vertreter einer Eschatologie benennen, die dem zumindest nahekommt, könnte man an Joseph Ratzinger denken. Er orientiert sich gern an Platon und den Kirchenvätern. In seinem Werk *Eschatologie. Tod und ewiges Leben*, das erstmals im Jahr 1977 erschien, entwickelt Ratzinger, und zwar lange bevor andere wieder am Begriff der Seele ihr Interesse finden, eine in sich klare Darstellung, die vom damaligen Forschungsstand ausgeht (vgl. Ratzinger 2007). So grenzt sich Ratzinger nicht nur vom eschatologischen Aktualismus der Christozentrik von Karl Barth und Rudolf Bultmann ab, sondern auch von der innerweltlichen Eschatologie der politischen Theologie der Hoffnung, wie er sie bei Jürgen Moltmann und Johann Baptist Metz findet (vgl. Ratzinger 2007: 17–63). Im Gegenzug plädiert Ratzinger für eine Auferstehung nach dem Tod, damit verbunden die Fortexistenz einer dialogisch auf Gott verwiesenen Seele und erkennt im Glauben an die Wiederkunft Christi den Glauben an eine Geschichte, die von außen vollendet wird (vgl. Ratzinger 2007: 90–171). Es bleiben außerdem die Hölle als Ausdruck der menschlichen Freiheit, sich unwiderruflich von Gott abzuwenden, das Fegefeuer als Ausdruck, dass jeder Mensch vor Gott verwandelt werden kann, und der Himmel als Ausdruck für das Aufgehen des Ganzen und Endgültigen (vgl. Ratzinger 2007: 171–188). Wollte man zu dieser Theologie ein äußeres (Kunst-)Bild suchen, könnte man vielleicht an Hieronymus Boschs *Der Aufstieg der Seligen* denken.

Abb. 2: Hieronymus Bosch, Aufstieg der Seligen, Teil des Triptychons „Visionen des Jenseits“, 1505–1515, Öl auf Holz, 87 x 40 cm, Venedig, Galleria dell’Accademia.[3]

3 Entnommen aus Wikimedia Commons, art database, Link: https://commons.wikimedia.org/wiki/File:Hieronymus_Bosch_013.jpg (Zugriff: 26.06.2022).

Dieses Bild aus dem 16. Jahrhundert zeigt den Weg ins Jenseits. Letzteres ist als reines Licht am Ende eines Tunnels dargestellt, der das Bild dominiert. Die nackten Körper der Seligen werden von Engeln geführt. Dabei sind die Körper der Seligen weder geschlechtlich noch individuell identifizierbar. Entscheidend scheint vielmehr die Ausrichtung ihrer Gesichter zum reinen Licht, in das sie eingehen werden und welches das Körperliche offenbar in seinen verwandelnden Sog zieht (vgl. Reuterswärd 1991: 29–35).

Im neuzeitlichen Paradigma des Bewusstseins wird der Realismus des ontologischen Paradigmas in Frage gestellt, insofern das menschliche Bewusstsein zur Überzeugung gelangt, dass es die Wirklichkeit nicht an sich selbst vorbei verstehen kann. Vielmehr erscheinen dem Bewusstsein die eigenen Strukturen für die Realisierung dessen, was wirklich ist, bestimmend zu sein. Auch diese Grundeinstellung lässt sich auf die Theologie beziehen. Da das Bewusstsein zum Dreh- und Angelpunkt der Wirklichkeit wird, kann Gott als eine notwendige Dimension menschlicher Selbst- und Weltdeutung fungieren. Dieser Gott ist dann keine Einzelerscheinung neben anderen. Vielmehr wird mit dem Gottesbegriff die unumgängliche Annahme eines ganzheitlichen Horizontes verstanden. In ihm kommt das menschliche Subjekt zu stehen, das in seiner Selbstüberschreitung eine kontrafaktische Freiheit erlebt, deren Gelingen sie religiös deuten kann. Was man zuvor in der Tradition die Seele genannt hat, kann dann zu einer vorbewussten Selbstvertrautheit des menschlichen Subjektes werden, dem sich in besonderen Augenblicken das Ewige in der Gegenwart erschließt. Der menschliche Leib wird hierbei als wesentliches Medium des Bewusstseins berücksichtigt. Wollte man einen aktuellen Vertreter einer Eschatologie benennen, die dem zumindest nahekommt, könnte man an den Hallenser Theologen Ulrich Barth denken. In seinem im Jahr 2021 erschienenen Werk *Symbole des Christentums. Berliner Dogmatikvorlesung* berücksichtigt Barth auch die Eschatologie (vgl. Barth 2021: 471–549). Er hält sie für ein eher heikles Erbe des christlichen Glaubens, kann ihr aber auch Wesentliches abgewinnen. Barth geht vom Programm einer liberalen und kulturwissenschaftlichen Dogmatik aus, die sich zwar nicht nur, aber schon deutlich an dem Erbe der europäischen Aufklärung und ihrer Erben im deutschsprachigen Neuprotestantismus orientiert (vgl. Barth 2021: 1–76). Das gilt auch für die Eschatologie, wenn auch Barth das platonische Erbe nicht ignorieren möchte (vgl. Barth 2021: 473–491). Das apokalyptische Erbe des Christentums hält Barth für schwierig, wie er auch den Auferstehungsglauben in der Neuzeit erodiert weiß (vgl. Barth 2021: 491–532). Demgegenüber versteht Barth die Ewigkeit als Aufhebung des Lebens im Sinn eines Ewigkeitsglaubens. Ostern wird dann zum Symbol für eine Zuversicht, die in der Gegenwart schon die Ewigkeit geheimnisvoll anwesend weiß, und zwar im Modus religiöser Individualität (vgl. Barth 2021: 533–549). Insofern der Seelenbegriff damit vereinbar ist, kann Barth der antiken Konzeption Platons ein relatives Recht einräumen (vgl. Barth 2021: 486–489). Es hängt alles an der religiösen Individualität, in der Menschliches und Göttliches zusammen sind. Doch weil mit dem Tod die endliche Individualität erlischt, kann über ein individuelles Fortleben nach dem Tod nichts gesagt werden (vgl. Barth 2021: 546f.). Vielleicht könnte man die Position von Barth so zusammenfassen: Die Vorstellung von einer unsterblichen Seele verweist auf einen Hoffnungshorizont endlicher Deutungspraxis, deren Wahrheit im Wert menschlicher Individualität und ihrer Selbsttranszendierung liegt. Wollte man dafür ein artifizielles Bild, also ein Kunstbild, suchen, könnte man meines Erachtens vielleicht an Caspar David Friedrichs *Wanderer über dem Nebelmeer* aus dem Jahr 1818 denken.

Abb. 3: Caspar David Friedrich, Wanderer über dem Nebelmeer, um 1817, Öl auf Leinwand, 94,8 x 74,8 cm, Hamburg, Hamburger Kunsthalle.[4]

[4] Entnommen aus Wikimedia Commons, Link: https://upload.wikimedia.org/wikipedia/commons/a/a6/Ueber-die-sammlung-19-jahrhundert-caspar-david-friedrich-wanderer-ueber-dem-nebelmeer.jpg (Zugriff: 26.06.2022).

Es zeigt den Rücken eines Mannes, der aufrecht, gestützt auf einen Stock, auf dem Gipfel eines Berges über ein Meer des Nebels schaut. Das Abgründige und Gewisse, die auf die Ungreifbarkeit des Nebels und die Klarheit der Sicht bezogene Dimension, das Begrenzte und das Weite, das im Diesseits sich zart andeutende Jenseits – all dieses ist darin offenbar zu entdecken, und zwar immer auf eine konkrete Individualität bezogen oder von ihr ausgehend verstanden (vgl. Lipp 2007: 83; Grave 2011).

Das moderne Paradigma der Sprache ist überzeugt, dass der letzte Anker unserer Wirklichkeitsvergewisserung kein geistiges Sein oder individuelles Bewusstsein ist, sondern die nachprüfbare und beobachtbare Kommunikation: In der Sprache ist die Wirklichkeit erschlossen. Auch dies lässt sich auf die Theologie beziehen. Gott existiert dann in der Sprache und wirkt darin. Dies ist nicht einschränkend gemeint, sondern räumt, wenn die Wirklichkeit letztlich sprachlich ist, Gott einen zentralen Stellenwert ein. Gott wird dann im gepredigten (Bibel-)Wort und dessen Sprachbildlichkeit offenbar, die der Welt ein Mehr an Sein zusagt, als sie von sich aus mit sich bringt. Entsprechend wird der Mensch insbesondere als sprachlich vermitteltes Selbst und als Sprachwesen verstanden. Seine Leiblichkeit wird keineswegs in Abrede gestellt. Sie ist aber auf die Sprachlichkeit ausgerichtet. Mit der traditionellen Lesart des Menschen als Seele ist dies nur bedingt vermittelbar. Wollte man einen zeitgenössischen Vertreter einer Eschatologie benennen, die dem zumindest nahekommt, könnte man an den Tübinger Systematiker Eberhard Jüngel denken. In seiner einflussreichen Studie *Tod* aus dem Jahr 1971 stellt er das biblische und griechische Menschenbild einander gegenüber (vgl. Jüngel 1971: 57–74) und votiert für eine „Entplatonisierung des Christentums" (Jüngel 1971: 73f.). Nach Jüngel stirbt der Mensch im Tod ganz. Es gibt keine unsterbliche Seele (vgl. Jüngel 1971: 145–171). Die Auferstehung meint keine jenseitige Aufhebung der Begrenztheit endlichen Daseins, sondern die Verewigung des endlichen Lebens durch Teilhabe an Gott (vgl. ebd.). Letztere geschieht im Glauben, der die Verkündigung Gottes in seinem Wort realisiert. So wie der Tod als Drang in die Verhältnislosigkeit schon im Leben wirkt, so kommt die Gemeinschaft mit Gott schon im Leben zum Zug, und zwar im Glauben. In ihm wird der von Jesus Christus vollbrachte Tod des Todes ausgeteilt (vgl. ebd.). Die menschliche Vorstellung kommt hier an ihre Grenzen. Jenseits der Identifikation mit dem Bild des Gekreuzigten, in dem die Individualität des Glaubens nur bedingt eine Rolle spielt, gibt es kein plastisches Bild mehr für das Leben in Gottes Ewigkeit. Ganz tot bleibt gewissermaßen wenig Vorstellbares für den und von dem individuellen Menschen übrig. Wollte man dafür ein artifizielles Bild, also ein Kunstbild, suchen, könnte man meines Erachtens vielleicht an Kasimir Malewitschs *Das schwarze Quadrat* aus dem Jahr 1915 denken.

Abb. 4: Kasimir Malewitsch, Das schwarze Quadrat, 1915, Öl auf Leinwand, 79,5 × 79,5 cm, Moskau, Tretjakow-Gallerie.[5]

Es gilt als Ikone der gegenstandslosen Malerei der (Post-)Moderne und zeigt ein schwarzes, gleichsam schwebendes Viereck vor weißem Grund. In der Regel wird es als bewusster Neueinsatz begriffen, der das Schöpferische der Kunst produktiv auf das Nichts bezieht und damit spielt. Die Last des Gegenständlichen ist abgetan, so dass ein Nullpunkt, ein Neuanfang erreicht wird, der etwas ganz Anderes möglich macht. Die „tabula rasa" wird zum Inbegriff des messianisch Kommenden (vgl. Nettling 2020).

5 Entnommen aus Wikimedia Commons, Link: https://upload.wikimedia.org/wikipedia/commons/d/dc/Kazimir_Malevich%2C_1915%2C_Black_Suprematic_Square%2C_oil_on_linen_canvas%2C_79.5_x_79.5_cm%2C_Tretyakov_Gallery%2C_Moscow.jpg (Zugriff: 26.06.2022).

3 Auf der Suche nach dem christlichen Sterbebild heute

Die vorgeführten Sterbebilder, die im Einklang mit den paradigmengeschichtlichen Wenden sind, haben ein Problem. Sie sind nämlich im Einklang mit diesen Wenden und damit immer auch ihrer Zeit verhaftet, die als solche aber fortschreitet. Das heißt nicht, dass das Vorherige hinfällig ist, sondern – wie es zuvor schon immer der Fall war – zu einer weiteren Fortschreibung führt. Man kann sich dies theologisch und kulturwissenschaftlich vor Augen führen.

Theologisch stellt nicht nur, aber insbesondere die an den Phänomenen der religiösen Lebenswelt interessierte Praktische Theologie fest, dass auch die evangelische Religion sich zur Frage verhalten muss, was Menschen berechtigterweise hoffen dürfen (vgl. Karle 2020: 401–409). Dazu gehört eine gewisse und plausible Evidenz, die vermittelbar und diskutabel ist. Evidenz meint aber eine – wie auch immer genau zu fassende – Prägnanz und damit auch Anschaulichkeit. Hier wird es theologisch heikel (vgl. Dietz 2021). Denn das Bild einer sich vom Leib trennenden Seele, die in den (Ideen-)Himmel aufsteigt, gilt seit der Neuzeit nicht mehr als glaubwürdig. Das betrifft das Paradigma des Seins. Ein entsprechender Dualismus und ein religiöses Stockwerksdenken scheitern aus Gründen der wissenschaftlichen Vereinbarkeit mit den anderen Disziplinen, philosophisch aus prinzipientheoretischen Erwägungen und theologisch aufgrund der inzwischen gewonnenen Einsicht in die Ganzheit des Menschen, von konstruktivistischen Vorbehalten gegenüber dem Realismus und der Objektivität in der Postmoderne ganz zu schweigen. Diese Realismus-Kritik muss zwar nicht zwingend sein, gibt aber ein weit verbreitetes Gefühl wieder. Doch auch die Paradigmen des Bewusstseins und der Sprache mit ihren religiösen Lesarten sind theologisch problematisch geworden. Denn sie bieten beide, und zwar vom Paradigma des Bewusstseins zur Sprache zunehmend, kein anschauliches Bild mehr für den christlichen Glaubenden, der wissen und sich vorstellen möchte, was mit ihm selbst in und nach dem Tod passiert. Über der Rede von der Annahme des Sterbenden durch den Gott in Jesus Christus, die bei aller Betonung der Individualität des Glaubenden entscheidend sein soll, steht ein großes Fragezeichen, dessen Abstraktheit als eschatologische Leere zu erscheinen droht: Was passiert mit mir persönlich, wenn ich sterbe? Oder: Wenn ein Angehöriger einen Tag zuvor verstorben ist, wo ist er dann? In der Kühlkammer des Bestattungsunternehmens? Oder ist das *nur* sein Leib und seine Seele hat sich getrennt? Doch wo ist sie, wenn sie wohl kaum in dem Himmel ist, aus dem es blitzt und regnet? Wo sind und verbleiben die Toten? Dafür ein sprechendes Bild zu finden, das heute überzeugt, dürfte sehr schwer sein. Vom Himmel wird es nicht fallen, sondern sich eher der Umbildung und Fortführung bisheriger Bilder dafür verdanken.

Kulturwissenschaftlich passt dieses Fortgehen der Diskussion zu der Frage, wie der *linguistic turn* weitergeführt wird (vgl. Bachmann-Medick 2010: 7–57). Dafür gibt es aus Gründen ökonomischer Relevanz und öffentlicher Aufmerksamkeit viele Theoriekandidaten, von denen sich eine Reihe als nicht überzeugend erweist. Die Kulturwissenschaftlerin Doris Bachmann-Medick hat in ihrer Studie *Cultural Turns. Neuorientierungen in den Kulturwissenschaften*, erstmals im Jahr 2004 erschienen, das Feld sorgfältig sondiert und umsichtig sortiert (vgl. Bachmann-Medick 2010: 58–416). Sie kommt zu einer gewissen Zahl von *turns*, die sich etabliert haben und die sich im Nachhinein relativ mit einer sachlich gewissen Plausibilität in eine Reihenfolge bringen lassen (vgl. Bachmann-Medick 2010: 36–43. 58–65. 104–111. 144–149. 188–192. 238–242. 284–290. 329–334). Den ersten drei *turns* nach dem *linguistic turn*, die diesen vertiefen, spürt man unmittelbar noch deren Nähe zur Wende zur Sprache ab. Dies sind der „interpretative turn", der „performative turn" und der „reflexive/literary turn". Darauf folgen die an der Übersetzbarkeit und der damit verbundenen Hegemonie orientierten Wenden des „postcolonial turn" und des „translational turn" (vgl. Bachmann-Medick 2010: 58–283). Die letzten beiden *turns* hingegen sind der „spatial turn" und der „iconic turn". Sie lenken die Aufmerksamkeit auf dasjenige, was zur Sprache gebracht werden kann, gerade darin aber nicht aufgeht. Das ist die dem Menschen auch externe Räumlichkeit bzw. Raumzeit und das dem Menschen innewohnende Bildvermögen (vgl. Bachmann-Medick 2010: 284–380). Letzteres kennt die Tradition auch unter den Begriffen der Einbildungskraft, der Phantasie oder – moderner – des Imaginären. Alle diese *turns* begreifen sich als differenzierte Fortschreibung des *linguistic turns*, so dass es in keinem Fall darum geht, einfach die Sprache zu leugnen oder deren Bedeutung in Abrede zu stellen (vgl. ebd.). Im Fall des „iconic turn", der für Doris Bachmann-Medick vorläufig der letzte *turn* ist, wird für die Wirklichkeitserschließung des Menschen das Bildvermögen betont. Das lässt sich einerseits zeitdiagnostisch zurückkoppeln, wenn wir im Zeitalter einer digital befeuerten Bilderflut, des Spektakels und der Medialität, der Überwachung und der Inszenierung leben (vgl. ebd.). Und es lässt sich kulturanthropologisch verstehen, wenn aus der elementaren Verständigung des Menschen in Zeichen und Gesten unsere komplexe Laut- und Schriftsprache erwächst. Der *iconic turn* betont, dass das bisher schon immer wirksame Bildvermögen in unserer Zeit zunehmend in Erscheinung getreten ist (vgl. Krüger 2017: 151–299). Doch: Was ist dieses Bildvermögen? Es ist die Fähigkeit, mit inneren und äußeren Bildern umgehen zu können, wobei die darin im Vollzug befindliche Einbildungskraft stets verkörpert und sozial verflochten ist (vgl. Krüger 2017: 313–468). Zugespitzt gesagt läuft eine Vermögenstheorie im Anschluss an den *iconic turn* darauf hinaus, dass der Mensch mit anderen Lebewesen das Gefühl teilt, in dem er die Wirklichkeit realisiert, darauf bauen dann mit gleitenden Übergängen auf transanimalische Art mithilfe des Negationsvermögens das Bildvermögen, das Sprachvermögen und das Vernunftvermögen auf. Sie sind zu unterscheiden, aber nicht zu scheiden. Das Bildliche findet sich hierbei auch in der Sprache („Metaphern“) und in der Vernunft („Weltbild“, „Weltanschauung“ oder „Stil“) (ebd.). Das visuelle Bild ist hier nur ein herausragender Vertreter dessen, was als Bild gelten kann. Vielmehr ist *Bild*, wie anfangs schon mit Erich Rothacker und Ferdinand Fellmann betont, jede Form, Geformtheit von festgehaltener, registrierter und gestalteter Wahrnehmung. Wie ebenfalls anfangs schon betont, passt dieses Verständnis von *Bild*, das damit als Teilhabe und Prägnanz von Wirklichkeit gefasst werden kann, zu neuesten Einsichten der Platon-Deutung. Mit dem *iconic turn* können wir uns nicht nur im postmodernen Zeitgeist bewegen, sondern können wieder einen Zugang zu den Tiefenschichten der abendländischen Philosophie in der griechischen Metaphysik gewinnen (vgl. Krüger/Lindemann/Schmitt 2021: 92–125). Der damit ins Auge gefasste Platonismus meint gerade keine Zwei-Welten-Theorie, sondern eine, ganze Wirklichkeit. Sie führt zu dem bildlosen Einen, das über eine Kaskade von Teilhabebezügen die Wirklichkeit auch sprachlicher und materieller Art strukturiert. Genau dafür steht der Begriff des *Bildes*, nämlich als Teilhabe und Prägnanz. Und das Wort, mit dem Platon die Stellung des Menschen hierbei erfasst, ist die „*psyche*“, also die Seele (ebd.). Insofern kann man nicht nur die theologische Tradition, die diesen Begriff eschatologisch rezipiert, verstehen, sondern vielleicht auch wieder ein Stück weit ins Recht setzen.

Das alles setzt voraus, dass man in der Theologie die aktuelle Wende zum Bild konstruktiv und kritisch mitvollzieht. Meines Erachtens ist das möglich (vgl. Krüger 2017: 471–541; Krüger/Lindemann/Schmitt 2021: 33–160; Krüger 2022: 204–214). Dann ist – auch: evangelische – Religion im Bildvermögen, also in der menschlichen Einbildungskraft und Phantasie, zuhause und verankert. Dies lässt sich mit den Konzepten des *internen Realismus* und *symbolischen Pragmatismus* umschreiben: Gott ist zwar *nur* in der Einbildungskraft, da ist er aber wirklich da; und weil die Einbildungskraft für den *iconic turn* den Dreh- und Angelpunkt darstellt, ist dies nicht problematisierend gemeint, erklärt jedoch, warum viele mit diesem vermeintlich bloß eingebildeten Gott bzw. dieser theologischen Idealbildung ihrerseits Probleme haben. Dieser Gott ist in der Einbildungskraft der Horizont des Ganzen und das Zentrum des Kreativen. In dieser Form ist Gott meines Erachtens eine Möglichkeit des Menschen, die als solche notwendig ist, die aber in ihrer Realisierung nicht notwendigerweise religiös sein muss. Dieser Gott als bildloser Fluchtpunkt des Bildvermögens muss, wenn er religiös vorgestellt wird, vergegenständlicht werden. Im christlichen Glauben ist es Jesus Christus, der für diese Verschränkung von Präsenz und Entzug, von Anwesenheit und Abwesenheit steht. Lebenspraktisch kann Gott in dieser Fluchtlinie als geheimnisvolle Unschärfe und Religion als Ambivalenzmanagement beschrieben werden. Diese Verankerung Gottes im Bildvermögen hat Folgen für das Verständnis des religionskritischen Projektionsverdachtes und die Frage nach dem Verhältnis von Fiktion und Realität im Glauben: Der Projektionsverdacht widerlegt sich selbst, weil in dem Bildvermögen die Struktur des Unbedingten selbst angelegt ist, wie auf der anderen Seite der Realismus des Glaubens gerade nicht des fiktiven Anteils menschlicher Einbildungskraft entbehrt. Das wirft die Frage danach auf, welche eingebildeten Gottesbilder triftig sind. Als Kriterien eines plausiblen Gottesbildes bieten sich hier die geschichtliche Referenz, die gelungene Kommunikation derselben und ihre kritische Anerkennung an. Christlich sind dies der Bezug auf Jesus Christus, seine Verkündigung in Wort und Sakrament und die kritische Selbstevaluation der letztlich immer interdisziplinär verfahrenden Theologie. Dass ausgerechnet in Jesus Christus der christliche Glaube sein Gottesbild findet, kann nicht bewiesen werden; es ist aber auch nicht abwegig, weil Jesus Christus einerseits in Sprachbildern von Gott spricht und andererseits mit dem Bild der Auferstehung von demjenigen, der über Gott in Bildern redet, selbst zum anschaulichen Sprachbild Gottes wird, also zum inkarnierten Logos (vgl. ebd.).

Bezieht man diesen bildhermeneutischen Ansatz auf das Jenseits, so kann man in der Aufnahme der Tradition und eines neu gelesenen Platon das menschliche Selbstverhältnis, das daran teilhat, auch als *Seele* namhaft machen. Zu ihr gehört auch ihre Verkörperung. Wo und wie Gott dann zu finden ist, lässt sich vielleicht näherungsweise mit einem Zitat des dänischen Theologen und Religionsphilosophen Sören Kierkegaards beschreiben. Danach findet sich die „himmlische“ Gegen-Welt Gottes in einer Hintergründigkeit unserer Realität: „Hinter der Welt, in welcher wir leben, fern im Hintergrunde liegt eine zweite Welt, die zu jener etwa im selben Verhältnis steht wie die Szene, die man im Theater bisweilen hinter der wirklichen Szene sieht ... Man erblickt durch einen dünnen Flor gleichsam eine Welt ..., leichter, ätherischer, von anderer Bonität als die wirkliche“ (Kierkegaard, 2017: 354). Dieses Zitat aus der Schrift *Entweder-Oder* aus dem Jahr 1843 ist nicht ganz einfach zu verstehen (vgl. Deuser/Kleinert 2017: 1–11). Doch wahrscheinlich möchte Kierkegaard zum evangelischen Glauben hinleiten. Jedenfalls versteht er diesen Glauben nicht als Stockwerksdenken noch als bloße Verlängerung diesseitiger Sichtbarkeit, sondern gleichsam als das durch das Anschauliche hindurch erkennbare Unanschauliche (vgl. Ringleben 1983). Meines Erachtens müsste das auch der Springpunkt eines aktuellen Sterbebilds sein, das der christliche Glauben nach dem *iconic turn* suchen muss. Eschatologie ist dann eine Form sprachlicher Bildlichkeit, welche die Grenzdialektik des verkörperten Lebens im Licht der Einbildungskraft betrachtet. Gottes notwendige Vergegenständlichung muss immer wieder durchkreuzt werden, also gewissermaßen zu einem ‚Kippbild‘ werden, das anschaulich und nicht fixierbar zugleich ist. Entsprechend wäre Eschatologie bildstark und bildkritisch. Dabei könnte die Rede von der Seele für die Teilhabe des Menschen an diesem Gott stehen, dessen Bildlosigkeit in Bildern konstruktiv und kritisch erschlossen wird. Es bleibt allerdings die wichtige Frage, was dann mit uns bzw. unserer Seele passiert, wenn wir sterben. Meines Erachtens kann man dies versuchen, emergenztheoretisch aufzunehmen. Danach entsteht das Leben natürlich und zufällig aus immer komplexeren Strukturen, die wiederum nicht ganz auf die Untersysteme (vgl. Eichener 2019), aus denen sie hervorgegangen sind, zurückgeführt werden können; vielmehr kann der sich so herauskristallisierende Geist diese Strukturen (mit-)beeinflussen (vgl. Clayton 2008: 11–166). Damit lässt sich ein Perspektivwechsel verknüpfen: Der Geist kann sich selbst im Horizont des Unbedingten deuten und als dessen Manifestation bzw. Verkörperung verstehen. Dies lässt sich eschatologisch bzw. endzeitlich einordnen. Danach wird die Verkörperung des Geistes mit dem Tod in dem Geist selbst hineingenommen. Auf diese Weise versteht im Deutschen Idealismus F.W.J. Schelling den Tod des Menschen als „Essentifikation", die mit der Auferstehungshoffnung und deren Leiblichkeit zusammengeht: Im Tod fällt alles Zufällige von dem Menschen ab. Die Essentifikation vergleicht Schelling näherungsweise mit dem Verfahren, mit dem man aus einer Pflanze deren Extrakt gewinnt, so dass ihre Materialität geistig vorliegt (vgl. Schelling 1992: 595–597; Krüger 2008: 258f.). Vielleicht ist das ein etwas ungewöhnliches Bild, aber es ist nicht sinnesfeindlich. Andere mögen dagegen vielleicht das Bild von dem Wasserkäfer und der Libelle bevorzugen. Wiederum andere, die postmodern im dezisionistischen Akt der Setzung das Traditionale bevorzugen, mögen es mit den referierten Konzepten und Vorstellungen halten. Doch wie immer man es dreht und wendet: An einer gewissen Prägnanz, die der *iconic turn* einklagt, wird die Artikulation christlicher Hoffnung nicht vorbeikommen. Die damit verbundene Dimension des Leiblichen und Sichtbaren darf darum auch ein christliches Verständnis des Sterbens und des Todes nicht ignorieren. Womöglich hätte dies – aber das wäre ein neuer Beitrag – auch Folgen für aktuelle Debatte wie diejenige um den assistierten Suizid, hinter der nicht nur die Frage der Verfügbarkeit des Lebens, sondern auch die Frage nach dessen endlichkeitsresistenten Kern steht.

Literaturverzeichnis

Almond, Philip C.: *Jenseits. Eine Geschichte des Lebens nach dem Tode*, Darmstadt 2017.

Bachmann-Medick, Doris: *Cultural Turns. Neuorientierungen in den Kulturwissenschaften*, vierte Auflage, Reinbek bei Hamburg 2010.

Barth, Ulrich: *Symbole des Christentums. Berliner Dogmatikvorlesung*, Tübingen 2021.

Baur, Jörg: *Luther und seine klassischen Erben. Theologische Aufsätze und Forschungen*, Tübingen 1993.

Belting, Hans: *Bild-Anthropologie. Entwürfe für eine Bild-Wissenschaft*, München 2001.

Clayton, Philip: *Emergenz und Bewusstsein. Evolutionärer Prozess und die Grenzen des Naturalismus*, Göttingen 2008.

Därmann, Iris: *Tod und Bild. Eine phänomenologische Mediengeschichte*, München 1995.

Deuser, Hermann / Kleinert, Markus: Einleitung, in: Hermann Deuser / Markus Kleinert (Hg.): *Søren Kierkegaard: Entweder-Oder*, Berlin/Boston 2017, S. 1–11.

Dietz, Alexander: *Sinnerschließungen der Seele. Die Bedeutung der Seele für eine seelsorgliche Hermeneutik*, Tübingen 2021.

Eichener, Elis: Seele und Seelsorge. Eine emergenztheoretische Reformulierung des Seelenbegriffs, in: *Evangelisch Theologie* 79 (2019), S. 437–449.

Essen, Georg: *Geschichtstheologie und Eschatologie in der Moderne. Eine Grundlegung*, Berlin 2016.
Fellmann, Ferdinand: *Symbolischer Pragmatismus. Hermeneutik nach Dilthey*, Reinbek bei Hamburg 1991.
Grave, Johannes: *Caspar David Friedrich, Glaubensbild und Bildkritik*, Zürich 2011.
Jonas, Hans: *Philosophische Untersuchungen und metaphysische Vermutungen*, Frankfurt a. M. / Leipzig 1992.
Jüngel, Eberhard: *Tod*, Gütersloh 1971.
Karle, Isolde: *Praktische Theologie*, Leipzig 2020.
Kierkegaard, Sören: *Entweder - Oder, Teil I/II*, dreizehnte Auflage, München 2017.
Körtner, Ulrich H. J. (Hg.): *Die Gegenwart der Zukunft. Geschichte und Eschatologie*, Neukirchen-Vluyn 2008.
Krüger, Malte Dominik: *Das andere Bild Christi. Spätmoderner Protestantismus als kritische Bildreligion*, Tübingen 2017.
Krüger, Malte Dominik: *Göttliche Freiheit. Die Trinitätslehre in Schellings Spätphilosophie*, Tübingen 2008.
Krüger, Malte Dominik: Sorge für die Seele. Systematisch-theologische Überlegungen in seelsorglicher Absicht, in: *Evangelische Theologie* 82 (2022), S. 204–214.
Krüger, Malte Dominik / Lindemann, Andreas / Schmitt Arbogast: *Erkenntnis des Göttlichen im Bild? Perspektiven hermeneutischer Theologie und antiker Philosophie*, Leipzig 2021.
Kühnbaum-Schmidt, Kristina (Hg.): *Streitsache Assistierter Suizid. Perspektiven christlichen Handelns*, Leipzig 2022.
Lipp, Wilfried: *Kultur des Bewahrens. Schrägansichten zur Denkmalpflege*, Wien 2007.
Lohfink, Gerhard: *Am Ende das Nichts? Über Auferstehung und Ewiges Leben*, Freiburg 2017.
Lüdeking, Karlheinz: Was unterscheidet den pictorial turn vom linguistic turn?, in: Klaus Sachs-Hombach (Hg.): *Bildwissenschaft zwischen Reflexion und Anwendung*, Köln 2005, S. 122–131.
Maio, Giovanni: *Mittelpunkt Mensch: Ethik in der Medizin. Ein Lehrbuch*, Stuttgart 2018.
Moxter, Michael: *Kultur als Lebenswelt. Studien zum Problem einer Kulturtheologie*, Tübingen 2000.
Moxter, Michael / Deuser, Hermann (Hg.): *Rationalität der Religion und Kritik der Kultur: Hermann Cohen und Ernst Cassirer*, Würzburg 2002.
Nettling, Astrid: https://www.deutschlandfunk.de/der-maler-kasimir-malewitsch-das-unter futter-des-himmels-100.html (29.01.2020; abgerufen am 09.04.2022).
Poetsch, Christoph: *Platons Philosophie des Bildes. Systematische Untersuchungen zur platonischen Metaphysik*, Frankfurt a. M. 2019.
Rahner, Johanna: *Einführung in die christliche Eschatologie*, zweite Auflage, Freiburg/Basel/Wien 2016.
Ratzinger, Joseph: *Eschatologie. Tod und ewiges Leben*, Neuausgabe der 6. Auflage von 1990, Regensburg 2007.
Reuterswärd, Patrik: Hieronymus Bosch's Four „Afterlife" Panels in Venice, in: *Artibus et Historiae* 12, Nr. 24 (1991), S. 29–35.
Ringleben, Joachim: *Aneignung. Die spekulative Theologie Søren Kierkegaards*, Berlin / New York 1983.
Rorty, Richard, *Der Spiegel der Natur. Eine Kritik der Philosophie*, vierte Auflage, Frankfurt a. M. 1997.
Rorty, Richard: Introduction, in: Richard Rorty (Hg.): *The Linguistic Turn. Essays in Philosophical Method*, Chicago 1967, S. 1–39.
Schelling, F. W. J.: *Urfassung der Philosophie der Offenbarung, Teilband 2*, Hamburg 1992, S. 595–597.

Schmitt, Arbogast: Art. Klassische griechische Philosophie (I): Platon, in: Jan Urbich / Jörg Zimmer (Hg.): *Handbuch Ontologie*, Stuttgart 2020, S. 12–26.

Schmitt, Arbogast: *Die Moderne und Platon. Zwei Grundformen europäischer Rationalität,* zweite Auflage, Stuttgart/Weimar 2008.

Thorsten Benkel

Dynamiken der Delokalisierung

Körper, Tod und Digitalität

„Der Tod, wenn wir jene Unwirklichkeit so nennen wollen, ist das Furchtbarste, und das Tote festzuhalten das, was die größte Kraft erfordert."
G. W. F. Hegel, *Phänomenologie des Geistes* (1970: 36)

Ohne Körper

Inmitten seiner Überlegungen zu Heterotopien, zu den Orten verwirklichter Utopien also, die weitgehend unmerklich neben, zwischen oder hinter den von Menschen häufig aufgesuchten, etablierten, als funktional relevant erachteten und wiederkehrend aufgesuchten Regionen lokalisiert sind, weil ihre Leistungen sich mit den Ansprüchen des Alltagsakteurs nicht so recht verbinden lassen, spricht Michel Foucault (2013: 25f.) von der „Utopie des körperlosen Körpers". Der Körper sei „das genaue Gegenteil der Utopie", da er niemals „unter einem anderen Himmel" stehen, d. h. nicht aus dem materiellen Setting ausbrechen könne, in dem er steckt. Gleich was der Körper tut, er ist immerzu mit sich selbst identisch. Als „gnadenlose Topie" an sich selbst gefesselt, wäre dem Körper ein Ab- und Ausweichen in die Heterogenie der vielfältigen Sinnebenen hinein, wo sich die Realisierung mancher durchaus auf den Körper beziehbaren Utopievorstellung verbirgt (oder wenigstens verbergen könnte), sinngemäß nur dann möglich, wenn er kein Körper mehr wäre.

Nicht um eine Selbstverwirklichungsformel geht es hier, durch welche dem Körper angeraten wird, zu werden, was er ist, sondern um die Auslöschung der Barrieren, die den Körper auf das verpflichten, was er – immerzu eingeschränkt, immerzu gefangen – ist, bis er schließlich neu erfunden werden kann, um zu sein, was er nie war. Utopielose Körperlichkeit sehnt sich, so könnte man Foucault lesen, eben gerade deshalb nach ihrer Transzendierung.

Die Idee der körperlosen Existenz ist kulturgeschichtlich in vielerlei Ausschmückungen nachweisbar; besonders aufdringlich ist sie in Form des postmortalen Weiterlebens zugegen. Die Vorstellung von einer Lebensform nach dem Ende des Lebens ist zwar nicht in jedem Fall unmittelbar religiös unterfüttert.[1] Die antike Erfindung der Seele als eine übersinnliche Entkopplungssubstanz, die das Leibgefängnis nach dem Tod – und überwiegend[2] nur dann – nicht mehr halten kann, hat sich allerdings kulturübergreifend vor allem als religiös anschlussfähiges Konzept erwiesen; im Christentum wurde es im dritten Jahrhundert moderner Zeitrechnung adaptiert (vgl. Almond 2017: 11). Die in ein Totenreich gewanderte Seele ist weiterhin ebenso topisch, wie es beispielsweise das bestimmte Orte heimsuchende Gespenst ist bzw. wie andere Figurationen einer nur mehr geisthaften Existenz es sind. Mit dem durch den Tod bewirkten Verlust des Leibes, durch den sich der materielle Überrest zum bloßen Körper verwandelt, den es ob seiner Funktionslosigkeit zu beseitigen gilt, gewinnt die Person, deren Dematerialisierung auf diese Weise erlangt wird, zumindest im Hinblick auf eine heterotopische Gegenwärtigkeit nicht viel hinzu. Der Seelenfokus schrumpft das hetero- also zum lediglich *atopischen* Potenzial: Anders ist es schon, das Weiterleben nach dem Leben, aber es ist an die starren Verhältnisse innerhalb dieser Alterität so gebunden, wie die Seele zuvor auf den Körper festgelegt war.

Unter den überaus säkularen Vorzeichen einer technischen Aufrüstung der Kommunikationsmittel steht Verstorbenen mittlerweile aber ein Fluchtweg offen, der ihnen eine Präsenz verleiht, die einerseits sozial tragfähig, andererseits aber (scheinbar) außerkörperlich gestaltet ist. Der Körper, im Alltag Inbegriff der sozialen Adressierbarkeit und damit auch der Identität, wird dabei aufgelöst, diese Auflösung jedoch hinterlässt eine zweidimensionale Spur, durch die auf den Körper im Kontext seiner Beseitigung überdeutlich verwiesen wird. Dank den Künsten der *Digitalisierung* ist der utopische Traum vom Erhalt des Daseins im Angesicht des Vergehens für diejenigen greifbar geworden, die entweder vorausschauend für sich selbst planen oder denen ihre An-

---

1 Siehe etwa die auf Gilles Deleuze zurückführbare psychoanalytische Lesart bei Žižek 2005. Laut Überlieferung hegte die Mutter des Philosophen Louis Althusser den (vermutlich auch anderswo verbreiteten) Wunsch, „nur als Seele" leben zu wollen, da sie alles Körperliche verachtete (nach Moreau 1994: 162).

2 Eine gewichtige Ausnahme bilden ‚Seelenreisen', die nicht vom Tod des Körpers motiviert werden und die folglich zurück in ebendiesen Körper führen können, wenngleich zwischen diesen Bewusstseinstrips und der postmortalen Seelenpassage Schnittmengen zu bestehen scheinen (Couliano 1995). Als zeitgenössisches Pendant bietet sich die sogenannte ‚Nahtoderfahrung' an, die dem Autor dieser Zeilen bei öffentlichen Vorträgen regelmäßig als unstrittig wissenschaftlich belegte Leib-Seele-Divisionen vorgehalten wird – ohne dass sich dies objektivieren ließe (Knoblauch 2004; Duerr 2015; Peng-Keller 2017). Das Bestechende der Vorstellung, dass sich ein körperloses Wieder- bzw. Noch-Existieren bewerkstelligen und bestenfalls kontrollieren ließe, beflügelt seit jeher die Fantasietätigkeit und lässt sich mit Variationen der Entkörperlichung vergleichen, zu denen einen gezielte ‚Bewusstseinsveränderungen' führen. Zu dieser großen Bandbreite siehe nur (mit Blick auf Kollektivierungserfahrungen) Delitz 2019. Eine interessante filmische Perspektive, die die Todesschwelle ausdrücklich einbezieht, bietet *Enter the Void* (Frankreich 2009, Gaspar Noé).

gehörigen eine „postexistenzielle Existenzbastelei" (Meitzler 2016) zukommen lassen, die sie zum passiven Subjekt anhaltender Adressierbarkeit macht.

Festhalten

Bereits in den 1990er Jahren, also in den frühesten Kindheitstagen des Internets, wurden Überlegungen zur Repräsentierbarkeit der Verstorbenen im World Wide Web angestellt. Nachdem sich frühzeitig herauskristallisiert hatte, dass ein globales bildschirmbasiertes Kommunikationsnetz dem Echtzeitaustausch und damit unabdingbar auch der medialen Gegenwärtigkeitsdarstellung des einzelnen Ichs dient, die sich später in sogenannten ‚sozialen Medien' verdichten sollte (Benkel 2012), stand zwischen den Zeilen auch bereits die Frage nach den Möglichkeiten und Funktionen dieser Repräsentation nach dem Tod jener Person im Raum, auf die damit zeichenhaft verwiesen wird. Als naheliegend wurde damals u. a. eine internetförmige Nachahmung der kulturell tradierten Verabschiedungsrituale und diesbezüglichen materiellen Einrichtungen angesehen. Es wurde diskutiert, ob virtuelle Grabstätten auf speziell dafür eingerichteten *Online-Friedhöfen* (Offerhaus 2016) trotz oder gerade wegen des offensichtlichen Rekurses auf Offline-Vorbilder eine neue, von der spezifisch dafür vorgesehenen Stätte losgelösten „Todeskultur" installieren (Geser 2000; vgl. Roberts 2004).

Bemerkenswert an der Einrichtung entsprechender Friedhofs-Imitations-Portale, die längst ein globalisiertes Phänomen sind, ist wiederum der schleichende Übergang weg vom buchstäblichen Topos, mit dem Unterschied allerdings, dass die klassische Nekropole – die gesellschaftlich anerkannte Speicherstätte der Körperüberreste – bei Foucault selbst noch als Heterotopie firmierte, weil sich Friedhöfe nun einmal nicht (mehr) zu den Verräumlichungen zählen lassen, die routiniert aufgesucht bzw. im alltagstypischen Aushandeln eine Rolle spielen (Benkel 2016). Obwohl mindestens in jeder größeren Ortschaft vorhanden und hinsichtlich der dorthin ausgelagerten Aufgabe allgemein bekannt, ist der Friedhof eben doch ein „Nicht-Ort" (Auge 2014), der nur dann externe Sinnzuschreibungen provoziert, wenn dies unumgänglich geworden ist. Das Online-Pendant muss, so macht es den Anschein, aus naheliegenden Gründen ohne den (toten) Körper auskommen; eben dies erzeugt aber keinen Riss zwischen der analogen und der digitalen Gedenkstätte, sondern verbindet beide, denn auch das herkömmliche friedhöfische Speicherformat präsentiert Körper bekanntlich im Modus der Referenz, d. h. durch Inschriftverweise sowie durch fotografische Abbildungen der Verstorbenen – aber nicht ihrer Leichen, sondern ihres (noch) lebendigen Leibes.

Im typischen, klassisch porzellangeformten Oval sind nicht tote Menschen zu sehen, sondern solche, die im Augenblick der bildhaften Festschreibung nicht erahnen konnten, dass diese Aufnahme einmal der visuelle Marker für ihren (bilderlosen) Leichnam sein würde (Benkel/Meitzler 2014). Grundsätzlich ließe sich darüber streiten, ob die insofern ‚nicht aktuelle' Abbildung einer verstorbenen und just hier ruhenden Person tatsächlich etwas wesentlich anderes leistet als ihre namentliche Erwähnung. Die sich aufspannende Differenz zwischen den *zwei Körpern der Toten* (vgl. Benkel 2018: 20f.) – nämlich dem biologisch-unsichtbaren auf der einen und dem in Grabstein-, Fotoalbums- und kognitiven Erinnerungsbildern eingefassten Körper auf der anderen Seite – ist in Friedhofsräumen diskussionswürdig, derweil sie bei virtuellen Friedhofsnachahmungen hinfällig wird, denn hier ist das physiologische Substrat auf andere, nachdrücklichere Weise abwesend. Während der Tod selbst andeutungsvoll im virtuellen Raum steht, ist der körperliche Beweis hier *delokalisiert*.

Das virtuelle Grab kann somit als die hyperheterotopische Kontinuierung der Friedhofsruhestätte angesehen werden, weil es hier durch den Wegfall der unmittelbar verbundenen Körperreferenz[3] nicht länger darum geht, einen alltagsfernen und sinnspezifischen (wenngleich multipel adaptierbaren) Ort einzuzäumen. Der Online-Friedhof ist erreichbar über den technischen Zugangsweg der Internet-Verbindung; er ist ein zweidimensionales Bildschirmphänomen und in dieser Form eingesperrt und zugleich entfesselt. Der Zugang ist weltweit möglich, und durch die Design-Optionen des Web 2.0 sind die Mitgestaltungsmöglichkeiten der Rezipient:innen umfangreich. Im Gegensatz zum materiellen Grab, das sich nur bedingt bzw. unter erheblichem Aufwand und erheblichen Kosten umgestalten lässt, können die virtuellen Pendants vergleichsweise einfach an veränderte Trauerhaltungen angepasst bzw. mit neuen Bild- oder Textmaterialien angereichert werden. In ihrer trivialsten Form betrifft dies die Anreicherung mit virtuellen Blumen, Inschriftelementen, Grabbeigaben usw. (Abb. 1), in komplexer Variante die Umfunktionierung der Grabkonstruktion in ein vielschichtiges Display der emotionalen Disposition derer, die die jeweiligen Grabelemente verwalten. Das Mainstream-Internetgrab ist also die Reproduktion sepulkraler Standards, derweil ausgefeilte, die Möglichkeiten der Digitalisierung reflexiv nutzende Aneignungskonzepte in Worten, Tönen, Bewegtbildern usw. aus dem virtuellen Grab einen Altar der postmortalen Persönlichkeitsdarstellung machen.

---

3 Es sind zwar Bilderplatzierungen möglich, sogar üblich, aber sie verweisen auf nichts mehr als sich selbst; jedenfalls sind sie kein Index in die Richtung des nicht abgebildeten und distanzierten, da an einem definierten Ort lokalisierten toten Körpers. Die *Existenz* der Leiche ergibt sich folglich nicht aus den visuellen Daten, die typischerweise ein Online-Grab verzieren, sondern ist ein ‚Wissenstatbestand', der hypothetisch auch fingiert werden könnte: Auch lebendige Menschen könnten über eine Internet-Ruhestätte verfügen. Die fehlende Gleichsetzung von Text/Zeichen und Körper/Realität ist bei näherem Hinsehen aber bereits ein Merkmal der herkömmlichen Friedhofsbestattung, bei der das Ensemble der Verweise am Grab nicht ‚beweist', dass hier jemand liegt und um wen es sich handelt. Am Grab ist die Leiche eine Vermutung, im Internet ist sie eine Vermutungskonstruktion.

Abb.1: Virtuelle Grabstätte im Internet (Projektarchiv Benkel/Meitzler)

Gilbert Ryles lange vor dem digitalen Zeitalter gefällte Aussage, dass der Begriff ‚Ich' häufig genug lediglich den (eigenen) Körper meint (nach Franco 2009: 24f.), kann angesichts der Online-Präsenz Verstorbener schwerlich aufrechterhalten werden, denn hier dienen optische Wiedergaben des (lebendigen) Körpers als Mosaiksteine einer emergenten Ich-Repräsentation. Der verstorbene Mensch ist, so scheint das Online-Grab zu besagen, mehr (gewesen) als das, was die Webseite zeigt; weil dieser Mehrwert aber nicht mehr erfahrbar ist, bleibt als Anlaufstelle nur mehr der Umweg über die Repräsentationsmodi, die das Internet – weiterführend als das Friedhofsgrab – zur Verfügung stellt.

Enthüllen

Obwohl es Anzeichen für eine Renaissance bzw. für eine neue Form der Bildkarriere des toten Körpers gibt (Macho/Marek 2007; Sumiala 2012), beherrscht das Diktum von der Unsichtbarmachung der körperlichen Überreste weitgehend noch immer die bestattungskulturellen Praxen. Die Tabuisierung des toten Körpers fällt, kulturgeschichtlich und kultursoziologisch betrachtet, mit den im Zivilisationsprozess erweiterten Möglichkeiten zusammen, sich vor ordnungsverletzenden Gefahren zu schützen. Aufgrund der permanenten Sublimierung von Hygiene- und überhaupt Lebensführungsprozeduren sind bestimmte Ängste und Distanzierungen überhaupt erst entstanden. Je sauberer und gefahrenloser der Alltag zu sein scheint, desto störender und folglich deplatzierter sind sinnlich spürbare Indikatoren für die prinzipielle Unvermeidbarkeit von Krankheiten, Un- und Todesfällen (Benkel 2021). In primär ekel- und angstbesetzten Empfindungen, die mit spezifischen, keineswegs nur explizit todeskonnotierten Inanscheinnahmen verknüpft sind, scheint psychologisch eine Verbindung zum Sterben bzw. zur Todesangst eingearbeitet zu sein (Cox et al. 2007).

Gegentendenzen der *Informalisierung*, durch welche die Schattenseiten des sozialen Lebens doch wieder unterstrichen, mitunter sogar zelebriert werden (wenngleich hier weniger der Tod, als vielmehr die Feier des ungeordneten Daseins vordergründig ist), entpuppen sich vor diesem Hintergrund, dem Hintergrund der gesellschaftlichen Transformation, als Anscheinsphänomene mit lediglich temporärer Geltung (Wouters 1999). Die nonchalante Auseinandersetzung mit dem Unerwünschten, Verbotenen und Tabuisierten kann in viele verschiedene Richtungen verlaufen (Przyrembel 2011); Körperbezüge bilden hier einen überaus dominanten Diskurszusammenhang, unter den sich Sexualität, Krankheiten, andere Anfälligkeiten und insbesondere Sterben und Tod subsumieren lassen.

Obgleich es im Internet aufwandlos möglich ist, sich mit bildhaften Belegen für Gewalt-, ja Tötungshandlungen (Coenen 2022), mit Sterbe- und Verwesungsprozessen, mit Leichenanblicken, Massengräbern und dergleichen mehr selbst zu konfrontieren,[4] sind entsprechende Abbildungen nur selten Inhalte regulärer journalistischer Medien (wie etwa von Tageszeitungen oder den *Prime Time News*). Die relative Unsichtbarkeit des physiologischen Übergangs vom Leben ins Nicht-Leben und die fehlende Visualität der Leiche stabilisieren kontinuierlich einen massenkommunikativen Nichtangriffspakt, der – zumindest in Deutschland – von bestimmten Zensurmaßnahmen (*Freiwillige Selbstkontrolle* u. dgl.) flankiert wird (Seim 1997). Im Gegenzug sind bildhafte Enthüllungen von toten Körpern notorisch und gelten vielerorts (etwa in medienpädagogischen Diskursen) schon deshalb als ‚problematisch', weil sie eine Unvermeidbarkeit zeigen, die sich in das Generalnarrativ der sicheren und krisenbeständigen gesellschaftlichen Wirklichkeit nicht reibungslos einbetten lassen. Die Realität des Todes ist unbestreitbar; statistisch gesehen, stirbt jährlich mehr als 1 % der deutschen Bevölkerung. Die in Ritualformen gekleideten

---

4 Eine andere Arena für solche grenzverletzenden Einsichten ist die Kunst, die sich im Gegensatz zu den autonom verwalteten Plattformen im Web 2.0 nicht um ihre Reputation scheren muss, da die Kunstsphäre eine Arena für sämtliche Inhalte/Diskurse/Ideen sein kann. Thanatologische Themen werden hier seit Jahrhunderten umfangreich durchgespielt und finden im Digitalzeitalter innovative Ausdrucksformen (Caduff 2022). Der Tod in der Kunst wird weniger kontrovers diskutiert als der Tod im Internet, weil letzteres unreglementiert zugänglich und ersteres Eintrittsbedingungen aufweist, die sich auf den Rahmen der Präsentation beziehen: Kunstinteresse ist ein Baldachin, der über den Inhalten schwebt, derweil einschlägigen Schock-Webseiten der Nimbus des voyeuristischen Interesses anhängt (siehe mit Blick auf die journalistische und die historische Dimension Geimer 2006 und Brink 2008).

Begleitbilder des je eigenen Weltabschieds von 900 000 Menschen zeigen allerdings (fast) nie den toten bzw. verrottenden Körper. Das mediale, vor allem im digitalen Raum sich zunehmend ausbreitende Phänomen der fotografischen Präsenz post mortem spart den Todesaspekt weitgehend aus, als seien die, die im Grabsteinoval oder im JPG am virtuellen Grab zu sehen sind, nicht gestorben, sondern hätten lediglich ihren Aggregatzustand gewechselt. Die Kontinuität zwischen dem lebendigen sozialen Anblick, den Menschen im Alltag darbieten, und der bildhaften Festschreibung nach ihrem Tod ist also schon insofern bemerkenswert, als der schmutzige Part, das Sterben, nahezu immer ausgespart bleibt.

Gleichwohl impliziert die doppeldeutige Virtualität der Abbildungen lebendiger, in Wahrheit aber längst verstorbener Personen eben doch Referenzen auf das Verstorbensein und damit auf die gewissermaßen ‚ausgelaufene' Vergänglichkeit der gezeigten Person (bzw. ihres Körpers). Entsprechende Überlegungen sind in eher essayistischer Form von Roland Barthes (1985) oder Susan Sontag (1978) bekannt. Der Grundgedanke lässt sich auf ein aktuelles Beispiel anwenden. Der russische Angriffskrieg auf die Ukraine, der zum Zeitpunkt des Verfassens dieses Textes anhält, hat, wie bereits andere bewaffnete Konflikte zuvor, auf traurige Weise dem Sterben und Betrauertwerden, aber auch dem Töten und dem Totsein visuelle Gegenwärtigkeit im Übermaß verliehen. Es sind wiederum häufiger nischenhafte Online-Publikationsmedien und nicht so sehr die ‚großen Häuser', die die Schrecken dieses illegitimen Feldzuges schonungslos offensichtlich machen. Die Fotos und Videos Verwundeter, die Szenarien der Bombardierung, die gezielte Vernichtung der Zivilbevölkerung und vieles mehr erhalten angesichts der in der Ukraine weiterhin vorhandenen Internetverbindung eine weltweite Publizität. Die hypothetische Möglichkeit, teilweise in Echtzeit zu verfolgen, wie Sterben, Tod und Trauer entstehen und vollzogen werden, fungiert einerseits nolens volens als Dokumentation der Destabilisierung der gesellschaftlichen Strukturen des Landes und gibt andererseits denen, die es wagen, sich mit dem Material auseinander zu setzen, einen plastischen Eindruck vom Ende des Lebens und vom materiellen Überrest, der Leiche. Entsprechende Abbildungen werden, auch im Fall der Ukraine, bisweilen bewusst für emotionale Hilfsappelle eingesetzt; der eigentlich bilderlose Tod wird dabei in einen buchstäblichen ‚Rahmen' gedrückt, und in dieser Form genießt er eine ganz eigene Legitimität. Wer wiederum, weit über medienethische Interventionen hinaus, die Echtheit entsprechender Bilder anzweifelt – wie es die russische Regierungspropaganda ausposaunt –, handelt damit augenscheinlich nicht im Sinne eines ‚Schutzes' vor ungewollten Anblicken, sondern betreibt eine sinistre Verschwörungspropaganda, die gerade durch die Authentizität der schmerzlichen Daten offenkundig wird. Die Toten von Kyiv, Charkiw, Mariupol oder Butscha tauchen vordergründig nicht deshalb in Bildern auf, damit sie erinnern und betrauert werden können, wenn auch just dies in Appellform („Never forget!" usw.) ausbuchstabiert wird. Der

Zweck der Existenz entsprechender Bilder liegt in einer Instrumentalisierung, die jedoch nicht dem üblichen maliziösen Beiklang des Wortes entspricht. Die Bilder dieser Toten beweisen, dass das Sterben durch die Hand ausländischer Invasoren hier, wie anderswo auf der Welt, eine unbequeme Wirklichkeit ist, an der keine subjektive Einstellung, keine emotionale Direktive und kein politisches Propagandaprogramm etwas ändern können. Die Realität wird im Spiegel ihrer zweidimensionalen Fixierung nicht so sehr festgehalten, als vielmehr enthüllt.

Solche „Photographien der Agonie", um einen Begriff John Bergers (1981) zu verwenden, sind Heimsuchungen der Betrachter:innen im Hinblick auf das höchst krisenhafte Ereignis des Sterbens, das durch die spezifische Konnotation der kriegsverbrecherischen Hinrichtung von Nicht-Kombattanten, unter ihnen viele Kinder, im ukrainischen Kontext nochmals intensiviert wird. Die oben beschriebenen visuellen Denkmäler an Internet-Grabstätten sind dem gegenüber in einem völlig anders gelagerten Bezugssystem angesiedelt. Denkbar ist, dass die Toten der russischen Aggression früher oder später einmal in solchen Erinnerungs- und Gedenkkontexten auftauchen – nachdem bereits eine herkömmliche Beerdigungsfeier unter der Gefahr des Beschusses steht. Das aber wäre da, wo es solche virtuellen Verweise gibt, eine andere Art der Todesreferenz. Im journalistischen bzw. im laienhaft eingefangenen und der Welt als Realitätsbeweis zugespielten Bericht (für Syrien: Meis 2021) ist der tote Körper und sind gewaltsam herbeigeführte Sterbeprozesse *ereigniszentriert*, während die Gedenkofferte, die sich um das virtuelle Grab rankt, *personenfokussiert* ist.

Das gemeinsame Diskursfeld sowohl des medialen und virtuellen Gedenkens wie auch der Berichterstattung über (Todes-)Opfer im Kriegsgeschehen wurzelt in der Schnittmenge zwischen der faktischen bzw. der möglichen Beendigung des Lebens. Hinsichtlich der Sterblichkeit des Menschen könnte der gewaltsame Tod schlichtweg als Unterkategorie der anthropologisch fixierten Unvermeidbarkeit des Sterbenmüssens angesehen werden, dies aber würde den spezifisch sozialen Charakter des Todes/des Tötens im Krieg – und damit auch der daran anschließend entstehenden Bilderstrecken – unterminieren. Die Sterbeschicksale, die der Errichtung von Online-Gräbern vorausgegangen sind, werden am Ort der Bildschirmtrauer nur selten entfaltet, während die Opfer des Krieges in erster Linie just durch ihre Todesumstände in eine bestimmte Rolle hineinbugsiert wurden. Ihre Bilder dienen, wie gesagt, nicht der persönlichen Erinnerung an individuellen Erfahrungen, die konkrete Trauernde mit ihnen gemacht haben; dies ist eine Lesart, die nur relativ wenige Bildinterpreten für sich in Anspruch nehmen können. Vielmehr dienen sie, gleich ob sie nun in der Situation der Tötung oder in einem ganz anderen, früheren Zusammenhang aufgezeichnet wurden, der Absicht, die Illegitimität dieses Sterbens anzuprangern. Der verstorbene Mensch ist hier genau genommen ein Scheinsubjekt, das stellvertretend für alle anderen steht, die ohne visuelle

Evidenz getötet wurden und werden. Die unter friedlichen Bedingungen Verstorbenen hingegen sind identisch mit der sozialen Figur, als die man sie zu Lebzeiten gekannt hat, dafür aber bedeuten sie nicht mehr als das, was die Erinnerungsstätten, die für sie on- oder offline errichtet wurden, nahelegen. Ihre erinnerten Tode bzw. Lebensläufe lassen die Bedeutungsdimension vermissen, die den Kriegstoten auferlegt ist: Sie sind nicht in einer stellvertretenden und damit auch nicht in einer symbolischen Position. Sie sind, mit anderen Worten, in den allermeisten Fällen unabhängig von schwerwiegenden gesellschaftlichen Rahmenbedingungen oder vielmehr Rahmenveränderungen gestorben.[5]

Körperformen

Wie bereits angedeutet, ist es bei den ‚regulären Toten' – das meint jene Todesfälle, die dem Normalerwartungsschema der Sterblichkeitshintergründe entsprechen, also Alterstode, Krebstode, usw. – unüblich, ihre toten Körper postmortal zu thematisieren. Anders als die Leichen in der Ukraine, die aus nachvollziehbaren Gründen eine recht starke, weitgehend aber eben auf das World Wide Web beschränkte Medienpräsenz erhalten haben,[6] werden in Deutschland

---

5 Nicht übersehen werden darf indes die Variante des Todes als *Fanal*. Ein ebenfalls vergleichsweise aktuelles Beispiel stellt die Tötung von George Floyd durch den Polizisten Derek Chauvin dar. Floyd war am 25. Mai 2020 in Minneapolis polizeilich kontrolliert worden, weil er bei einem Einkauf mit Falschgeld bezahlt hatte. Im Laufe der Interaktion, die von Passanten mit dem Handy videografisch festgehalten wurde, wird Floyd in eine Sicherheitsposition gedrückt, bei der Chauvin auf seinem Hals kniet. Obwohl Floyd wiederholt angibt, keine Luft mehr zu bekommen, dauert sein Martyrium über neun Minuten; danach ist er tot. Chauvin wurde zu mehr als 20 Jahren Haft verurteilt. Dieser Fall wurde, im Zusammenspiel mit ähnlich gelagerten Tötungen von People of Colour durch Polizist:innen, zum Aufhänger für die antirassistische und gegen (Polizei-)Gewalt gerichtete Bewegung *Black Lives matter*. Floyds auf Video gebannter Sterbeprozess erfüllt weiterhin eine über den Vorfall hinausreichende signalhafte Scharnierfunktion für korrespondierende Bezugnahmen, d. h. er wird aus dem Kontext des ursprünglichen Geschehens regelmäßig herausgelöst, weil er mehr bedeutet als ein typisches Tötungsdelikt. Diese Art der überzeitlichen Relevanz (mit der paradoxen Folge, dass ein Toter ob seines Versterbens geradezu ‚prominent' wird) kommt nur wenigen, vor allem tragischen und aufrüttelnden Todesfällen zu.

6 Führende Tages- und Wochenzeitungen bzw. TV-Nachrichtenformate zeigen die Leichen und erst recht die Tötungsszenen, die in der Ukraine alltäglich aufgezeichnet werden, um die Wirklichkeit ihres Vorhandenseins wider die russische Propaganda zu beweisen, nur zaghaft und mit Aus- bzw. Überblendungen oder eher in textlicher Umschreibung als in bildhafter Deutlichkeit (wobei Ausnahmen die Regel bestätigen). Es wird das – in Deutschland weitgehend gängige – Prinzip der Abwägung von Informationswert und Plakativität betrieben. Im WWW existieren solche medienethischen Überlegungen auch, indes gibt es aber zahlreiche Webseiten, deren Prinzip es ist, nicht absichtsvoll regulativ in

die toten Körper der meisten Verstorbenen nicht abgelichtet. Als offizielle Publikationsorte für entsprechende Bilder kämen ohnehin allenfalls fachmedizinische Veröffentlichungen in Frage (wie etwa Dettmeyer/Schütz/Verhoff 2019). Selbst der Anblick der Feuerbestattungsasche ist in einem Land, in dem längst über 70 % der Körper der Verstorbenen durch den entsprechenden Kremationsprozess in einige Kilo gräuliches Granulat verwandelt werden, untypisch (Meitzler 2022). Es macht den Anschein, als verlören die Toten mit ihrem Tod ihren Körper, um künftig nur mehr im Modus sozialer Melancholie, also als ‚gewesene Körper' erinnert bzw. in religiöser Betrachtung als jenseitig untergebrachte, körperlose Seelenwesen gedacht zu werden. Die Reihe der Entkorporalisierungskonzepte, die mit dem Tod in Zusammenhang gebracht werden, ist sicherlich noch wesentlich umfangreicher, entscheidend sind hier aber ohnehin nicht die Feinheiten, sondern ist die zentrale Absicht, die Leiche in dem Moment aus der Gesellschaft auszuschließen, in dem sie die Bühne betritt.

Es lässt sich mutmaßen, dass diese Exklusion mit der Krisenhaftigkeit des Sterbens in Verbindung steht. Die häufigsten Sterbeorte in Deutschland (Thönnes 2013) sind jene Räume, in denen Abfertigungen des toten Körpers und Vorbereitungen für seine ad hoc eintretende Nicht-Adressierbarkeit bereits institutionalisiert sind. Kliniken, Altersheime und auch die Hospize sind auf die ‚Entstehung' toter Körper eingerichtet. Sterben umschreibt den schwer definierbaren, prozesshaften Übergang vom Leben in das Nicht-Leben, wobei der Tod lediglich den konkreten, als medizinisch-juristisches Konstrukt kulturell gesetzten Punkt des Übergangs markiert. Das Ende des Lebens und sein Anfang sind durchaus – und über die üblichen Kalendersprüche hinaus – in einer gewissen Analogie miteinander verbunden, denn Neugeborene können nicht steuern bzw. nicht einmal verstehen, zu was ihre Leiblichkeit sie verleitet. Sterbende durchlaufen einen konträren Prozess: Sie durchleben, sofern das Sterben nicht durch Herzinfarkt, Autounfall und dergleichen auf den sekundenkurzen Todesmoment verdichtet wird, den graduellen Übergang von der bewussten Körperkontrolle (und damit Körperautonomie) hin zum Überwältigtwerden durch die allmähliche Selbstauflösung ihres Körpers.

Das Spektrum der Varianten des Sterbens ist kaum zu ermessen. Durch die Etablierung einer palliativen Abfederungsmaschinerie und dank der Implementierung von nicht grundsätzlich todesaversen Behandlungs- und Begleitmethoden ist Sterben heute nicht mehr die physisch wie psychisch schmerzhafte Angelegenheit, die es über Jahrtausende hinweg gewesen ist. Es handelt sich dennoch unabdingbar um die massivste, weil letzte Statuspassage, die ein

die Upload-Aktivitäten ihrer Nutzer:innen einzugreifen – allemal dann nicht, wenn es um die Dokumentation faktualen Geschehens geht.

Mensch durchläuft. Das Sterben anderer zu bezeugen kann kaum anders denn als schwieriges und belastendes, in mehrfacher Hinsicht grenzüberschreitendes Erlebnis qualifiziert werden, das üblicherweise entweder laienhaft-unvorbereitet und daher als existenzielle Herausforderung erlebt wird (durch Angehörige) oder vorbereitet und somit meistens in professioneller Distanz wahrgenommen wird (Benkel 2020a; Pierburg 2021). Die finale Phase des Sterbens wird von manchen Angehörigen als eine Art Zuspitzungsdynamik verstanden – und folglich wird der endlich eingetretene Tod als Erlösung deklariert, weil diese Interpretation sich angesichts eines schwierigen Sterbens nicht mehr wie inakzeptables Wunschdenken, sondern wie die humanistische Bitte um einen Abschluss für Sterbende *und* Angehörige anhört. Der tote Körper wiederum ist mit dem eben noch vorhandenen lebendigen in der unmittelbaren Zeit nach dem Todesmoment nahezu vollkommen identisch. Seine Abschiebung in den Obduktionssaal, die Kühlkammer und/oder den Sarg tilgt die letzten materiellen Beweisstücke, die aber nicht nur an den Menschen, sondern auch an dessen Sterben erinnert. Für die Erinnerung an die Person und ihre sozialen Aktivitäten sind andere, partiell gleichsam materielle Erinnerungsanker vorgesehen, in erster Hinsicht Bilder, in zweiter Linie (mittlerweile) aber auch Gebrauchsgegenstände, mit denen die verstorbene Person zu Lebzeiten bewusst/gerne/häufig umgegangen ist. Es ist zur kulturellen Konvention geworden, dass diese Materialität die Toten besser repräsentiert, als ihre inaktiven Körper es tun.

Die verbannte Leiche schafft den Platz für die referenzielle, im Trauern und Gedenken potenziell wiederaufstehende Subjektschablone, die einem im Grabsteinfoto, an der Internet-Ruhestätte und anderswo begegnet. Der erste, biologische Körper, muss folglich nach einer Karenzzeit, die für bürokratische Erledigungen reserviert ist, abtreten, um dem zweiten, dem Erinnerungskörper Raum zur Entfaltung zu geben. In der weniger bilderlastigen Ära vor der Erfindung der Fotografie war die Auf- bzw. Anrufung des zweiten Körpers ein Privileg derer, die es sich leisten konnten, ein Gemälde oder eine Statue der verstorbenen Person zu beauftragen (oder die über Exponate verfügten, die schon zu Lebzeiten entstanden sind). Die Tradition der Abnahmen von Totenmasken und ihre höchst eigenwillige Entwicklungsgeschichte gehören in diesen thematischen Kontext (Regener 2016). Dass die Toten in greifbare Gestalt gebracht wurden, nachdem ihre eigentlichen materiellen ‚Formgebungen' begraben waren, entspricht dem Wunsch, den sozialen Verlust des Menschen, der einem – zumal damals – vorrangig vor allem *als Körper* begegnete, nachhaltig zu kompensieren. Der Erhalt der Leiche wäre eine naheliegende Option, gegen die allerdings der Verfallsprozess spricht, der in wenigen Ausnahmefällen bekämpft (Lenin im Mausoleum) oder um des größeren Sinnzusammenhangs willen in Kauf genommen wird (Gebeine von Heiligen als Reliquien in Kirchenschreinen). Die Bedingungen für das Festhalten am toten Körper sind damals an soziale Ungleichheiten gebunden gewesen, und in mancher Hinsicht gilt das noch heute.[7] Normative Vorgaben und die erwähnten ästhetischen und septischen Beeinträchtigungen sowie nicht zuletzt die Assoziationskette hin zum Sterben werten nun also seit geraumer Zeit den ersten Körper dermaßen deutlich ab, dass von einem „Leichenparadox" gesprochen werden kann (Macho 1987: 409). Der tote Körper entspricht optisch durchaus jener Person, die eben noch da und deren Nähe angenehm war, jedoch hat sich eine mithin unsichtbare Veränderung ergeben, die dafür sorgt, dass dieser Körper in die Ferne gerückt werden *muss*.

Der Kremationsvorgang verwandelt den menschlichen Körper in eine amorphe Masse, die anscheinend ebenfalls nicht als Repräsentationsmaterial taugt. Es ist allenfalls die Urne, in deren Innerem die Asche lagert, die hier und da (und unter Umgehung geltender Rechtsvorschriften) ein Wohnzimmerplätzchen im Haus der Hinterbliebenen findet. Die körperlichen Überreste sind der Foto- und der Videografie hinsichtlich der symbolischen Erzeugung einer parasozialen, d. h. in Gedanken anhaltenden Präsenz offenkundig weit unterlegen.[8] Die körperliche Auflösung, die Sterben, Tod und Bestattetwerden in je eigenen Ablaufmodi unter je eigenen Rahmenbedingungen forcieren, findet demnach in der Aufbewahrung von visuellen Erinnerungsobjekten ihren Gegensatz. Der fehlende Körper fehlt dann nicht, oder jedenfalls weniger intensiv, wenn er zweidimensional ins Bild zementiert ist. Vor diesem Hintergrund eröffnen das Internet und die Technik der digitalen Bearbeitung entsprechenden Datenmaterials seit einiger Zeit Trauernden wie auch Anbietern entsprechender Offerten weitreichende Möglichkeiten, nivellierte Formen der körperlichen (Bildschirm-)Präsenz zu erzeugen.

---

7 Das Bestattungswesen ist nicht lediglich eine Ansammlung an Ritualdesignagenturen, sondern auch ein kommerziell ausgerichteter Sektor (Akyel 2013). Die Kosten für eine Beerdigung fallen den Angehörigen zu Last, sofern diese sie tragen können; ansonsten kommt es zur kostengünstigen, nur in reduktionistischer Form den kulturellen Konventionen verbundenen Sozialbestattung, wenn nicht gar – falls Angehörige unauffindbar sind – zur Ordnungsamtbestattung (Spranger 2011). Vergleicht man die faktisch anfallenden Beträge, wirken solche vermeintlich exotischen und vielleicht sogar prahlerischen Konzepte wie die Umwandlung der Kremationsasche zu einem *Diamanten* (Benkel/Klie/Meitzler 2019) nicht mehr so ungewöhnlich, denn der Preis für diesen spezifischen Modus der Ent- bzw. Neuverkörperung liegt im Bereich der üblichen Beerdigungskosten für ein herkömmliches Wahlgrab.

8 Parasozialität steht generell für einseitige, also beispielsweise gegenüber Verstorbenen gehegte soziale Bezugnahmen; darunter kann aber auch die emotionale Verbundenheit mit Prominenten subsumiert werden (Benkel 2020b). Für das Phänomen der Kombination von Tod und Digitalität verbindet sich beides anschaulich im Beispiel der online artikulierten Trauer um Menschen, zu denen die Trauernden keinen direkten persönlichen Bezug hatten, was aber nicht verhindert, dass es zu tiefempfundenen ‚Verlusterfahrungen' kommt (Akhther/Tetteh 2021).

Erzeugen

Nachdem die oben erwähnten virtuellen Friedhofsgräber als techno-sepulkrales Angebot einen gewissen Bekanntheitsgrad erlangt hatten und nachdem überdies Nutzer:innen des Internets die Möglichkeit hatten, eigene Webseiten einzurichten, entstanden zahlreiche singulär fokussierte Plattformen für einzelne Verstorbene (Abb. 2). Auf sie wird häufig über QR-Codes an Friedhofsgrabstätten verwiesen (Abb. 3), da es sich um einfach transferierbare Adressangaben handelt. Die entsprechenden Seiten treten nicht, wie der virtuelle Friedhof, in kollektiver Bündelung auf, sondern müssen anhand der URL eigenständig gefunden werden, was den eingeweihten Nutzer:innenkreis auf eine Zugangsexklusivität bzw. eine gewisse ‚Intimität' einschwört. Die Öffentlichkeit der Webseite ist zugleich der Garant ihrer relativen Unsichtbarkeit – einer Unsichtbarkeit, die sich als digitales Gegenstück jener Unsichtbarkeit verstehen lässt, von der die Leiche betroffen ist, sobald die pragmatischen bzw. die rituellen Verfahrensweisen abgeschlossen sind, durch die sie aus der Welt verabschiedet wird. Angesichts solcher Web-Auftritte sind die Toten folglich on- wie offline faktisch körperlos, aber potenziell körperlich repräsentierbar, und sie sind on- wie offline in einem Ozean einschlägiger Internetseiten bzw. irgendwo inmitten zahlloser Grabreihen lokalisiert; ein Ort des Gedenkens existiert, der sich aber erst bei gezielter Suche hervorhebt.

Abb. 2: Eine personalisierte Erinnerungsseite (Projektarchiv Benkel/Meitzler)

In der Entwicklungsgeschichte der virtuellen Präsenz der Toten (Walter et al. 2012; Arnold et al. 2018; Stöttner 2018) zeichnete sich dessen ungeachtet allmählich ab, dass Webangebote, die über persönliche Profile Austausch, Vernetzung und insbesondere eine virtuelle Adressierbarkeit erzeugen – wie etwa Facebook – durch das Versterben einzelner Mitglieder entgegen der ursprünglichen Anwendungsabsicht ebenfalls Trauerkonnotationen aufweisen können. Dies erfolgt beispielsweise dadurch, dass das soziale Umfeld das Profil einer verstorbenen Person weiterhin nutzt, um auf semi-öffentliche Weise Anteilnahme zu bekunden (Brubaker/Hayes/Dourish 2013; Kasket 2012; Marwick/Ellison 2012). Der Raum für die digitale Interaktion *mit* einer anderen Person wird somit zum Umschlagplatz der digitalen Interaktion *über* sie. Die zahlreichen bruchlosen Umwidmungen der Profile haben Früchte getragen: Mittlerweile ist die Umschaltung eines Facebook-Profils in einen explizit so ausgeflaggten ‚Memorial-Zustand' explizit möglich, da das Profil als digitaler Nachlass firmiert, der treuhänderisch von einer anderen, vorab bestimmten Person (oder von den gesetzlichen Erben) verwaltet werden kann.

Abb. 3: Ein QR-Code an einer Friedhofsgrabstätte führt zu einer Webseite (Projektarchiv Benkel/Meitzler)

Ebenfalls von Todesfällen und der Repräsentation Verstorbener geprägt wurden Unterhaltungsangebote wie Youtube. Im Laufe weniger Jahre ist eine spezifische Kultur des elegischen Abschiedsvideos entstanden, das bei Youtube durch Mitglieder der Trauergemeinde hochgeladen wird und das wiederkehrende Kernelemente aufweist (Abb. 4). Inzwischen sind sogar Videos auffindbar, die nicht alleine Todesfälle thematisieren (bzw. skandalisieren), sondern die sogar den Sterbensprozess und den Todesmoment festhalten und der interessierten Öffentlichkeit preisgeben (Abb. 5). Diese überraschenden, weil den Sehgewohnheiten und üblichen Nutzungsintentionen ganz und gar nicht entsprechenden Darstellungen üben im Rahmen der Trauerbewältigung eine ausgefallene, für die Generation der *digital natives* aber durchaus nachvollziehbare Leistung aus (Benkel 2018b; Malkowski 2017). Aneignungsprozesse, die *social media* mit Sterben und Tod verbinden, sind darüber hinaus mittlerweile auch bei Instagram (Thimm/Nehls 2017), Twitter (Cesare 2018), flickr (Richard/Philippi 2016), in Blogs (Andersson 2019) und bei TikTok (Eriksson Krutrök 2021) identifiziert worden.

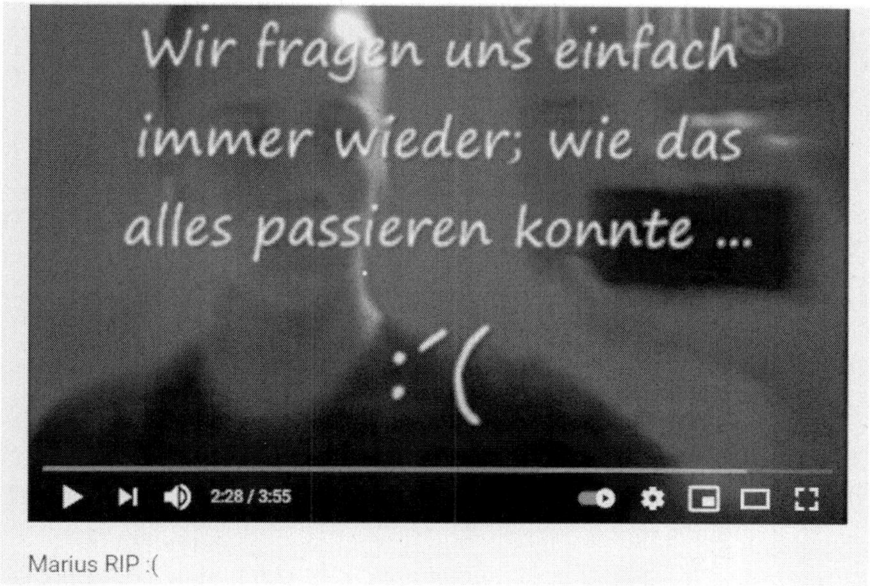

Abb. 4: Screenshot eines Trauervideos bei Youtube (Projektarchiv Benkel/Meitzler)

Zukünftige Innovationen im Bereich der sozialen Medien werden ebenfalls Bezüge zu Sterben, Tod und Trauer aufweisen. Die Motivation, sich im Rahmen entsprechender Kommunikationsangebote über alle möglichen Elemente der eigenen wie auch anderer Lebenswelt(en) auseinander zu setzen, macht vor dem Ende der Lebenswelt offenbar nicht halt. Vielmehr bekräftigt die Autonomie, zu thematisieren, was immer die Nutzer:innen persönlich beschäftigt, nicht nur eine Individualisierung der Kommunikation im Sinne einer Zuspitzung auf persönliche, früher eher im sozialen Nahraum verhandelte Inhalte, sondern sie fördert außerdem als unbeabsichtigten Nebeneffekt die Verdrängung des Körpers aus den Diskursen zum Tod. In der bildhaften wie schriftlichen Bildschirmauseinandersetzung sind Körper ohnehin nur abgebildet, d. h. in reduzierter Form zeigbar; ihre virtuelle Existenz ist die eines auf den realen Körper verweisenden Bildes – eines Körpers, von dem kaum jemand sagen kann, dass er wirklich tot ist. Die realen sterbenden und insbesondere die toten

Körper spielen in Online-Diskursen kaum eine Rolle, weshalb diese Körper aus den internetbasierten Verhandlungen und Trauerbekundungen ausgeschlossen bleiben; sie sind auch hier delokalisiert, denn der Diskurs zum Tod findet in sozialen Medien unabhängig von seinem materiellen Fundament statt.

Abb. 5: Aufzeichnung eines Sterbeprozesses, hochgeladen bei Youtube (Projektarchiv Benkel/Meitzler)

Die erwähnten Aufzeichnungen von Sterbeprozessen relativieren diesen Befund aber schon dadurch, dass sie der ‚Evokation' einer Leiche – die aus dem Übergang des Körpers vom Leben ins Nicht-Leben hervorgeht – bildhafte Präsenz verleihen. Damit zeigen diese Fotos und Videos weit mehr, als die klassischen Körperbezüge in der Sepulkralkultur (Aufbahrung, Waschungen usw.) offenbart haben, denn sie ziehen den Prozess des physischen Sterbens in beweiskräftiger Form mit ein. Es wirkt geradezu konsequent, dass jüngste Trends dahin gehen, die Verstorbenen auch nach ihrem körperlichen Abgang visuell aufzubewahren – sodass die kognitive Erinnerung (der zweite Körper) postmortal auf eine pseudo-physischen, bildschirmbasierten Container – eine Nachahmung des ersten Körpers – trifft. Verschiedene Unternehmen arbeiten daran, durch eine zu Lebzeiten vorgenommene Einspeisung von Informationen das Denken und Empfinden jener Menschen zu speichern, die diese Angaben liefern, und die Daten so zu verarbeiten, dass nach deren Tod eine virtuelle Repräsentation – ein Avatar – die verstorbene Person in Chat-Interaktionen stellvertreten kann (Abb. 6). Die Perfektionierung dieses Einsatzes von künstlicher Intelligenz (Bassett 2015; Seibel 2018) könnte darin bestehen, dass die Toten durch artifizielle Eingriffe an vorab existierendem Bildmaterial (etwa im

Sinne von *deep fakes*; Silbey/Hartzog 2019) zudem über ein (Monitor-)Gesicht und sogar eine imitierte Stimme verfügen. Der Todesmoment wäre folglich – wenigstens für die, die entsprechende Angebote in Anspruch nehmen möchten – nicht der Transfer ins körperlose Nicht-Leben, sondern darüber hinaus der Initiationspunkt für ein Fortleben als digitales Selbst. In dieser gar nicht mehr so fernen Vision wäre das Totsein ohne Körper zugleich eine Art eingeschränktes Noch-da-Sein mit Cyber-Leibsurrogat.

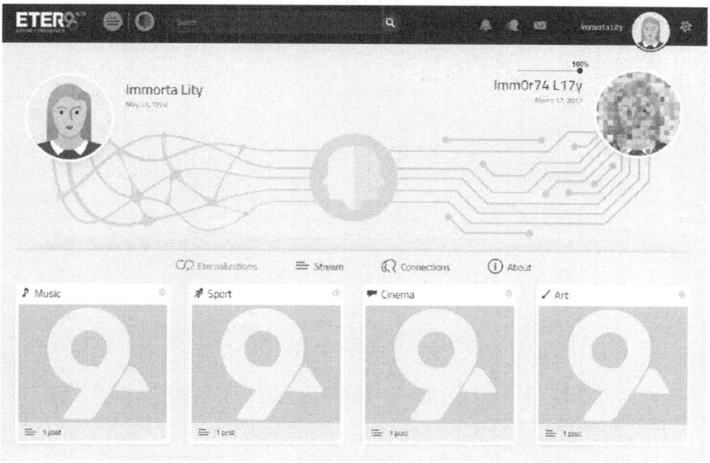

Abb. 6: Die simulierte Identität als Mechanismus der Todesbewältigung (Projektarchiv Benkel/Meitzler)

Das „digital flesh" (Gibson/Carden 2018: 3) dieser Körper könnte mit dem in der Erde versunkenen, im Krematorium aufgelösten oder auf andere Weise evaporierten ersten Körper der Toten gewiss nicht verwechselt werden. In David Cronenbergs damals grotesk anmutender Mediendystopie *Videodrome* (Kanada 1983) wurde diese Idee durchgespielt: Die verschollene Geliebte taucht plötzlich mitten in der Nacht auf dem (Fernseh-)Bildschirm auf und verführt den Protagonisten dazu, mit dem Gerät zu verschmelzen. Cronenberg verfolgte lange vor der Ankunft des Internets seine Obsession mit „new flesh", einer alternativen Form von Organizität, dank der u. a. die Grenze zwischen Leben und Nicht-Leben nebensächlich wird. Die Kategorie des Fleisches ist realiter jedoch die Kategorie der computertechnologisch verarbeiteten Information. Ihre „Ewigkeit [...] am Un-Ort des Cyberspace" (Bolz 2008: 130) wiederum macht Informationen, solange es nur die Hardware dafür gibt, potenziell unsterblich. Die zuletzt angesprochenen Existenzweisen der menschlichen Identität im Rahmen nahtödlicher digitaler Verwertung transportieren daher bei näherem Hinsehen mehr als nur religiöse Spurenelemente – sie implizieren eine Art transzendente ‚Lebensform' in einer Online-Heterotopie. Das „Internetselbst" stößt auf diese Weise, in Fortführung eines Gedankens von Eva Illouz

(2007: 122), endgültig auf sein originäres „cartesianisches Ego“ jenseits der zuvor grenzbildenden „Mauern [...] des Bewußtseins“. Für Anhänger:innen von Jenseitsvorstellungen, die damit leben können, das Jenseits im digitalen Diesseits zu finden, mag die beruhigende Schlussfolgerung lauten: „You only live twice“ (Bassett 2022). Wem es eher um die technische Komponente geht, der könnte von der zaghaften Realisierung diverser Szenarien sprechen, die bislang Science Fiction waren. Beide Stränge stehen unter dem größeren Sinnzusammenhang einer in Ansätzen verwirklichten *Social Fiction*: Der Fortgang ohne Rückkehr hat bislang die Trauernden dazu verpflichtet, die Verstorbenen durch ihr Gedenken aufzubewahren. Das Internet verheißt eine Aufhebung dieser Bürde; und dann sind die Toten, weil sie tot sind, vielleicht sogar besser und leichter erreichbar und einfacher festzuhalten, als sie es zu Lebzeiten je gewesen sind.

Literatur

Akhther, Najma / Tetteh, Dinah A.: Global Mediatized Death and Emotion. Parasocial Grieving – Mourning #stephenhawking on Twitter, unter: https://journals.sagepub.com/doi/abs/10.1177/00302228211014775 [8. Mai 2022].

Akyel, Dominic: *Die Ökonomisierung der Pietät. Der Wandel des Bestattungsmarkts in Deutschland*, Frankfurt a. M./New York 2013.

Almond, Philip C.: *Jenseits. Eine Geschichte des Lebens nach dem Tode*, Darmstadt 2017.

Andersson, Yvonne: Blogs and the Art of Dying. Blogging with, and About, Severe Cancer in Late Modern Swedish Society, in: *Omega - Journal of Death and Dying* 79 (2019), H. 4, S. 394–413.

Arnold, Michael / Gibbs, Martin / Kohn, Tamara / Meese, James / Nansen, Bjorn: *Death and Digital Media*, London / New York 2018.

Augé, Marc: *Nicht-Orte*, vierte Auflage, München 2014.

Barthes, Roland: *Die helle Kammer. Bemerkungen zur Photographie*, Frankfurt a. M. 1985.

Bassett, Debra: Who Wants to Live Forever? Living, Dying and Grieving in Our Digital Society, in: *Social Sciences* 4 (2015), H. 4, S. 1127–1139.

Bassett, Debra: *The Creation and Inheritance of Digital Afterlives. You Only Live Twice*, Cham 2022.

Benkel, Thorsten: Die Strategie der Sichtbarmachung. Zur Selbstdarstellungslogik bei Facebook, in: *Kommunikation@Gesellschaft* 13 (2012), unter: http://www.ssoar.info/ssoar/bitstream/handle/document/28270/B3_2012_Benkel.pdf [8. Mai 2022]

Benkel, Thorsten (Hg.): *Die Zukunft des Todes. Heterotopien des Lebensendes*, Bielefeld 2016.

Benkel, Thorsten: Fragwürdig eindeutig. Eine Exkursion in die Schattenzone des Wissens, in: ders. / Matthias Meitzler (Hg.): *Zwischen Leben und Tod. Sozialwissenschaftliche Grenzgänge*, Wiesbaden 2018a, S. 1–29.

Benkel, Thorsten: Gedächtnis – Medien – Rituale. Postmortale Erinnerungs(re)konstruktion im Internet, in: Gerd Sebald / Marie-Kristin Döbler (Hg.): *(Digitale) Medien und soziale Gedächtnisse*, Wiesbaden 2018b, S. 169–196.

Benkel, Thorsten: Versachlichtes Sterben? Reflexionsansprüche und Reflexionsdefizite in institutionellen Settings, in: Anna Bauer / Florian Greiner / Sabine Krauss / Marlene

Lippok / Sarah Peuten (Hg.): *Rationalitäten des Lebensendes. Interdisziplinäre Perspektiven auf Sterben, Tod und Trauer*, Baden-Baden 2020a, S. 287–309.

Benkel, Thorsten: Parasozialität, in: Daniela Klimke / Rüdiger Lautmann / Urs Stäheli / Christoph Weischer / Hanns Wienold (Hg.): *Lexikon zur Soziologie*, sechste Auflage, Wiesbaden 2020b, S. 569.

Benkel, Thorsten: *Das Fließende des Körpers. Ein kultursoziologischer Versuch*, Weilerswist 2021.

Benkel, Thorsten / Klie, Thomas / Meitzler, Matthias: *Der Glanz des Lebens. Aschediamant und Erinnerungskörper*, Göttingen 2019.

Benkel, Thorsten / Meitzler, Matthias: Sterbende Blicke, lebende Bilder. Die Fotografie als Erinnerungsmedium im Todeskontext, in: *Medien & Altern. Zeitschrift für Forschung und Praxis* 3 (2014), H. 5, S. 41–56.

Berger, John: Photographien der Agonie, in: ders., *Das Leben der Bilder. Die Kunst des Sehens*, Berlin 1981, S. 35–37.

Bolz, Norbert: *Das Wissen der Religion*, München 2008.

Brink, Cornelia: Vor aller Augen. Fotografie-wider-Willen in der Geschichtsschreibung, in: *Werkstatt Geschichte* 16 (2008), H. 47, S. 61–74.

Brubaker, Jed / Hayes, Gillian / Dourish, Peter: Beyond the Grave. Facebook as a Site for the Expansion of Death and Mourning, in: *Information Society* 29 (2013), H. 3, S. 152–163.

Caduff, Corina: *Sterben und Tod öffentlich gestalten. Neue Praktiken und Diskurse in den Künsten der Gegenwart*, Paderborn 2022.

Cesare, Nicole: Mourning and Memory in the Twittersphere, in: *Mortality* 23 (2018), H. 1, S. 82–97.

Coenen, Ekkehard: Hinrichten. Beobachtungen zu einer kommunikativen Form des Tötens, in: *Jahrbuch für Tod und Gesellschaft* 1 (2022), S. 105–125.

Couliano, Ioan P.: *Jenseits dieser Welt. Außerweltliche Reise von Gilgamesh bis Albert Einstein*, München 1995.

Cox, Cathy R. / Goldenberg, Jamie L. / Pyszczynski, Tom / Weise, David: Disgust, Creatureliness and the Accessibility of Death-related Thoughts, in: *European Journal of Social Psychology* 37 (2007), Heft 3, S. 494–507.

Delitz, Heike: Kollektive Efferveszenz, Kollektiv- und Subjektwerden. Soziologie der Drogen in und mit der Perspektive Durkheims, in: Robert Feustel / Henning Schmidt-Semisch / Ulrich Bröckling (Hg.): *Handbuch Drogen in sozial- und kulturwissenschaftlicher Perspektive*, Wiesbaden 2019, S. 195–208.

Dettmeyer, Reinhard / Schütz, Harald / Verhoff, Marcel: *Rechtsmedizin*, dritte Auflage, Berlin/Heidelberg 2019.

Duerr, Hans Peter: *Die dunkle Nacht der Seele. Nahtod-Erfahrungen und Jenseitsreisen*, Berlin 2015.

Eriksson Krutrök, Moa: Algorithmic Closeness in Mourning. Vernaculars of the Hashtag #grief on TikTok, in: *Social Media and Society* 7 (2021), H. 3, S. 1–12.

Foucault, Michel: *Die Heterotopien – Der utopische Körper. Zwei Radiovorträge*, Berlin 2013.

Franco, Manuela di: *Die Seele. Begriffe, Bilder und Mythen*, Stuttgart 2009.

Geimer, Peter: Bilder, die man nicht zeigt. Probleme mit Schockbildern, in: Katharina Sykora / Ludger Derenthal / Esther Ruelfs (Hg.): *Fotografische Leidenschaften*, Marburg 2006, S. 245–257.

Geser, Hans: Virtuelle Gedenkstätten im World Wide Web. Entsteht im Internet eine neue Todeskultur?, in: Hans-Ullrich Glarner (Hg.): *Last Minute. Ein Buch zu Leben und Tod*, zweite Auflage, Baden 2000, S. 228–239.

Hegel, Georg Wilhelm Friedrich: *Phänomenologie des Geistes*, Frankfurt a. M. 1970.

Illouz, Eva: *Gefühle in Zeiten des Kapitalismus*, Frankfurt a. M. 2007.

Kasket, Elaine: Continuing Bonds in the Age of Social Networking. Facebook as a Modern-day Medium, in: *Bereavement Care* 31 (2012), H. 2, S. 62–69.

Knoblauch, Hubert: Todesnäheerfahrungen. Zur kulturellen Prägung und anthropologischen Erklärung einer außergewöhnlichen Erfahrung, in: *Anästhesie und Intensivmedizin* 45 (2004), H. 11, S. 674–679.

Macho, Thomas: *Todesmetaphern. Zur Logik der Grenzerfahrung*, Frankfurt a. M. 1987.

Macho, Thomas / Marek, Kristin (Hg.): *Die neue Sichtbarkeit des Todes*, Paderborn/München 2007.

Malkowski, Jennifer: *Dying in Full Detail. Mortality and Digital Documentary*, Durham/London 2017.

Marwick, Alice / Ellison, Nicole B.: „There isn't Wifi in Heaven!" Negotiating Visibility on Facebook Memorial Pages, in: *Journal of Broadcasting and Electronic Media* 56 (2012), H. 3, S. 378–400.

Meis, Mareike: *Die Ästhetisierung und Politisierung des Todes. Handyvideos von Gewalt und Tod im Syrienkonflikt*, Bielefeld 2021.

Meitzler, Matthias: Postexistenzielle Existenzbastelei, in: Thorsten Benkel (Hg.): *Die Zukunft des Todes. Heterotopien des Lebensendes*, Bielefeld 2016, S. 133–162.

Meitzler, Matthias: Vom Anfang und Ende der Leiche, in: Thorsten Benkel / Matthias Meitzler: *Körper - Konflikt - Kultur. Studien zur Thanatosoziologie*, Baden-Baden 2022, S. 121–151.

Moreau, Pierre-Francois: *Spinoza. Versuch über die Anstößigkeit des Denkens*, Frankfurt a. M. 1994.

Offerhaus, Anke: Begraben im Cyberspace. Virtuelle Friedhöfe als Räume mediatisierter Trauer und Erinnerung, in: Thorsten Benkel (Hg.): *Die Zukunft des Todes. Heterotopien des Lebensendes*, Bielefeld 2016, S. 339–364.

Peng-Keller, Simon: *Sinnereignisse in Todesnähe. Traum- und Wachvisionen Sterbender und Nahtoderfahrungen im Horizont von Spiritual Care*, Berlin 2017.

Pierburg, Melanie: *Sterben und Ehrenamt. Eine Ethnographie der Ausbildung zur Sterbebegleitung*, Bielefeld 2021.

Przyrembel, Alexander: *Verbote und Geheimnisse. Das Tabu und die Genese der europäischen Moderne*, Frankfurt a. M. / New York 2011.

Regener, Susanne: Tod und Maske, in: Thorsten Benkel (Hg.): *Die Zukunft des Todes. Heterotopien des Lebensendes*, Bielefeld 2016, S. 237–260.

Richard, Birgit / Philippi, Birte-Svea: Jugendliche Todesbilder bei *flickr.com*, in: Thorsten Benkel (Hg.): *Die Zukunft des Todes. Heterotopien des Lebensendes*, Bielefeld 2016, S. 107–129.

Roberts, Pamela: The Living and the Dead. Community in the Virtual Cemetery, in: *Omega - Journal of Death and Dying* 49 (2004), H. 1, S. 57–76.

Seibel, Constanze: Tod im Leben – Leben im Tod. Paradoxien des gesellschaftlichen Miteinanders, in: Thorsten Benkel / Matthias Meitzler (Hg.): *Zwischen Leben und Tod. Sozialwissenschaftliche Grenzgänge*, Wiesbaden 2018, S. 161–184.

Seim, Roland: *Zwischen Medienfreiheit und Zensureingriffen. Eine medien- und rechtssoziologische Untersuchung zensorischer Einflußnahmen auf bundesdeutsche Populärkultur*, Münster 1997.

Silbey, Jessica / Hartzog, Woodrow: The Upside of Deep Fakes, in: *Maryland Law Review* 78 (2019), H. 4, S. 960–966.

Sontag, Susan: *Über Fotografie*, München/Wien 1978.

Spranger, Tade Matthias: *Ordnungsamtbestattungen*, Berlin 2011.

Stöttner, Carina: Digitales Jenseits? Virtuelle Identität im postmortalen Stadium, in: Thorsten Benkel / Matthias Meitzler (Hg.): *Zwischen Leben und Tod. Sozialwissenschaftliche Grenzgänge*, Wiesbaden 2018, S. 185–209.

Sumiala, Johanna: *Media and Ritual. Death, Community and Everyday Life*, London 2012.

Thimm, Caja / Nehls, Patrick: Sharing Grief and Mourning on Instagram. Digital Patterns of Family Memories, in: *Communications* 42 (2017), H. 3, S. 327–349.

Thönnes, Michaela: *Sterbeorte in Deutschland. Eine soziologische Studie*, Frankfurt a. M. 2013.

Walter, Tony / Hourizi, Rachid / Moncur, Wendy / Pitsillides, Stacey: Does the Internet Change how we Die and Mourn? Overview and Analysis, in: *Omega – Journal of Death and Dying* 64 (2012), H. 4, S. 275–302.

Wouters, Cas: *Informalisierung. Norbert Elias' Zivilisationstheorie und Zivilisationsprozesse im 20. Jahrhundert*, Wiesbaden 1999.

Žižek, Slavoj: *Körperlose Organe. Bausteine für eine Begegnung zwischen Deleuze und Lacan*, Frankfurt a. M. 2005.

Perspektiven in der Praxis

Klaus Hager

Medizinische Perspektive auf das Sterben

Einleitung

Sterben und Tod zählen zu den wenigen Gewissheiten in unserem Leben. Die Medizin nahm sich mit der Palliativmedizin dieses Themas bereits intensiv an. Durch die weite Verbreitung der ambulanten palliativmedizinischen Dienste sind Sterben und Tod flächendeckend in der Krankenversorgung angekommen. Beim Titel dieses Beitrags „Medizinische Perspektive auf das Sterben" denkt man daher sofort an die Palliativmedizin und an deren Möglichkeiten, das Sterben und die damit einhergehenden belastenden Symptome wie Schmerzen und Angst zu erleichtern (Symptomkontrolle). Das sollte, wie in der Vorbereitung dieses Beitrags festgelegt wurde, aber nicht behandelt werden, auch nicht die psychischen Prozesse der Auseinandersetzung mit dem Sterben. Stattdessen sollte der medizinische Blick einer Ärztin/eines Arztes auf das Sterben und die körperlichen Veränderungen beim nahenden Tod bzw. beim Sterben ins Zentrum gerückt werden. Dabei wird nicht der plötzliche Tod betrachtet, z. B. durch einen Unfall oder einen plötzlichen Herzstillstand, sondern das Sterben im Gefolge einer langsam zum Tode führenden Erkrankungen. Bei der Bearbeitung der Quellen wurde deutlich, dass trotz der zentralen Rolle, die das Sterben in unserem Leben innehat, die wissenschaftliche Erforschung über die dabei stattfindenden Vorgänge vergleichsweise spärlich ausgeprägt ist.

Die Perspektive, die im nachfolgenden Text auf das Sterben eingenommen wird, ist also eher distanziert und von außen beschreibend. Vielleicht können die Schilderung und Bewusstmachung der Vorgänge Unsicherheiten und Angst in Bezug auf das Sterben mindern. Die beschriebenen Veränderungen sind als prinzipiell mögliche Verläufe zu verstehen. Da jeder Mensch in körperlicher und psychischer Hinsicht unverwechselbar ist und seine speziellen körperlichen Reserven besitzt, ist es naheliegend, dass auch die letzten Tage bzw. Stunden unterschiedlich sein werden. Jedes Leben ist einzigartig, jedes Sterben auch.

Wachsen und Vergehen

Wachsen und Vergehen sind Prozesse, die uns unser gesamtes Leben begleiten, von Anfang an. Genau genommen beginnen diese Prozesse des Abbaus und

Aufbaus bereits im Mutterleib bei der Entstehung des Embryos. Sie sind die Voraussetzung dafür, dass sich das Leben überhaupt entwickeln kann. Während unseres gesamten Lebens erneuert sich unser Körper täglich ein wenig. Pro Tag entstehen ca. 80g neu und 80g vergehen (Sender & Milo: 2021). Dies ist, je nach Organ und Gewebe, sehr unterschiedlich. Am meisten betroffen sind das Blut und die Schleimhäute im Magen-Darm-Trakt. Selbst ungefähr 10 % unseres Skeletts wird pro Jahr neu gebildet. Muskelzellen, Herzmuskelzellen und Gehirnzellen hingegen teilen sich praktisch nicht, hier finden kaum Veränderungen statt.

Wir vergehen und wachsen also permanent ein wenig. Dies ist ein planvoller Prozess mit Entfernung von altem und Entstehung von neuem Gewebe. Wenn die Regeneration zu 100 % erfolgen würde, dann würden wir wohl ewig leben können. Das Vergehen unserer Zellen erfolgt beispielsweise im Rahmen der Autophagie. Innerhalb einer Zelle werden dabei die nicht mehr benötigten Bestandteile entfernt. Bei der Apoptose, dem *programmierten Zelltod*, wird die Zelle einem festen Plan folgend abgebaut und die Bestandteile vom Körper zum Neuaufbau genutzt. Sind Zellen an ihr Lebensende gekommen, dann teilen sie sich nicht mehr und halten im Zellzyklus inne (zelluläre Seneszenz).

Der Bauplan unseres Organismus sieht vor, dass unsere körperlichen Ressourcen nach Abschluss von Wachstum und Reifung etwa im Alter von 20–30 Jahren am größten sind (Abb. 1). Dann haben beispielsweise unsere Knochenmasse oder unsere Lungenfunktion ihr jeweiliges Maximum erreicht. Zu diesem Zeitpunkt ist unsere Widerstandsfähigkeit, unsere körperliche Resilienz bzw. unsere *Lebensenergie* am größten.

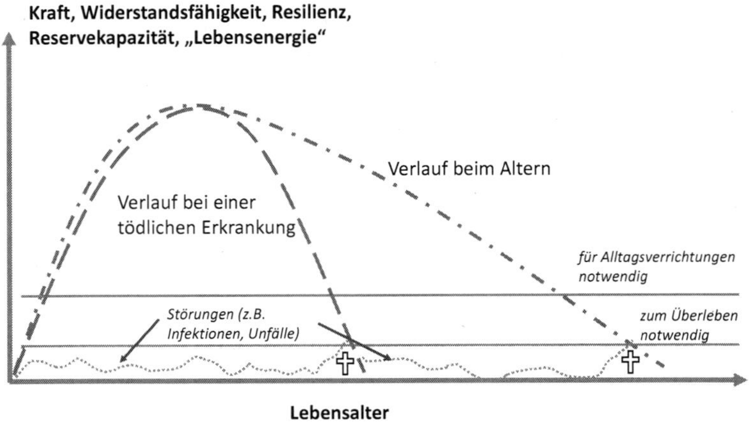

Abb. 1: Physiologische Leistungsfähigkeit des Körpers (die gepunktete Linie stellt Störungen des Organismus schematisch dar)

Mit zunehmendem Alter gelingt der Aufbau neuen *Lebens* nicht mehr perfekt, so dass die Organleistungen im Zuge des Alterns langsam, zirka 10 % in 10

Lebensjahren, abnehmen. Diese gelangen schließlich an einen Punkt, an dem die alltäglichen Verrichtungen schwierig werden, und erreichen letztlich die Grenze, ab der die Erhaltung des Lebens nicht mehr möglich ist. Bei einer im mittleren Lebensalter auftretenden tödlichen Erkrankung sinken die Kräfte ebenso, erreichen nur meist schneller die genannten Grenzen (Abb. 1).

Der Mensch bzw. der Organismus stellt sich auf die Abnahme seiner Regenerationsfähigkeit bzw. seiner Organleistungen oder *Lebensenergie* mit physischen, psychischen und sozialen Kompensationsvorgängen das ganze Leben hindurch ein. Werden die Kraftleistungen im Laufe des Alterns oder auch bei einer auszehrenden Erkrankung geringer, so hebt man eben keine schweren Gegenstände mehr bzw. man holt sich dafür Hilfe.

Durch diese Vorgänge nehmen mit zunehmendem Alter bzw. mit dem Verlust der Organleistungen bei zum Tode führenden Erkrankungen die Fähigkeiten zum Ausgleich von Störungen, z. B. von Infektionen, ab, wodurch das Risiko zu versterben ansteigt. Letztlich kann dann ein kleines Ereignis, das in der Jugend den Organismus kaum belastet hätte, die Kompensationsfähigkeit überfordern und das Sterben in Gang setzen (Abb. 1).

Der Körper will überleben.

In der vieltausendjährigen Geschichte der Menschheit wurde der Organismus darauf optimiert, bei Unfällen, Verletzungen oder Infektionen möglichst zu überleben. Dies geschieht ohne unser bewusstes, planendes Eingreifen. Wenn ein Virus in den Körper eindringt, dann laufen ganz automatisch die Vorgänge der Immunabwehr ab, ohne dass wir diese bewusst steuern müssten oder könnten. Wenn aber nicht mehr genug *Lebensenergie* für alle Vorgänge verfügbar ist, dann schalten die Kompensationssysteme *unwichtige* Funktionen ab. Der Körper versucht dadurch, das Überleben der wichtigsten Organe, insbesondere von Herz und Gehirn, so lange wie möglich aufrecht zu erhalten. Dies soll an zwei Beispielen veranschaulicht werden.

Bei einer Verletzung mit einem starken Blutverlust kann es zu einem Volumenmangelschock kommen. In den Blutgefäßen ist nicht mehr genug Blut vorhanden, um den Kreislauf bzw. den Blutdruck aufrecht erhalten zu können. Der Organismus versucht dann, die Durchblutung von Herz, Gehirn und inneren Organen so lange wie möglich zu erhalten. Dazu schütten die Nebennieren beispielsweise Stresshormone wie Adrenalin, Noradrenalin oder Kortison aus. Das Herz schlägt schneller, die Arterien verengen sich, um den Blutdruck zu stabilisieren. Das Blut wird auf die Arterien zu den inneren Organen zuungunsten von Armen, Beinen und der Körperoberfläche umverteilt (Zentralisation). Zu ersehen ist dies dann an kalten, blassen, bläulich marmorierten Armen und Beinen. Wenn das nicht ausreicht bzw. der Blutverlust nicht gestoppt werden kann, dann fällt der Blutdruck weiter ab, das Bewusstsein schwindet.

Ein anderes Beispiel ist die fehlende Nahrungszufuhr. Das Gehirn ist auf Zucker (Glukose) zwingend angewiesen. Der Organismus schützt das Gehirn bei Nahrungsmangel dadurch, dass die Insulinproduktion vermindert wird. Die Muskeln bekommen dadurch weniger, das Gehirn aber weiterhin ausreichend Zucker. Bei anhaltendem Hunger werden die Fettdepots sowie die Eiweißreserven in den Muskeln abgebaut und in Zucker und Energie umgewandelt. Bei weiterem Nahrungsmangel wird auch das Eiweiß der inneren Organe benutzt. Irgendwann sind alle Möglichkeiten der Kompensation erschöpft, das schwächste Organ des Verhungernden wird dann versagen, z. B. das Herz, mitunter ohne erkennbaren Anlass.

Letztlich passt sich der Körper also das gesamte Leben hindurch an die vorhandenen Möglichkeiten an und ist bestrebt, bis zum Lebensende seine Funktionen und sein inneres Gleichgewicht so lange wie möglich zu erhalten. Der Organismus will überleben.

Der Weg aus dem Leben

Ein Teil der Sterbefälle ereignet sich innerhalb von Sekunden, z. B. durch ein plötzliches Kammerflimmern bei einem bis dahin mitunter gesund erscheinenden Menschen. Dadurch wird der Mensch innerhalb von Momenten aus dem Leben gerissen. Meist jedoch, und das soll hier im Mittelpunkt stehen, wird der Mensch krank, *siech* und wird schließlich sterben. Dabei können die nachstehenden drei Phasen unterschieden werden (z. B. Nauck 2001), die in der Praxis aber nicht exakt voneinander getrennt werden können (Tab. 1).

- Rehabilitationsphase (Monate, Jahre)
- Terminalphase (Wochen, Monate)
- Final- oder Sterbephase (die letzten 72 Stunden)

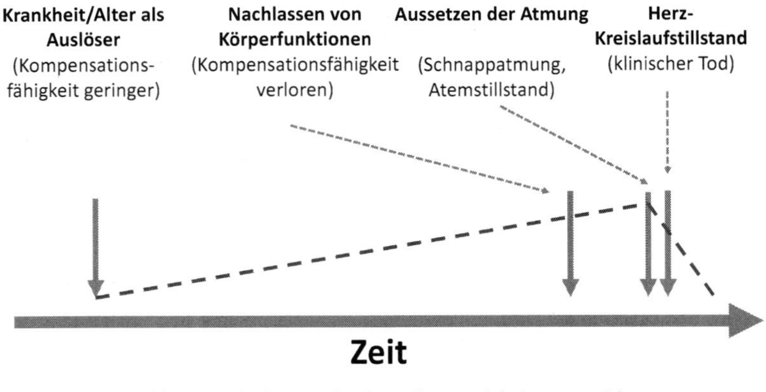

Abb. 2: Zeitlicher Verlauf vor dem Tod (schematisch)
(die gestrichelte Linie zeigt schematisch die Tätigkeit der Palliativmedizin an)

Die medizinische Perspektive ändert sich entsprechend den Bedürfnissen des betroffenen Menschen in diesen Phasen (Tab. 1). Die Palliativmedizin plädiert dafür, die Verfügungen für das Sterben möglichst frühzeitig festzulegen. Die Palliativmedizin würde auch nach dem Tod wirken wollen und beispielsweise die Trauer der Angehörigen lindern wollen (Abb. 2).

Rehabilitationsphase: In der Rehabilitationsphase schreitet die Erkrankung langsam über Monate oder Jahre fort. Der Körper kann seine Funktionen aufrechterhalten und im Rahmen der Behandlung bzw. der Rehabilitation vorübergehend vielleicht wieder an frühere Aktivitäten und Leistungen anknüpfen. Die medizinische Behandlung konzentriert sich auf das Beheben der Erkrankung, z. B. auf Chemotherapien bei einer Krebserkrankung, und strebt die Heilung des Menschen an.

Terminalphase: Gelingt die Gesundung nicht und schreitet die zum Tode führende Erkrankung fort, dann machen sich Zeichen des körperlichen Abbaus sichtlich bemerkbar. Der Mensch wird müder, kraftloser und kann seine Selbständigkeit nur noch mit viel Energie oder Hilfe aufrechterhalten. Die Medizin wird spätestens zu Beginn der Terminalphase über eine Begrenzung von Maßnahmen nachdenken. Beispielsweise könnte überlegt werden, die Chemotherapie nicht mehr fortzuführen oder auf ein Regime mit möglichst geringen Nebenwirkungen umzustellen. Eine Heilung wird, da aussichtslos, nicht mehr angestrebt. Im Klinikjargon gilt der Patient nun als „palliativ“. In der Terminalphase ist klargeworden, dass das Sterben nicht mehr aufzuhalten ist.

Der Organismus seinerseits muss mit der weiter schrumpfenden *Lebensenergie* umgehen. Der Mensch läuft nicht mehr so viel herum, um Energie zu sparen, verbringt mehr Zeit in der Wohnung oder im Bett. Das Interesse für die Umwelt geht zurück, da auch hierfür nicht mehr genug Energie zur Verfügung steht. Es besteht weniger Appetit, das Körpergewicht kann weiter abnehmen. In einer Studie über die Symptome Sterbender werden Schwäche, Müdigkeit und Appetitmangel in über 80 % der Fälle angegeben (Pinzon et al. 2013). Die medizinische Perspektive konzentriert sich darauf, dass der Mensch seine Selbständigkeit im Alltag so lange wie möglich aufrechterhalten kann. So können ein ambulanter Pflegedienst oder Hilfsmittel Erleichterung bringen. Beschwerden müssen, wenn vorhanden, natürlich behandelt werden.

Final- oder Sterbephase: In der Finalphase gelangen die Lebensmöglichkeiten an ihre Grenzen und es kommt nun zum Ausfall von Körperfunktionen, zum *biologischen Kollaps* (Tab. 2). Die Reihenfolge ist dabei von Mensch zu Mensch unterschiedlich und hängt von der jeweiligen Erkrankung und den individuellen Ressourcen ab. Dabei kann es zu vorübergehenden Besserungen und zu Tagen kommen, an denen die Vitalität wieder hoch ist.

Der Zeitpunkt des Beginns der Finalphase ist schwierig zu bestimmen. Aus wissenschaftlicher Sicht wurde daher die Frage nach *Biomarkern* des Sterbens gestellt, also beispielsweise nach veränderten Blutwerten, die den nahenden Tod ankündigen (Deelen et al. 2019; Reid et al. 2017). Es gibt bislang jedoch keine verlässlichen Laborwerte, die das Sterben anzeigen.

Der abnehmende Kreislauf führt im Gehirn dazu, dass Müdigkeit, Schläfrigkeit und Benommenheit auftreten können. Trugwahrnehmungen können entstehen, auch Unruhe, Verwirrtheit oder ein Delir. Dies kann sich, bei sich etwas erholendem Kreislauf, mit Phasen von Wachheit und Klarheit abwechseln. Wie lange das Bewusstsein im Prozess des Sterbens aufrechterhalten werden kann, also beispielsweise Angst oder Panik vorhanden sein können, ist schwer zu sagen.

Sinkt der Blutdruck ab, dann kommt es zur schon erwähnten Zentralisation. Die Durchblutung von Armen und Beinen nimmt ab, die Haut wird blass, kühl und kann bläuliche Flecken aufweisen. Blässe um die Nase und den Mund herum wird als Zeichen des nahenden Todes angesehen (Todesdreieck).

Dem Sterbenden macht nun selbst das Essen und Trinken Mühe. Es ihm aufzwingen zu wollen, würde ihn nur quälen. Eine Ernährung über die Vene oder eine Magensonde wäre ebenfalls belastend. Die Vorstellung von *normalen* Mengen an Nahrung und Trinken gelten beim Sterbenden nicht mehr. Die getrunkene Flüssigkeitsmenge kann vielleicht nur 2–3 Gläser Wasser pro Tag betragen. Weniger Essen und Trinken wird nicht als Qual empfunden.

Das Schlucken wird ebenfalls beschwerlich und im Sterben seltener. Durch das Abschwächen des Würge- (Hirnstammreflex) bzw. des Schluckreflexes kann sich Speichel im unteren Rachen ansammeln und wird nicht mehr geschluckt, so dass bei jedem Atemzug etwas Luft hindurch perlt, was sehr bedrohlich klingt (Todesrasseln). Das Atmen schränkt dies in der Regel aber nicht ein bzw. es tritt dadurch keine Atemnot auf.

Die Darmtätigkeit bzw. die Verdauung wird reduziert oder erlischt. Die Ausscheidungen können nicht mehr sicher kontrolliert werden, Inkontinenz kann entstehen.

Die Muskulatur wird schwächer und schlaffer, spätestens jetzt tritt Bettlägerigkeit auf. Die Erschlaffung der Muskulatur betrifft auch das Gesicht. Dadurch können die Wangenknochen stärker hervortreten, das Gesicht wird weniger lebhaft, die Nase erscheint *spitzer* (Facies hippocratica). Weil Muskeltätigkeit und Stoffwechsel abnehmen, kann die Körpertemperatur absinken.

Die großen Organe wie Leber und Nieren stellen ihre Funktionen zunehmend ein. Dadurch wird beispielswiese die Urinausscheidung geringer. Dauert dieser Zustand über mehrere Tage an, dann können sich die harnpflichtigen Substanzen im Blut ansammeln und es kommt zur (schmerzlosen) Harnvergiftung (Urämie).

Schließlich treten Atemstörungen hinzu. Dies kann eine vertiefte Atmung sein, wenn das Blut *übersäuert* ist, eine auf- und abschwellende Atemtiefe oder eine unregelmäßige Atmung. Längere Atempausen können entstehen. Die Atmung wird im verlängerten Rückenmark im dortigen Atemzentrum gesteuert. Die normale Atemfrequenz liegt bei etwa 16mal/Minute, d. h. pro Tag atmen wir im Normalfall 25.000mal! Die Atmung kann dabei willentlich beeinflusst werden, erfolgt aber ganz überwiegend unbewusst. Das Einatmen ist ein aktiver Prozess, der durch Kontraktionen der Atemmuskulatur (Zwerchfell, Zwischenrippenmuskulatur und andere Muskel) hervorgerufen wird. Daher ist es nachvollziehbar, dass mit dem langsamen Erlöschen der Muskelkraft auch die Atmung flacher wird oder gar Pausen entstehen. Bei Sterbenden tritt nach Abfall von Blutdruck und Sauerstoff im Blut schließlich eine *Schnappatmung* auf, ein vom Atemzentrum veranlasstes kurzes, heftiges Einatmen. Die Atemzüge bei Schnappatmung sind meist seltener als 10/min, haben eine geringe Atemtiefe und reichen für eine ausreichende Sauerstoffversorgung des Körpers nicht mehr aus. Die Schnappatmung kündigt deshalb den nahenden Tod an und geht dem Atemstillstand voraus. Die schnappende Atmung kann nur kurz andauern und vielleicht nur 2–3x auftreten. Sie kann aber auch über Minuten oder länger andauern, was dann quälend für die Angehörigen ist. Wenn man schon glaubt, dass die Atmung gänzlich ausgesetzt hat, kommen noch einzelne, schnappende Atemzüge, die anzeigen, dass das Atemzentrum immer noch versucht die Atmung aufrecht zu erhalten.

Mit dem Stillstand der Atmung kommt es auch zum Kreislaufstillstand. Ist ein Monitor bei Sterbenden angeschlossen, dann sind dort vielleicht noch Herzaktionen zu sehen, die aber nicht mehr die Kraft haben, Blut in den Kreislauf zu drücken, so dass kein Puls mehr fühlbar ist. Wenn der Sterbende einen Schrittmacher trägt, dann können dadurch ausgelöste Herzaktionen noch länger zu sehen sein, doch auch sie haben nicht mehr die Kraft das Blut durch den Körper zu bewegen, der Mensch stirbt dennoch. Die manchmal geäußerte Angst, dass man mit einem Herzschrittmacher nicht sterben könne, ist unbegründet.

Mit dem Kreislaufstillstand geht auch eine maximale Erweiterung der Pupillen einher, sie werden lichtstarr, verengen sich also nicht mehr bei Lichteinfall. Im Rahmen einer Reanimation ist es ein gutes Zeichen, wenn die Pupillen wieder enger werden, da dies anzeigt, dass ein ausreichender Kreislauf entstanden ist.

Die geschilderten Vorgänge sind dabei nur die sichtbare Spitze des Eisbergs. Im Körper arbeitet der Stoffwechsel weiter und produziert beispielsweise Ketonkörper und Milchsäure, die das Blut ansäuern können.

Individualtod – biologischer Tod

Das Erlöschen von Atmung und Kreislauf wird von den Anwesenden meist mit dem Tod gleichgesetzt. Aus ärztlicher Sicht werden jedoch nach dem Kreislaufstillstand zwei Phasen unterschieden (Abb. 3):

- Individualtod
- Biologischer Tod

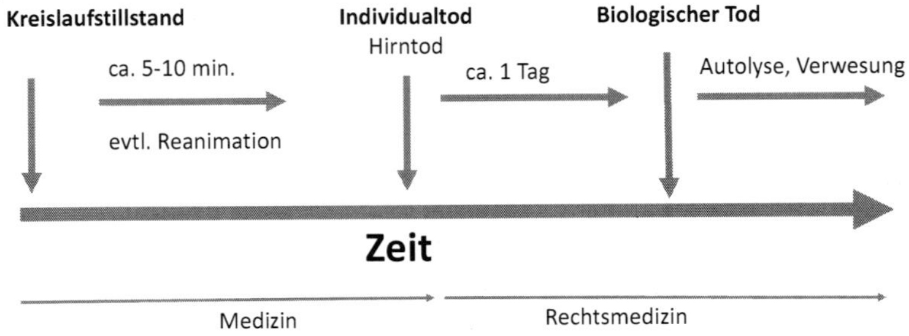

Abb. 3: Kreislaufstillstand – Individualtod - biologischer Tod

Spätestens nach dem Atem- und Kreislaufstillstand wird das Gehirn nicht mehr mit Blut, d. h. nicht mehr mit Sauerstoff versorgt. Das Bewusstsein erlischt sehr rasch. Wird bei Ratten ein Herzstillstand ausgelöst und werden dabei deren Hirnströme abgeleitet, so kann man noch ungefähr 20 sec lang Gehirnaktivitäten ableiten (Borjigin et al. 2013). Diese sind für einige Sekunden sogar besonders intensiv. Auch beim Menschen sind in solchen Situationen noch Hirnströme über eine ähnlich lange Zeit abzuleiten. Was in dieser kurzen Zeit im Gehirn passiert, ist nicht klar. Es kann spekuliert werden, ob in dieser Phase Nahtoderfahrungen auftreten. Danach gehen die Hirnströme auf eine Nulllinie zurück. Damit erlöschen die Aktivitäten des Großhirns und spätestens dann das Bewusstsein. Nach zirka 5 Minuten beginnen die Gehirnzellen abzusterben. Dabei wird das Großhirn als Träger der Persönlichkeit zuerst Schaden nehmen. Tiefere Hirnabschnitte wie das verlängerte Rückenmark können noch einige Minuten länger überleben. Ist eine Reanimation vielleicht 10 Minuten nach einem Kreislaufstillstand doch noch erfolgreich und setzt die Herztätigkeit wieder ein, so kann das Großhirn dauerhaft funktionsunfähig sein, das verlängerte Rückenmark aber noch funktionieren und damit das Atemzentrum, so dass die Atmung im weiteren Verlauf wieder einsetzen kann. Resultieren kann daraus ein sogenanntes apallisches Syndrom (Wachkoma). Wenn der Hirnstamm geschädigt ist, dann fällt auch die Atmung aus. Da das Herz etwas weniger empfindlich ist, kann es unter Umständen trotz Hirntod noch schlagen und den Kreislauf aufrechterhalten.

Die geschilderte zeitliche Spanne von zirka fünf Minuten für den Hirntod hängt im Detail natürlich von verschiedenen Faktoren ab, z. B. ob das Gehirn in den Minuten vor dem Kreislaufstillstand schon gelitten hatte. Zirka zehn Minuten nach dem Atem- und Kreislaufstillstand kann man davon ausgehen, dass das Gehirn als sauerstoffsensibelstes Organ gestorben ist. Der Hirntod wird als Zeitpunkt des Individualtodes aufgefasst.

Nicht alle Organe sind jedoch genauso sauerstoff- bzw. kreislaufsensibel wie das Gehirn und sterben daher in unterschiedlicher Geschwindigkeit (Absterbeordnung) ab (Tab. 3). Der Mensch stirbt also nicht auf einmal. So lässt sich die Funktion der Blutgerinnung noch bis zu 20 Stunden nach dem Individualtod nachweisen (supravitale Reaktionen). Da z. B. die Muskulatur noch etliche Stunden ohne Kreislauf „überleben" kann, lassen sich auch beim Toten noch Reaktionen auslösen. Ein Beispiel ist das Zsakó-Muskelphänomen. Beim Beklopfen einer großen Muskelgruppe mit dem Reflexhammer, z. B. am Oberschenkel, kann noch 1–2 Stunden nach dem Tod eine sichtbare Muskelkontraktion stattfinden. Dies kann für die Angehörigen erschreckend sein („Er lebt ja noch!").

Wenn alle Organe unwiederbringlich gestorben sind, das ist nach etwa einem Tag der Fall, dann spricht man vom biologischen Tod. Doch selbst danach können noch Reaktionen in einigen Geweben provoziert werden. Durch Injektion von Acetylcholin in die vordere Augenkammer kann die Pupille bis zu zwei Tagen nach dem Tod noch enger werden. Solche Maßnahmen können dem Rechtsmediziner Hinweise auf den Todeszeitpunkt geben und zeigen, dass auch nach mehr als einem Tag einzelne Zellen oder Gewebe noch Reaktionen aufweisen können. Nach dem biologischen Tod beginnt sich der Köper langsam zu zersetzen bzw. zu verwesen.

Manchmal wird auch aus dem Gesichtsausdruck des Toten auf seine Gemütslage beim Sterben geschlossen. Auch das ist aus medizinischer Sicht nicht zu belegen. Mit dem Tod erlöschen die Nervenimpulse zu den Muskeln, diese erschlaffen und damit auch die Mimik des Lebenden.

Manchmal wird darauf hingewiesen, dass der Bart des Toten nach dem Tod weitergewachsen sei. Tatsächlich könnte man meinen, dass die Barthaare nach dem Tod noch ein wenig länger werden. Aber mit dem Stopp der Blutversorgung hören Wachstumsprozesse tatsächlich auf, auch wenn die Haarwurzel noch eine Weile überlebt. Der Bart wächst also nicht, sondern die Haut trocknet und schrumpft, wodurch die Barthaare länger erscheinen können.

Hirntod – Hirnstammtod

Wann ist der Hirntod aber eingetreten, wie kann man das feststellen? Diese Frage ist beispielsweise bei Organspenden oder dem Abschalten von Lebenserhaltungssystemen wie der Beatmungsmaschine wichtig. Nach welchen Kriterien richtet sich die Medizin?

Wie vorstehend bereits erwähnt wurde, ist das Großhirn der Sitz unserer Persönlichkeit. Tiefer liegende Hirnbezirke wie der Hirnstamm sind für die Erhaltung von Körperfunktionen wichtig. So wurde erwähnt, dass die Atmung im Hirnstamm gesteuert wird. Wir atmen, ohne dass wir dies bewusst tun, können aber dem Atemzentrum im Hirnstamm dennoch Befehle geben, z. B.

beim Tauchen die Luft anzuhalten. Ist selbst der Hirnstamm nicht mehr funktionsfähig, dann geht man vom Hirntod, also vom Individualtod aus. Die Bundesärztekammer stellt fest: „*Der Hirntod ist der Tod des Menschen*" (Bundesärztekammer 1991). Sie definiert den Hirntod als „*Zustand des irreversiblen Erloschenseins der Gesamtfunktion des Großhirns, des Kleinhirns und des Hirnstamms, bei einer durch kontrollierte Beatmung noch aufrechterhaltenen Herz-Kreislauffunktion*" (Bundesärztekammer 2015). Die Hirntodfeststellung auf der Intensivstation ist ein komplexes, jedoch sicheres Verfahren, das beispielsweise vor einer Organentnahme durchlaufen wird. Die Ärztin/Der Arzt prüft dabei unter anderem die Hirnstammreflexe auf beiden Seiten. Einer der Hirnstammreflexe ist der Cornealreflex, d. h. bei der Berührung der Hornhaut des offenen Auges kommt es zum reflektorischen Lidschluss. Bei Bewusstlosen mit funktionsfähigem Hirnstamm können die Hirnstammreflexe ausgelöst werden. Sind alle Hirnstammreflexe erloschen sowie eine Vielzahl weiterer Voraussetzungen erfüllt, so kann man mit Sicherheit vom Hirntod ausgehen (Bundesärztekammer 2015). Der irreversible Hirnfunktionsausfall (IHA) ist ein sicheres Todeszeichen des Menschen. Es sei kein Fall bekannt, bei dem trotz korrekter Anwendung der Richtlinie gemäß § 16 Transplantationsgesetz die Feststellung des IHA unzutreffend gewesen wäre (Brandt & Angstwurm 2018).

Hier kann man einwenden, dass der Hirntod ein *Partialtod* ist, der Tod eines Organs, nicht des gesamten Menschen und dass die Hirnstammtod-Hirntod-Individual-Tod Argumentation nicht unwidersprochen ist. Ein Beispiel, das in diesem Fall gerne genannt wird, ist das der Schwangeren nach einem Unfall, die zwar hirntot ist, aber noch so lange beatmet werden kann, bis ihr Kind per Kaiserschnitt entbunden wird. Dann wird die Frage gestellt, ob Tote lebendige Menschen entstehen lassen können. Man wird zumindest einräumen müssen, dass die Persönlichkeit gestorben ist, aber ihr Vermächtnis, ihre Organfunktionen, noch Leben haben entstehen lassen. Dies soll zeigen, dass die Frage nach den sicheren Todeszeichen doch nicht ganz so einfach sein könnte, wie es der erste medizinische Blick erscheinen lässt.

Sichere Todeszeichen

Mit dem Individualtod ist die Arbeit des Mediziners aber noch nicht beendet. Er muss den Tod des Menschen offiziell beurkunden und eine Todesbescheinigung ausstellen. Dazu müssen sichere Todeszeichen vorhanden sein. Das Fehlen von Atmung oder von Puls ist *kein* sicheres Todeszeichen, da man in solchen Fällen vielleicht noch Wiederbelebungsmaßnahmen durchführen und den Patienten wieder ins Leben zurückholen könnte. Sichere Todeszeichen sind jedoch:

- Totenflecken (Livores)
- Totenstarre (Rigor mortis)

- Zersetzung/Fäulnis
- nicht mit dem Leben vereinbare Schädigungen des Körpers
- Hirntod bzw. der irreversible Hirnfunktionsausfall (IHA)

Die Totenflecken sind blauviolette Stellen an den abhängigen Körperteilen, bei einem auf dem Rücken liegenden Patienten also an der Seite und am Rücken. Beim Liegen auf einer festen Unterlage sind die aufliegenden Stellen ohne Totenflecken. Die Totenflecken treten in der ersten Stunde nach dem Tod auf und erreichen ihre vollständige Ausprägung 6–12 Stunden nach dem Tod. Sie sind etwa 20 Stunden bei Druck mit dem Finger wegdrückbar. Erst wenn Totenflecken zu sehen sind, kann die Ärztin bzw. der Arzt den Tod bescheinigen.

Im Zusammenhang mit dem Transplantationsgesetz gilt, wie eben geschildert, auch der nachgewiesene irreversible Hirnfunktionsausfall, der Hirntod, als sicheres Todeszeichen (Brandt & Angstwurm 2018). Dieses sichere Todeszeichen ist allerdings nur in einem speziellen klinischen Kontext (Intensivstation) anwendbar, so dass im Alltag Totenflecke, Totenstarre und Zersetzung/Fäulnis als sichere Todeszeichen zur Anwendung kommen.

Der die Todesbescheinigung ausstellende Mediziner hat darüber hinaus in bestimmten Situationen eine Meldepflicht der Kriminalpolizei gegenüber. Diese sind:

- Anhaltspunkte für einen Tod durch Selbsttötung, Unfall oder ein Einwirken Dritter (nicht natürlicher Tod)
- Anhaltspunkte für einen Tod durch eine ärztliche oder pflegerische Fehlbehandlung
- Anhaltspunkte für einen Tod aufgrund einer außergewöhnlichen Entwicklung im Verlauf der Behandlung
- Eintritt des Todes während eines operativen Eingriffs oder innerhalb der darauffolgenden 24 Stunden
- ungeklärte Todesursache (plötzlicher, unerklärlicher Tod eines gesunden Menschen)
- eine nicht sicher zu identifizierende Person
- Tod im amtlichen Gewahrsam
- eine verstorbene Person vor Vollendung des 14. Lebensjahres, es sei denn, dass der Tod zweifelsfrei auf eine Vorerkrankung zurückzuführen ist
- bereits fortgeschrittene oder erhebliche Veränderungen der Leiche

Ist einer der vorgenannten Sachverhalte vorhanden, dann muss der/die die Leichenschau durchführende Arzt/Ärztin die Kriminalpolizei verständigen. Die Lage des Verstorbenen darf nicht mehr verändert werden. Die Kriminalpolizei und die Staatsanwaltschaft werden dann entscheiden, wie weiter verfahren wird, z. B. ob der Tote beerdigt bzw. kremiert werden kann oder ob eine Obduktion nötig ist.

Mit der Feststellung von sicheren Todeszeichen und der Ausstellung der Todesbescheinigung endet dann aber die Tätigkeit der klinisch tätigen Ärztin bzw. des Arztes. Erst wenn eine ärztliche Todesbescheinigung vorliegt, kann der Bestatter den Leichnam abholen. Für weitere Fragestellungen ist nun das Fachgebiet des Rechtsmediziners oder der Pathologie zuständig.

Nahtoderfahrungen

Menschen, die sterbend waren, jedoch wieder ins Leben zurückgeholt werden konnten, berichten mitunter über Nahtoderfahrungen, über Lichterscheinungen oder dass sie sich außerhalb des Körpers sahen und die Reanimation beobachteten. Das große Feld der Nahtoderfahrung kann hier nicht im Detail dargelegt werden. Erinnerungen an die Ereignisse im Rahmen eines Herzstillstandes und der nachfolgenden Reanimation scheinen nicht selten zu sein (Parnia et al. 2014). Solche Wahrnehmungen lassen sich ärztlicherseits durchaus erklären, treten sie doch ebenso im Traum oder bei der Einnahme von Drogen auf. Auch bei Sauerstoffmangel oder einem zu hohen CO_2-Gehalt im Blut (Hyperkapnie) können solche Erlebnisse entstehen. Wenn das Gehirn registriert, dass das Herz nicht mehr funktioniert, wird es mit einer Fülle von Maßnahmen versuchen, dies wieder zu beheben und beispielsweise Neurotransmitter ausschütten (Li et al. 2015), was ebenfalls Bilder oder Gefühle auslösen könnte, die bei den Nahtoderfahrungen geschildert werden. Vermutlich werden nicht alle Großhirnareale gleichzeitig ihre Funktion aufgeben, sondern noch kurzzeitig in unterschiedlichem Maß tätig sein. Ein Zusammenhang mit einem Leben nach dem Tod, das sich in den Nahtoderfahrungen ankündigt, lässt sich daraus aber nicht herstellen.

Zusammenfassung

- Der Körper des Menschen ist einem permanenten Vergehen und Werden unterworfen.
- Beim Altern und bei schwerer Erkrankung überwiegt das Vergehen und die Reserven des Organismus lassen nach, so dass die *Lebensenergie* schwindet und schließlich geringe Störungen den Sterbeprozess auslösen können.
- Letztlich kommen Atmung und Kreislauf zum Stillstand, nach Minuten tritt der Hirntod (→ Individualtod) ein.
- Im intermediären Leben erlöschen die Organe nacheinander entsprechend ihrer Empfindlichkeit im Verlauf von etwa 24 Stunden (→ biologischer Tod).

Phase	Medizinische Perspektive
Rehabilitationsphase	Behandlung und Beheben der Erkrankung mit dem Ziel der Wiederherstellen aller Körperfunktionen
Terminalphase (Wochen, Monate)	Medizinische Maßnahmen werden begrenzt, auf eingreifende Maßnahmen wird verzichtet, die Heilung ist nicht mehr das Behandlungsziel Unterstützung im Alltag, Hilfen zur Aufrechterhaltung der Selbständigkeit sind nötig, vielleicht die Unterstützung durch einen Pflegedienst, psychische Hilfen palliativmedizinische Symptomkontrolle
Finalphase (die letzten 72 Stunden)	palliativmedizinische Symptomkontrolle

Tab. 1: Phasen des Sterbens und die entsprechende medizinische Perspektive

Organsystem	Mögliche Veränderungen
Bewusstsein	Zunehmende Müdigkeit, häufigere und längere Schlafphasen, Wechsel mit Phasen der Wachheit, ggf. Verwirrtheitszustände
Haut	Die Durchblutung von Armen und Beinen wird weniger, die Haut kann durch die eingeschränkte Durchblutung blass und kühl werden, bläuliche Flecken können entstehen.
Essen und Trinken,	Die Energie für Essen und Trinken wird geringer, der Appetit nimmt ab, schließlich wird das Essen und Trinken weitgehend eingestellt.
Schlucken	Auch das Schlucken wird mühsamer und kann kurz vor dem Tod eingestellt werden. Die Flüssigkeit im Rachen wird nicht mehr entfernt (rasselnde Atmung, „Todesrasseln")
Darmtätigkeit	Die Verdauungsvorgänge werden weniger, ebenso der Stuhlgang
Muskulatur	Nachlassende Kraft, das Gehen wird mühsamer, die Zeiten der Ruhe und der Bettlägerigkeit werden länger
Körpertemperatur	Die Körpertemperatur sinkt, z. B. weil Muskeltätigkeit und Stoffwechsel weniger werden.
Atmung	Die Atmung wird flacher, es treten Unregelmäßigkeiten auf, Atempausen, im Sterben kommt es zur sogenannten Schnappatmung und schließlich zum Atemstillstand.
Kreislauf	Der Blutdruck sinkt, der Puls ist nur noch schwach tastbar. Das Blut wird für die inneren Organe reserviert (Zentralisation).
Herz	Wenn nicht mehr genug Sauerstoff verfügbar ist, sinkt die Kontraktionskraft des Herzens bzw. das Herz hört auf zu schlagen.

Tab. 2: Einige mögliche Veränderungen des Organismus im Rahmen des Sterbens

Organ/Körperfunktion	Überlebensdauer
Gehirn	5 min
Leber	15 min
Nieren	45 min
Herz	60 min
Muskulatur	6 Stunden
Blut	6 Stunden
Knochenmark	6 Stunden
Blutgerinnung	bis 20 Stunden

Tab. 3: Ungefähre Überlebensdauer einiger Organe bzw. körperlicher Funktionen

Literatur

Borjigin, J. / Lee, U. / Liu, T. / Pal, D. / Huff, S. / Klarr, D. / Mashour, G. A. (2013): Surge of neurophysiological coherence and connectivity in the dying brain. *Proc Natl Acad Sci U S A, 110*(35), 14432–14437. doi:10.1073/pnas.1308285110.

Brandt, S. A. / Angstwurm, H. (2018): The Relevance of Irreversible Loss of Brain Function as a Reliable Sign of Death. *Dtsch Arztebl Int, 115*(41), 675–681. doi:10.3238/arztebl.2018.0675.

Bundesärztekammer, W. B. d. (1991): Kriterien des Hirntodes – Entscheidungshillen zur FeststellLmg des Himtodes. *Deutsches Ärzteblatt, 88*(49), A4396–4407.

Bundesärztekammer, W. B. d. (2015): Richtlinie gemäß § 16 Abs. 1 S. 1 Nr. 1 TPG für die Regeln zur Feststellung des Todes nach § 3 Abs. 1 S. 1 Nr. 2 TPG und die Verfahrensregeln zur Feststellung des endgültigen, nicht behebbaren Ausfalls der Gesamtfunktion des Großhirns, des Kleinhirns und des Hirnstamms nach § 3 Abs. 2 Nr. 2 TPG, vierte Fortschreibung. *Deutsches Ärzteblatt*. doi:10.3238/arztebl.2015.rl_hirnfunktionsausfall_01.

Deelen, J. / Kettunen, J. / Fischer, K. / van der Spek, A. / Trompet, S. / Kastenmuller, G. / Slagboom, P. E. (2019): A metabolic profile of all-cause mortality risk identified in an observational study of 44,168 individuals. *Nat Commun, 10*(1), 3346. doi:10.1038/s41467-019-11311-9.

Li, D. / Mabrouk, O. S., / Liu, T. / Tian, F. / Xu, G. / Rengifo, S. / Borjigin, J. (2015): Asphyxia-activated corticocardiac signaling accelerates onset of cardiac arrest. *Proc Natl Acad Sci U S A, 112*(16), E2073-2082. doi:10.1073/pnas.1423936112.

Nauck, F. (2001). [Symptom control in the terminal phase]. *Schmerz, 15*(5), 362–369. doi:10.1007/s004820170011.

Parnia, S. / Spearpoint, K. / de Vos, G. / Fenwick, P. / Goldberg, D. / Yang, J. / Schoenfeld, E. R. (2014): AWARE-AWAreness during REsuscitation-a prospective study. *Resuscitation, 85*(12), 1799–1805. doi:10.1016/j.resuscitation.2014.09.004.

Pinzon, L. C. / Claus, M. / Perrar, K. M. / Zepf, K. I. / Letzel, S. / Weber, M. (2013): Dying with dementia: symptom burden, quality of care, and place of death. *Dtsch Arztebl Int, 110*(12), 195–202. doi:10.3238/arztebl.2013.0195.

Reid, V. L. / McDonald, R. / Nwosu, A. C. / Mason, S. R. / Probert, C. / Ellershaw, J. E. / Coyle, S. (2017): A systematically structured review of biomarkers of dying in cancer patients in the last months of life; An exploration of the biology of dying. *PLoS One, 12*(4), e0175123. doi:10.1371/journal.pone.0175123.

Sender, R. / Milo, R. (2021): The distribution of cellular turnover in the human body. *Nat Med, 27*(1), 45–48. doi:10.1038/s41591-020-01182-9.

Anna Bauer

Das Hospiz als Kaleidoskop – Sterbebilder organisierter ‚Ganzheitlichkeit'

Die Moderne scheint kein einheitliches und allgemein verbindliches Sterbebild mehr zu kennen. Während das Sterben – wie Philippe Ariès (1980) zeigte – in der mittelalterlichen Epoche des „gezähmten Todes" noch dem primären Zugriff des Theologischen unterlag, ist heute das Bild vom Sterben, welches die christlichen Religionen ‚malen', nur eines unter vielen *Sterbebildern.* Vielmehr wird nun innerhalb jeder Perspektive ein eigenes Bild vom Sterben entworfen – sei es ein theologisches, kulturwissenschaftliches, kunstgeschichtliches, medizinisches, philosophisches oder soziologisches, wie der vorliegende Tagungsband verdeutlicht.

Auf der Suche nach einem Bild des Sterbens in der Moderne kann sich der Blick auf das Hospiz richten, welches zum Sinn*bild* für ‚gutes Sterben' wurde, wenngleich nur ein eher geringer Anteil in diesen Einrichtungen stirbt (vgl. Dasch et al. 2015). Dort wird das Sterben nicht allein medizinisch versorgt, sondern es wird multiprofessionell begleitet. Auf diese Weise stirbt im Hospiz nicht nur ein medizinischer Patient, sondern – dem Prinzip der ‚Ganzheitlichkeit' folgend – ein ‚ganzer Mensch'. Entsprechend dem Ideal des *guten Sterbens* und des *total pain* (vgl. Saunders 1964) soll der Sterbende aus verschiedenen Blickwinkeln betrachtet werden, mit dem Ziel, die unterschiedlichen Sichtweisen zu etwas Ganzem zusammenzufügen. Daraus entsteht die Hoffnung, dass sich zumindest beim Sterben im Hospiz so etwas wie ein einheitliches und verbindliches Sterbebild ergibt, dass das Sterben zu einer Art ‚magischen Moment' wird, in dem alle Differenzen aufgehoben sind, die ‚losen Enden' zusammengeführt werden und alles ‚eins' wird (vgl. Parker-Oliver 2000).

Vor diesem Hintergrund untersuchten wir in unserem Forschungsprojekt „Vom ‚guten Sterben'"[1] die Perspektivendifferenzen, die entstehen, wenn das Sterben multiprofessionell begleitet wird. Es geht darum, nachzeichnen zu können, wie die unterschiedlichen Akteur:innen[2] im Hospiz jeweils auf das

---

1 DFG-Projekt „Vom ‚guten Sterben'. Akteurskonstellationen, normative Muster, Perspektivendifferenzen"; Projekt-Nr.: 343373350; Projektleitung: Prof. Dr. Christof Breitsameter, Prof. Dr. Armin Nassehi, Dr. Irmhild Saake. An der Datenerhebung waren beteiligt: Dr. Niklas Barth, Dipl.-Soz. Katharina Mayr, Dr. Andreas Walker.

2 Es ist in dem vorliegenden Buchbeitrag von Akteur:innen, Ärzt:innen, Hospizbewohner:innen usw. die Rede, um geschlechtliche Pluralität abzubilden. Im Singular wird aus

Thema des Sterbens zugreifen. Dafür wurden von 2017–2019 insgesamt 147 Interviews mit Ärzt:innen, Pflegekräften, Seelsorger:innen, Sozialarbeiter:innen, Physio-, Atem- und Kunsttherapeut:innen sowie mit den Sterbenden und deren Angehörigen geführt. Um zeigen zu können, wie aus den einzelnen Bestandteilen, die jede dieser Perspektiven dazu beiträgt, dass sich das angezielte ‚ganze Bild' eines Sterbenden wie bei einem Puzzle-Spiel zusammenfügt, wurden die unterschiedlichen Berufsgruppen zu bestimmten Hospizbewohner:innen befragt, genauso wie die Bewohner:innen selbst und deren Angehörige. Durch das Zusammenstellen der verschiedenen selektiven Zugriffe unterschiedlicher Berufsgruppen auf einen Sterbenden lässt sich zeigen, was geschieht, wenn im Hospiz das Sterben ‚ganzheitlich' in den Blick genommen wird und welches Bild von einem Sterbenden dabei entsteht. Dies soll nun anhand eines Beispiels verdeutlicht werden. Hierfür soll die Hospizbewohnerin Corinna Korn[3] vorgestellt werden.

Bilder einer Sterbenden – die Hospizbewohnerin Corinna Korn

Frau Korn ist eine rüstige ältere Dame, die zum Zeitpunkt des Interviews bereits seit einigen Wochen im Hospiz Abendroth wohnt. Wie die meisten Hospizbewohner:innen leidet sie an einer Tumorerkrankung, die im Interview mit ihr jedoch nicht näher spezifiziert wird. Sie ist mit einem Mann verheiratet und hat eine Tochter. Bei ihrem Mann zeigen sich erste Anzeichen einer Demenz.

Neben Frau Korn selbst wurden – soweit dies möglich war – alle Akteur:innen im Hospiz interviewt, die mit ihr im Alltag zu tun haben: Drei Pflegekräfte, eine Ärztin, ein Musiktherapeut, ein Seelsorger und eine Physiotherapeutin. Es soll als erstes die Perspektive von Korn dargestellt werden, welches Bild sie sich von ihrem eigenen Sterben macht, aber auch welches Bild sie von den anderen Akteur:innen im Hospiz hat. Danach wird die Perspektive dieser Akteur:innen auf Frau Korn dargestellt.

Welches Bild macht sich Frau Korn?

Vor ihrem Aufenthalt im Hospiz lebte Corinna Korn gemeinsam mit ihrem Ehemann zu Hause. Da sie aufgrund ihrer Erkrankung nicht mehr länger von diesem versorgt werden konnte, wurde ihr von einer Ärztin zum Gang in ein Hospiz geraten, um für Frau Korn eine Entlastung zu erreichen:

Gründen der Lesbarkeit, wenn möglich, die männliche und weibliche Form alterierend verwendet.

3 Alle hier verwendeten Personen-, Orts- oder Einrichtungsnamen sind Pseudonyme, die in keinem Zusammenhang mit den realen Namen stehen.

„Ich glaube, mein Mann ist auch ganz, der hat immer so'n, der ist, also wollen wir mal sagen, der ist ein ausgesprochener Mann, der von seiner Frau betreut wird, der hat große Probleme, selber zu kochen und den Haushalt in Ordnung zu bringen und so und der wäre an sich theoretisch froh, wenn ich wieder zu Hause wäre. Aber, er sagt, er traut sich das noch nicht zu diese ganze Rundumbetreuung [...] Die dazu gehört, ja, [...] der ist er auch nicht der Stärkste und er ist ein bisschen arg vergesslich, bisschen, wir sagen immer anbeginnende Demenz. Das sagt Frau Dr. Peters, die eine Schmerzärztin auch, also er ist ziemlich dement schon, er vergisst viel und so. Und deswegen, das ist auch der Grund, warum sie mich, warum sie mir empfohlen hat, hierher zu kommen. Weil sie da meint, das kann man meinem Mann gar nicht mehr zumuten, ja."

Das Hospiz ist für Frau Korn eine große Erleichterung, denn sie muss sich nun nicht mehr um ihren von einigen Beschwerden des Alterns betroffenen Mann kümmern – Kochen, „Haushalt in Ordnung bringen". Da sie nun im Hospiz ist, falle sie ihm, der eigentlich selbst „betreut" werden müsse, nicht mehr zur Last. Laut einer Ärztin sei sie für ihn zu einer ‚Zumutung' geworden.

Frau Korn erkennt zunehmend, dass sie aufgrund ihrer Erkrankung immer schwächer wird, dass die „Kräfte schwinden und [ich] zunehmend hilfloser bin". Das Hospiz unterstützt sie dabei, mit dem psychisch belastenden Erleben des eigenen körperlichen Verfalls und der damit einhergehenden Hilflosigkeit besser umgehen zu können:

„Ja, wenn ich Probleme habe, gestern Abend zum Beispiel, da hab' ich ziemlich viel Schmerzen gehabt und ich war ziemlich, sag ich mal, erschossen, von dem, was ich tun wollte und musste auf die Toilette und mal aufstehen und so. Dass ich bisschen weinen musste und da hat sich die Schwester zu mir gesetzt und hat gesagt, ‚Ist gar nicht schlimm', naja, und hat mich sozusagen getröstet. Und das war sehr hilfreich für mich."

Frau Korn merkt, dass sie nicht mehr alleine auf die Toilette gehen kann und von fremder Hilfe abhängig ist, was für sie frustrierend ist. Was sie früher selbstverständlich allein tun konnte, ist mittlerweile ohne die Hilfe von Pflegekräften unmöglich geworden. Dennoch sieht sie sich als eine durchaus zufriedene Hospizbewohnerin:

„Mir geht es eigentlich gut. Ja, ich bin eigentlich rundherum betreut und ich bin sicher, wenn ich was habe, kann ich klingeln, auch mitten in der Nacht, das ist sehr wichtig, weil ich auch manchmal ganz blöde Träume habe... einige Tage war ich richtig so nicht ganz bei Sinnen, dass ich nicht mehr wusste, wo ich bin und das dauerte ne Weile bis ich dann wieder zu mir kam. Ja, und dann hab ich in meiner Not, wenn ich Not hatte, hab ich die Schwester geklingelt und dann kam auch immer jemand und das fand ich sozusagen engelshaft, dass da jemand kommt und mir hilft. Da sagte sie: ‚Sie sind im Hospiz und machen Sie sich keine Sorgen.' Und so. Ich hatte nämlich wegen dieser Träume manchmal ziemlichen Schmerz und ziemlichen Kummer."

Die schnelle rund um die Uhr Verfügbarkeit von Personal gibt ihr Sicherheit auch aufgrund einer psychischen Belastung, die sich als „ganz blöde Träume" nachts äußert. Dass mitten in der Nacht jemand kommt, wenn sie klingelt, einfach nur um ihr gut zuzureden, empfindet sie als „engelshaft". Tagsüber ist Frau Korn beschäftigt und gestaltet ihren Tagesablauf selbst:

> „Ich hab einen ganzen Tagesablauf, den kann ich frei gestalten sozusagen. Heute hab ich bis halb zehn geschlafen, weil ich in der Nacht so schlecht... und dann hab ich das Frühstück bekommen und jetzt zwischen zwölf und eins gibt's Mittag, aber wenn ich nicht Mittagessen möchte, kann ich auch um zwei oder um drei noch essen. Das find ich ganz toll. Und am Nachmittag bekomm ich ganz häufig Besuch. Und das ist dann auch ausgefüllt. Ja und am späten Nachmittag, da ist ein Ehrenamtlicher sehr hilfreich, der mit mir auch ein bisschen eben rausgehen kann und so, ne. Das ist gut. Aber sonst ist alles... ich fühl mich hier eigentlich sicher und in der Nacht und am Abend machen die mich ziemlich, für meine Verhältnisse, ziemlich früh fertig fürs Bett, so, aber weil sie auch nach Hause gehen, das ist ja verständlich. Die Schwestern müssen ja auch ihren Tagesablauf haben, nicht. Und dann hab ich nen langen Abend, da kann ich dann schon mal schlafen und bisschen lesen, soweit es meine Kraft erlaubt, ja, oder so."

Sie schätzt es, dass sie sich im Hospiz den Tag vergleichsweise frei einteilen kann und die als normal geltenden Zeiteinteilungen außer Kraft gesetzt sind – „wenn ich nicht Mittagessen möchte, kann ich auch um zwei oder um drei noch essen". Lediglich der Beginn des Abends wird durch den Rhythmus der Organisation vorgegeben – „die Schwestern müssen ja auch ihren Tagesablauf haben". Im Hospiz kommt letztlich keine Langeweile auf: Es gibt Besuch, ein Ehrenamtlicher setzt sie in den Rollstuhl und fährt mit ihr ein bisschen spazieren, am Abend wird noch etwas gelesen.

Frau Korn hatte bereits mit mehreren anderen Akteur:innen im Hospiz Kontakt. So konnte sie mit dem Seelsorger sprechen: „Ja, der kommt jede Woche einmal, aber meine Frage, wie das sein wird im Jenseits, das konnte er mir auch nicht beantworten." Ebenso besucht sie regelmäßig eine Physiotherapeutin:

> „Also Physiotherapeutin, die kommt zweimal die Woche, aber irgendwie hat sich das... ich hab immer gedacht, ich lerne bei der Physiotherapeutin mehr Laufen, aber das hat sich mehr oder mehr... weil die auch unsicher ist, die braucht immer eine zweite Person, um den Rollstuhl immer parat zu haben. Ich denke mal, hat sie da so ein bisschen auch aufgegeben mit mir laufen zu üben, ne, weil ihr das zu riskant ist, nehm ich mal an. Ich hab mit ihr nicht darüber gesprochen, aber ich nehme an, so ist es. Ja."

Die ehrenamtlichen Hospizhelfer:innen erledigen für Frau Korn ein paar einfache Aufgaben: „Also, ganz banale Dinge manchmal. Dass sie meine Blumen begießen sollen und dass sie mir dies und dies mal holen sollen und so, das ist also nichts Tiefgreifendes, was ich mit denen bespreche." Auch eine Psychologin und ein Musiktherapeut arbeiten mit Frau Korn, wenn diese es wünscht:

„Ja, die Psychologin kommt auch regelmäßig und der Musiktherapeut kommt immer dann, wenn ich ihn kommen lasse, also wenn ich ihn darum bitte zu bleiben." Auf diese Weise werden die verschiedenen Bedürfnisse von Frau Korn befriedigt – nur eines wird überraschenderweise nicht adressiert: Auf die Frage, ob mit ihr im Hospiz auch über das Sterben gesprochen würde, antwortet Frau Korn: „Nein, das reine Sterben nicht, das umgeht man vorsichtig, ja."

So viel zu Frau Korn und dem Bild, das sie sich vom Hospiz und seinen Akteur:innen gemacht hat.

Welches Bild macht sich die Pflege?

Da im Hospiz überwiegend Pflegekräfte beschäftigt sind, haben mehrere mit Frau Korn regelmäßig Kontakt und kennen sie daher gut. Die Pflegekraft Elisabeth Turnherr weiß über Frau Korn Folgendes zu berichten:

> „Frau Korn, ja, ich glaub, das ist auch wechselhaft. Also ich find, sie wär eine Kandidatin, ja, weiß ich auch nicht, aber ich glaube, im Pflegeheim hätte es ihr vielleicht ein Ticken besser gegangen, weil sie mehr Input so, also mehr Ansporn bekommen hat, weil es ist ja schon so, dadurch dass wir ein kleineres Team sind, können wir die Leute nicht so gut rausmobilisieren und haben nicht so viele Kapazitäten, die sportlich zu betätigen, dass sie fit bleiben. [...] ich glaub, sie steht seit drei Wochen für Wasserlassen nicht mehr auf, sondern kriegt ein Steckbecken, dadurch wird sie schon schwächer. Und wird auch immer zunehmend wechselhaft in der Stimmung."

Die Hospizbewohnerin ist für die Pflegekraft ein Versorgungsproblem, da eine ihren Bedürfnissen angemessene Versorgung die Ressourcen des Hospizes überstrapazieren würde. Im Hospiz würde Frau Korn zu wenig gefordert, was dazu beitrage, dass sich ihr körperlicher Zustand und auch ihre psychische Verfassung zusehends verschlechtern. Frau Turnherr deutet an, dass Korn womöglich keine typische Hospizbewohnerin sei, sondern tatsächlich in einem Pflegeheim besser aufgehoben wäre. Durch ein Gespräch mit den Angehörigen von Frau Korn schöpft die Pflegekraft einen Verdacht, wie es zu dieser ‚Fehlversorgung' gekommen sein könnte:

> „Ich weiß nur von der Tochter: Sie hatte mal erzählt, dass ihr Vater jetzt Sorgen hat, dass sie arm werden würden. Also er hat wohl Sorgen ums Geld. Und deswegen ist natürlich so'n Hospiz praktisch. Man will ihm ja nichts unterstellen, aber, ne?, kam so rüber."

Turnherr mutmaßt, dass nicht unbedingt die Krankheitsentwicklung bei Frau Korn ausschlaggebend für ihre Einweisung in das Hospiz gewesen sein könnte, sondern dass sie aus Kostengründen im Hospiz sei – ein Verdacht, der nicht selten den einen oder anderen Hospizgast umweht.

Die Pflegekraft Bettina Vogel berichtet über ihre Erfahrung mit der Pflege von Frau Korn. Sie versuche, mit ihr über das Sterben zu sprechen und schildert dabei eine Situation, in der ihr das fast gelungen wäre:

> „Ich erinnere eine Situation, also sie ist so eine, finde ich immer, so eine ganz disziplinierte Frau und wehe es geht irgendetwas von ihrem Rhythmus ab und das kommt, es muss kommen, es wird nicht anders gehen und ich hatte tatsächlich einen Tag, da ging es ihr morgens nicht wirklich gut und da hab ich gesagt: Was halten Sie davon, wenn ich Sie mal im Bett wasche und dann haben Sie später Zeit, im Rollstuhl zu sitzen? Das war für sie auf der einen Seite natürlich eine Katastrophe, weil sie dann merkt, wie abhängig sie in der Tat ist. Aber, Gott, das mit dem Waschen, das ging gut und sie war dann aber sehr froh, dass sie hinterher tatsächlich die Kraft hatte, um mittags im Rollstuhl zu sitzen. Und dann hat sie gesagt: ‚Ja, und genau deswegen bin ich ins Hospiz gekommen, weil ich das alles nicht wollte, dass das zu Hause gemacht wird.' Und das sind dann so kleine Momente, wo man in die Richtung kommt, dass man sagt: Jetzt... Aber sie lehnt ja auch Gespräche mit Psychologen oder irgendwas ab. Also sie hätt's... sie könnte das sicherlich gut gebrauchen, aber sie möchte das nicht. Und das gibt so ganz kleine Türspalte, die sie aufmacht, wo man dann versuchen kann... Weil sie beschäftigt sich ja durchaus damit. Sie merkt, dass sie es nicht kann und dass es immer weniger wird [...]."

Direkt in einem Gespräch kann die Pflegekraft mit Frau Korn das Sterben nicht thematisieren. Allerdings ergab sich während der Körperpflege eine Situation, in der sie sich ihrer körperlichen Schwäche gewahr wurde und es auf diese Weise quasi beiläufig beinahe möglich gewesen wäre, mit ihr über das Sterben zu sprechen. Doch es ist ihr letztlich nicht gelungen. Auch ein Psychologe könne nicht mit ihr über das Sterben sprechen. Zwar gibt Korn offenbar immer wieder Hinweise darauf, dass sie sich mit dem Sterben befasst – „so ganz kleine Türspalte" –, die für die Pflege aber nicht deutlich genug sind, um das Sterben explizit werden zu lassen.

Für die Pflegekraft ist dies aber kein Problem, denn sie sieht bei Frau Korn zahlreiche Indizien dafür, dass sie sich zumindest selbst bereits mit ihrem Sterben auseinandersetzt – und dies nicht nur, weil Frau Korn merkt „dass es immer weniger wird", sondern auch aufgrund einer Begebenheit in der Nacht:

> „Aber es ist, ja, es ist so auch so verrückt, dass sie dann nachts, wenn man ins Zimmer kommt, und dann sagt sie: Sie kommen jetzt gerade wie so ein Engel aus dem Himmel. Man kommt vielleicht grade zum rechten Zeitpunkt dahin. Aber dieser Vergleich: Ich komm jetzt wie ein Engel, das sagt man ja nicht, wenn einem irgendjemand grade zufällig kommt. Und das finde ich zeigt gerade nachts ja, wenn sie nicht schläft, dass sie doch mit den Gedanken da irgendwo in diesen Sphären unterwegs ist. Das ist für mich der Rückschluss so."

Dass Frau Korn die Pflegekraft als „Engel" bezeichnet, deutet diese nicht nur als eine sprachliche Geste der Freundlichkeit und Dankbarkeit gegenüber den Pflegekräften, sondern als ein sicheres Zeichen dafür, dass sie sich bereits mit dem Jenseits auseinandersetzen würde.

Für die dritte Pflegekraft Kira Hobmeier gehört Frau Korn zur Gruppe der „fitten Frauen" im Hospiz.

> „Und das merke ich jetzt bei denen, wir haben jetzt gerade diese fitten Frauen. Kann man eigentlich das als... so als Gruppe direkt betiteln. Die sind alle sehr sor-

> tiert. Und mit denen sind richtig Gespräche hier auch möglich und werden manchmal sogar eingefordert, glaube ich. [...] Und ich... also mit Frau Korn war das schon so im Dunstkreis. Also wir bewegen uns auf das Thema hin, merke ich. Also gerade so über Kirche und Chor zum Beispiel. Die hat ja auch mal gesungen. Das habe ich auch. Und ihrem Enkel, der irgendwie als einziger noch so einen kirchlichen Bezug hat zum Beispiel. Und darüber sind wir schon mal im Ansatz in die Richtung gekommen, ja. Die fragt dann, glaube ich, auch irgendwann mal was."

Die Gruppe der „fitten Frauen" zeichnet sich unter anderem dadurch aus, dass mit ihnen „richtig Gespräche" möglich seien. Es wird also versucht, mit dieser Gruppe auf das Sterben zu sprechen zu kommen. Bei Frau Korn soll das Reden über „Kirche und Chor" dabei helfen, das Sterben in den Fokus zu rücken. Dies gelang jedoch bisher nur fast – „im Ansatz in die Richtung"; man befände sich „im Dunstkreis" des Themas, würde sich allmählich darauf zubewegen. Hobmeier geht davon aus, dass das Thema in Zukunft noch expliziter verbalisiert werden könnte.

Welches Bild macht sich der Musiktherapeut?
Im Hospiz gibt es auch einen Musiktherapeuten, der von seinen Erlebnissen mit Frau Korn berichtet und dabei erklärt, was die Musiktherapie zu leisten im Stande ist:

> „Frau Korn ist ein Mensch, die weiß, was sie will, glaube ich. Jedenfalls weiß sie, dass sie von mir nichts anderes will, als ein Entspannungsangebot. Zumal sie ja auch nicht so gut reden kann. Sie hat ja diese sehr starke Luftnot auch. Und was sie, oder etwas, was immer wieder auftaucht, ist, dass sie an die Nordsee reist. Und zwar auch mit diesem Wellenrauschen, was ich vorher erwähnt habe, was ich mit meiner Ocean-Drum produzieren kann, das erinnert sie an ihren Urlaubsort in Dänemark, wo sie, ich sag mal, jahrzehntelang hingereist ist. Früher auch mit Kindern. Dann später auch mit den Enkelkindern und so. Und das erlebt sie dann. Und da ist sie dann, da sitzt sie dann am Strand. Und wenn sich ein Gast in einer solchen reellen Umgebung erlebt, dann erlebt er sich so, wie er damals war, als er das sehr intensiv real erlebt hat. Das heißt: gesund, kräftig, frei, selbstbestimmt, autonom. Und dieses Gefühl wird damit wieder getriggert und wachgerufen und dadurch auch neu erlebt. Und sie kann dabei deshalb ganz wunderbar entspannen."

Der Musiktherapeut Holger May sieht seine Rolle bei Frau Korn als eine Art ‚Dienstleister', der ihr eine „Entspannungsangebot" macht. An ihrem Fall kann er beispielhaft die Wirkung der Musiktherapie darstellen: Ohne viel zu reden, stimuliert er das Erleben von Frau Korn. Die akustische Wahrnehmung der „Ocean-Drum" erinnert Frau Korn wieder an ihre Urlaube in Dänemark. Das durch das Instrument erzeugte „Wellenrauschen" bewirkt eine Art Präsenzeffekt – „und da ist sie dann, da sitzt sie dann am Strand" –, der Frau Korn in eine vergangene Welt eintauchen lässt. Es ist dies eine Welt, in der sie keine Sterbende ist, keine Hospizbewohnerin, keine Patientin, sondern sie „erlebt [...] sich so, wie [sie] damals war [...] gesund, kräftig, frei, selbstbestimmt, autonom."

Welches Bild macht sich die Physiotherapeutin?
Die Physiotherapeutin Maria Gonzales kennt Frau Korn schon länger:

> „Frau Korn, das ist schon, sie kann nicht viel, aber sie ist sehr fleißig und sie ist auch schon seit lange hier, noch länger als Frau Karstens. Und obwohl sie viel nicht machen kann, sie will trotzdem versuchen. Wenn sie guckt, nee, das geht nicht, heute nicht, morgen vielleicht und morgen schafft sie. So sie ist wirklich fleißig. [...] Und die anderen beiden, Karstens und Korn, sie sind wirklich so positiv und fleißig. Ich weiß nicht, ob Frau Korn, sie spricht auch nicht viel, Frau Korn, ich weiß nicht, ob sie dankbar ist, weil sie hier ist, das weiß ich nicht."

Der Blick der Physiotherapeutin richtet sich typischerweise auf den Körper und dessen noch vorhandene Fähigkeiten. Sie lobt Frau Korn als „sehr fleißig", da sie trotz ihres schlechten körperlichen Zustandes – „sie kann nicht viel" – vieles immer wieder trotz aller Misserfolge versuchen will. Sie wird daher als „positiv" eingestuft. Sprechen muss die Physiotherapeutin „nicht viel" mit Frau Korn. Sie wisse daher nicht, ob sie „dankbar" sei. Für die Behandlung des Körpers ist dies jedoch kein Problem.

Welches Bild macht sich die Ärztin?
Die Ärztin Frau Meinrad kennt Frau Korn. Sie hat bereits versucht, mit ihr über das Sterben zu sprechen:

> „Ich rede eigentlich mit allen Patienten auch übers Sterben, weil ich auch immer finde, dass ja häufig auch unausgesprochene Angst ganz viel Druck macht. So. Und ich erleb's auch immer wieder, egal bei wem, auch bei Frau Korn, dass die mittlerweile sogar auch sagen kann: Ja, da und davor hab ich Angst. Nicht vor dem Sterben, aber davor, dass ich vielleicht immer hilfloser werde oder dass ich irgendwann auch noch in meinem Krankheitsstadium mitbekomme [...]."

Für Frau Meinrad gehört das Reden über das Sterben mit ihren Patient:innen zu ihrer Aufgabe als Ärztin. Sie lindert damit auf eine Art die Schmerzen von Frau Korn, denn sie befreit sie von etwas, das ihr „viel Druck macht". Dass sie mittlerweile sagen kann, dass sie Angst habe, aber nicht abstrakt vor dem Sterben selbst, sondern vor dem damit einhergehenden körperlichen Verfall, ist für die Ärztin ein Zeichen für den Fortschritt ihrer Behandlung. Die Angst bleibt zwar, aber sie wird durch die Ärztin zu einer Angst vor physischen Auswirkungen des Sterbens, auf die die Patientin vorbereitet werden soll. Insofern ist das Reden über das Sterben mit Frau Korn für die Ärztin eine Art präventive Behandlungsmaßnahme.

Welches Bild macht sich der Seelsorger?
Der Seelsorger Herr Braun kennt Frau Korn schon länger und hat mit ihr bereits ein Gespräch geführt. Er hält sie für einen sehr interessanten Fall:

> „Frau Korn kenne ich auch von Anfang an, ist ja auch schon sehr lange hier. Und... ich glaube, ich habe nur einmal ein etwas längeres Gespräch mit ihr geführt. Aber mit ihr hab' ich die Regel, hatte ich mit noch niemand anderes sonst, oder auch aktuell mit niemandem sonst, dass ich jede Woche, [...] einfach eben hingehe und einmal kurz reingucke und frage, ob sie gerade ein Gespräch haben möchte. So. Und in der Regel sagt sie ‚nein'. So. Also das ist auch ein sehr interessanter Fall...[...]. Es ist einfach das Gefühl da bei Seelsorge, da ist jemand, potentiell ist da jemand, mit dem kann ich sprechen. Der, da ist jemand, der nach mir sieht. Und manchmal reicht das Gefühl schon."

Frau Korn ist für den Seelsorger eine besondere Hospizbewohnerin, da er mit ihr vereinbart habe, ihr regelmäßig ein Gesprächsangebot zu unterbreiten. Dass dieses Gesprächsangebot von Frau Korn regelmäßig abschlägig beschieden wird, ist für den Seelsorger kein Problem, sondern es macht den Fall umso interessanter. An Frau Korn zeigt sich für ihn exemplarisch das Potenzial der Seelsorge, welches darin zu bestehen scheint, nur durch das Vermitteln eines Gefühls – „potenziell ist da jemand" – ein seelsorglich begleitetes Sterben zu ermöglichen. Frau Korn braucht mit ihm gar kein Gespräch zu führen, und trotzdem wird sie begleitet und ist ein „interessanter Fall".

Schlussfolgerungen

Es wurde nun die Hospizbewohnerin Corinna Korn selbst vorgestellt, wie auch die unterschiedlichen Akteur:innen, die mit ihr im Hospiz regelmäßig in Kontakt stehen.

Über das Sterben sprechen
Vordergründig fällt vor allem eines auf: Die verschiedenen Berufsgruppen versuchen fast alle, einen Weg zu finden, um mit Frau Korn über das Sterben sprechen zu können, ohne es selbst direkt ansprechen zu müssen. Dahinter steht offenbar die Überzeugung, dass es besser wäre, sich vorsichtig an das Thema heranzutasten. Es wird auf den passenden Moment gewartet, um endlich ‚offen' reden zu können. Diese abwartende und vorsichtig tastende Haltung des Hospizpersonals und der anderen Behandler:innen gegenüber dem Thema Sterben nimmt auch Frau Korn wahr, interpretiert es jedoch anders: Für sie sieht es danach aus, als würde im Hospiz nicht ‚offen' über das Sterben gesprochen, sondern es würde vielmehr gemieden werden. Frau Korn erwartet offenbar eine sehr direkte Ansprache des Themas, die für sie im Hospiz anscheinend nicht zu haben ist. Was für das Hospizpersonal wie eine sensible und empathische Kommunikationsstrategie aussieht, erscheint Frau Korn als Vermeidungsstrategie, um ein ‚heikles' Thema umschiffen zu können.

Aus ethischer Perspektive zeigt sich in Bezug auf dieses Sprechen über das Sterben, dass das Hospizpersonal eine hohe Sensibilität für Kommunikation im

Allgemeinen und für die Thematisierung des Sterbens im Besonderen aufweist. Es zeigt sich hieran die normative Erwartung, dass mit den Hospizbewohner:innen über das Sterben gesprochen werden sollte, dass also ein offener „Bewusstheits-Kontext" geschaffen werden soll (vgl. Glaser/Strauss 1974; Timmermans 1994). Gleichzeitig wird es als eine Art illegitime ‚Autonomieüberstimmung' wahrgenommen, das Sterben direkt zu thematisieren und dadurch die Hospizbewohner:innen dazu zu zwingen, sich in irgendeiner Form zu diesem Thema verhalten zu müssen. Es werden hieran recht unterschiedliche Vorstellungen davon sichtbar, was es eigentlich bedeutet, sich mit dem Sterben auseinanderzusetzen – was im Übrigen keine Besonderheit von Frau Korn ist, sondern im Hospiz häufiger vorkommt (vgl. Bauer/Breitsameter/Saake 2022; Saake/Nassehi/Mayr 2019).

Selektive Zugriffe auf Sterbende

Jenseits dieser unterschiedlichen Sichtweisen zwischen Hospizpersonal und Hospizgast hinsichtlich der Thematisierung des Sterbens zeigen sich die unterschiedlichen, selektiven Zugriffe der jeweiligen Berufsgruppen auf die Hospizbewohnerin, genauso wie der Zugriff der Hospizbewohnerin selbst: An den zitierten Aussagen von Frau Korn wird ein für Hospizgäste typisches Erleben körperlicher und biografischer Disruption beobachtbar. Sie merkt, wie ihre Kräfte schwinden, dass sie den Toilettengang nicht mehr alleine bewältigt und dass sie nicht mehr, wie sie es immer gewohnt war, sich um ihren Mann kümmern kann. Der Blick der Pflege richtet sich auf den Körper von Frau Korn und erkennt daran eine ‚fitte Frau', sodass sogar Zweifel daran aufkommen, ob sie überhaupt eine geeignete Kandidatin für das Hospiz sei. Gleichzeitig wird aber auch ihr körperlicher Verfall registriert, der sich in einer zunehmenden Hilfsbedürftigkeit manifestiert. Während der täglichen Körperpflege werden beiläufige Gespräche geführt.

Die Ärztin bemüht sich darum, Frau Korn über ihre Erkrankung aufzuklären, um sie auf den weiter fortschreitenden körperlichen Verfall vorzubereiten. Die Physiotherapeutin fokussiert sich auf die Potenziale des Körpers von Frau Korn, in dem sie dessen noch begrenzt vorhandene Fähigkeiten fördert. Sprechen muss sie dabei nicht viel, denn der Körper gibt ihr bereits alle Informationen, die sie für ihre Arbeit braucht. Der Musiktherapeut sorgt für Entspannung und Ablenkung. Die Ocean-Drum produziert nicht nur ein angenehmes auditives Erlebnis, sondern es wird mit dem Hören des Wellenrauschens der biografische Bruch bearbeitet, der dadurch entsteht, dass Frau Korn früher noch im Urlaub am Strand sitzen konnte, was für sie nun nicht mehr möglich ist. Das Werkzeug des Seelsorgers ist das vertrauliche Gespräch, welches aber bei Frau Korn gar nicht so häufig zum Einsatz kommt. Dies ist für Seelsorger:innen aber typischerweise kein großes Problem, denn es geht vielmehr um das Erspüren, Mitfühlen und Erzeugen von Stimmungen und Atmosphären, was dem Seelsorger auch bei Frau Korn gelingt. Er sorgt dafür, dass sie das Gefühl hat, „da ist jemand, der nach mir sieht."

Durch diese unterschiedlichen professionellen Zugriffe erreicht das Hospiz, dass Frau Korn nicht nur als eine Patientin konstruiert werden kann, sondern neben dieser Patient:innenrolle immer noch als etwas *anderes* erscheint: als fitte Frau, fleißige Frau, Ehefrau, Mutter, Großmutter, Chorsängerin, Dänemark-Urlauberin oder als Kirchenmitglied. Dadurch gelingt es dem Hospiz, sich von einer Anstalt im Sinne einer *totalen Institution* zu unterscheiden, in der ein Insasse ausschließlich als Insasse adressierbar ist (vgl. Goffman 1973).

Die Organisation des Sterbens

Dass sich z. B. zwischen Ärzt:innen, Seelsorger:innen und Hospizbewohner:innen unterschiedliche Sichtweisen und Relevanzsetzungen ergeben können, erscheint uns eigentlich als selbstverständlich. Im Hospizalltag bleiben diese Perspektivendifferenzen meist latent, d. h., wir wissen zwar, dass eine Ärztin ganz andere Fragen für relevant hält als ein Seelsorger, doch es wird nicht explizit zum Thema gemacht, weil es nicht weiter problematisch erscheint. Was wir dabei jedoch kaum mitsehen können, ist, wie voraussetzungsreich eine organisierte Praxis ist, die solch eine Vielzahl selektiver Zugriffe auf eine Sterbende erst ermöglicht. Im Hospiz als Organisation treffen, wie der Fall von Frau Korn zeigt, unterschiedlichste ‚Logiken' – ärztliche, pflegerische, seelsorgerische, therapeutische – aufeinander, die sich außerhalb einer Organisation kaum aufeinander beziehen lassen könnten. Was Frau Korn beim Geräusch der Ocean-Drum erlebt, ist für die ärztliche Perspektive kaum von Bedeutung, wohl aber für den Musiktherapeuten, der sich nämlich genau dafür interessiert, ein bestimmtes Erleben zu erzeugen. Eine Hospizbewohnerin wie Frau Korn, die das Gespräch verweigert, wäre für die Ärztin wahrscheinlich ein problematischer Fall, für den Seelsorger ist sie hingegen gar kein Problem, sondern vielmehr ein „interessanter Fall". Dass diese unterschiedlichen Deutungen unter *einem Dach* versammelt werden können, ist nur der Organisation zu verdanken. Nur auf dem Boden arbeitsteiliger Strukturen können diese unterschiedlichen Perspektiven überhaupt zu solch hochselektiven Zugriffen auf ein und dieselbe Hospizbewohnerin gelangen. Die Ärztin kann mit Frau Korn nur deswegen Aufklärungsgespräche führen, weil sich die Pflege darum gekümmert hat, dass Frau Korn gewaschen ist und die alltäglichen körperlichen Bedürfnisse versorgt hat. Die Pflege kann sich wiederum nur den kurzfristigen Belangen von Frau Korns krankem Körper widmen, weil die Ärztin die langfristigen Entscheidungen hinsichtlich der weiteren Versorgung getroffen hat. Für schöne Erinnerungen an den Dänemark-Urlaub mithilfe einer Ocean-Drum kann der Musiktherapeut nur sorgen, weil es im Hospiz ärztliches Personal gibt, welches darauf achtet, dass Frau Korn keine Schmerzen hat usw. Es ist also die Organisation, die diese unterschiedlichen Relevanzsetzungen, diese unterschiedlichen ‚Bilder' vom Sterben und von Sterbenden überhaupt erst ermöglicht.

Fazit: Doppeldeutige Bilder

Für das ‚Bild', welches dadurch vom Sterben im Hospiz entsteht, bedeuten diese Perspektivendifferenzen, dass sich nichts Einheitliches oder Stimmiges ergibt und somit ein Bild erzeugt wird, bei dem nichts so recht zusammenpassen mag. Jede Berufsgruppe und ebenso die Hospizbewohner:innen nehmen ihre eigene Interpretation vom Sterben vor und schaffen sich damit ihr jeweils eigenes Bild vom Sterben. Jede dieser Interpretationen des Sterbens ist für sich genommen aus der jeweiligen Perspektive nachvollziehbar und konsistent, doch sobald sie neben eine andere Perspektive gestellt wird, entsteht etwas „Drittes", und sie wird auf diese Weise kontingent und „doppeldeutig" (Nassehi 2011, S. 30), d. h., ein *ein*deutiges, allgemein verbindliches Bild des Sterbens ist durch die Organisation nicht erreichbar.

Es entsteht so im Hospiz als multiprofessioneller Organisation stets ein mehrdeutiges Sterbebild. Das eine ‚ganze' Bild vom Sterben und den Sterbenden muss einem Bild vielfältiger Alteritäten weichen, an dem sich die Idee des ‚ganzheitlichen' Sterbens als magischem, alle Differenzen aufhebendem Moment bricht. Das Hospiz wird damit zu einer Art *Kaleidoskop*, in dem Bilder vom Sterben umherwirbeln und sich nicht in einer verbindlichen, feststehenden, ‚holistischen' Deutung festhalten lassen.

Literatur

Ariès, Philippe: *Geschichte des Todes*, 2. Auflage, München 1980.

Bauer, Anna / Breitsameter, Christof / Saake, Irmhild: Perspektiven auf Sterbende – zum Sterben im multiprofessionellen Kontexten, in: *Zeitschrift für Palliativmedizin* 23 (2022), H. 1, S. 31–37.

Dasch, Burkhard / Blum, Klaus / Gude, Philipp / Bausewein, Claudia: Sterbeorte: Veränderung im Verlauf eines Jahrzehnts. Eine populationsbasierte Studie anhand von Totenscheinen der Jahre 2001 und 2011, in: *Deutsches Ärzteblatt* 112 (2015), H. 29–30, S. 496–504.

Glaser, Barney J. / Strauss, Anselm L.: *Interaktion mit Sterbenden. Beobachtungen für Ärzte, Schwestern, Seelsorger und Angehörige*, 1. Auflage, Göttingen 1974.

Goffman, Erving: *Asyle. Über die soziale Situation psychiatrischer Patienten und anderer Insassen*, 1. Auflage, Frankfurt/M. 1973.

Nassehi, Armin: *Gesellschaft der Gegenwarten: Studien zur Theorie der modernen Gesellschaft II*, 1. Auflage, Berlin 2011.

Parker-Oliver, Debra: The Social Construction of the „Dying Role" and the Hospice Drama, in: *OMEGA – Journal of Death and Dying* 40 (2000), H. 4, S. 493–512.

Saake, Irmhild / Nassehi, Armin / Mayr, Katharina: Gegenwarten von Sterbenden, in: *KZfSS Kölner Zeitschrift für Soziologie und Sozialpsychologie* 71 (2019), H. 1, S. 27–52.

Saunders, Cicely: The symptomatic treatment of incurable malignant disease, in: *Prescribers journal* 4 (1964), H. 4, S. 68–73.

Timmermans, Stefan: Dying of awareness: the theory of awareness contexts revisited, in: *Sociology of Health & Illness* 16 (1994), H. 3, S. 322–339.

Lilian Coates

Sterben im Spannungsfeld von Autonomie- und Natürlichkeitsidealen

Eine Falldarstellung zur künstlichen Ernährung im stationären Hospiz

Einleitung und Lesehinweise

In diesem Beitrag möchte ich über einen krisenhaften Begleitungsfall nachdenken, der mir während meiner Dissertationsstudie zu „Übergängen" (Walther et. al 2020) zwischen Leben und Tod und zur praktischen Bewältigung von Sterbeprozessen im Kontext der stationären Hospizarbeit begegnet ist. Die soziologische Studie ist qualitativ ausgerichtet und basiert auf ethnografischen Methoden, insbesondere der teilnehmenden Beobachtung. Das bedeutet, dass ich ein stationäres Hospiz in seiner kulturellen Alltagspraxis begleitet habe, mit dem Ziel sie nachzuvollziehen und zu beschreiben.[1]

In dem hier betrachteten Fall geht es um eine lebensverkürzend erkrankte Frau, die zuletzt bei einer ihrer beiden Töchter gelebt hat. Dort wurde sie von

---

1 Ein Fokus des Projektes liegt im Sinne der ethnomethodologischen *Studies of Work and Science* (Lynch 1993; Bergmann 2005) auf dem situativen Vollzug der Hospizpraxis sowie ihrer alltäglichen Organisation (Coates 2020). Während sich diese Studien oft auf Audio- oder Videoaufnahmen von Arbeitsprozessen stützen, setzt mein Projekt auf verschiedene Grade der teilnehmenden Beobachtung (Breidenstein et al. 2020). In diesem Zusammenhang habe ich ca. zwei Jahre in einem stationären Hospiz als ehrenamtliche Hospizhelferin gearbeitet. Dies erlaubte es mir grundlegende Kompetenzen der Praxis und feldspezifische Weisen des Fühlens, des Sprechens und des Umgangs zu erlernen (Heer et al. 2022). Anschließend absolvierte ich eine dreimonatige Hospitation, in der ich als Praktikantin an weiteren Situationen der stationären Hospizarbeit partizipieren durfte (Pflege, Übergaben, Aufnahmegespräche, Fallsupervisionen, Aufbahrungspraktiken etc.). Das Projekt informieren auch eine Reihe von Interviews und Gesprächen mit Professionellen, Angehörigen und Menschen am Lebensende. Weitere Datenformen umfassen eigenes Fotomaterial, Medienberichte sowie administrative Dokumente und Artefakte der Hospizpflege. Den begleiteten Hospizmitarbeitenden und Familien möchte ich von Herzen danken. Sie haben mir großes Vertrauen entgegengebracht, als sie mich an ihrem herausfordernden Alltag haben teilhaben lassen oder mein Projekt in Form von Interviews unterstützten.

Angehörigen mit Unterstützung von Kräften der spezialisierten ambulanten Palliativversorgung (SAPV) gepflegt. Da sich ihr Gesundheitszustand zunehmend verschlechtert und sich auch die Arbeitsumstände der pflegenden Angehörigen geändert haben, kann eine angemessene Versorgung zuhause nicht mehr gewährleistet werden. Daher organisieren ihr die SAPV-Kräfte einen Platz im stationären Hospiz der gleichen Stadt. Im Laufe ihres Aufenthaltes wird es immer wieder zu Spannungen zwischen der Familie und dem Hospiz kommen, in deren Mittelpunkt das Thema der künstlichen Ernährung steht. Der Beitrag stellt den Versuch dar, diese Spannungen zu reflektieren und einzuordnen.

Der Fall stellt in seiner Krisenhaftigkeit eher eine Ausnahme für die Hospizarbeit im Allgemeinen und auch für das Hospiz dar, das der Studie zu Grunde liegt. Er soll hier trotzdem beleuchtet werden, weil aus einer ethnomethodologisch informierten Perspektive gerade solche Krisen sehr aufschlussreich dafür sein können, Praktiken und Ordnungen sichtbar zu machen, die sonst unbemerkt und als ‚normal' vorausgesetzt werden (Garfinkel 1967). Welche Ordnung wird in diesem Fall wodurch gestört? Wessen Erwartungen werden wodurch irritiert? Auf welche Sterbebilder und -ideale verweisen verschiedene Aspekte des Falls? Der Beitrag begegnet diesen Fragen nicht mit definitiven Antworten, sondern strebt an, im Modus eines nicht abgeschlossenen Nachdenkens, die Logiken des Feldes sowie die Perspektiven der verschiedenen Beteiligten zu rekonstruieren.[2]

Im Sinne einer möglichst plastischen Vermittlung des Falls und um ein weiteres Nachdenken durch Lesende zu ermöglichen, führt der Beitrag zunächst auf Grundlage ethnografischer Gedächtnisprotokolle durch eine Chronologie verschiedener Szenen. Die Untergliederung des Textes zwischen diesen Auszügen und den explizit moderierenden Textanteilen soll jedoch nicht suggerieren, dass die Protokollauszüge beanspruchen, objektive Daten darzustellen. Neben der Selektivität des überhaupt Wahrgenommenen und Notierten unterlagen die Auszüge mehrfach Kürzungs-, Umformulierungs- und allgemein Reflexionsprozessen. Zudem wurden manche, auch zentrale Aspekte des Geschehens, aus Anonymitäts- und Diskretionsgründen zum Schutz der Beteiligten ausgelassen oder verändert. Die Auszüge beruhen also auf einer dichten empirischen Nähe zum Geschehen, sind jedoch kontingente und vielfach von Deutungen durchzogene Darstellungen. Eine Trennung von *Daten* und *Analyse* wird damit unterlaufen (Breidenstein et al 2020). Analog sind die anschließenden Kontextualisierungen und Deutungsangebote nicht nur am Fall entwickelt

2 Für wertvolle Hinweise und Unterstützung beim Nachdenken über den Fall bedanke ich mich sehr herzlich bei den Teilnehmenden der Kolloquien des DFG-Graduiertenkollegs „Doing Transitions" an der GU Frankfurt und Universität Tübingen, am Arbeitsbereich für Soziologie Theorien und Gender Studies der JGU Mainz sowie des hier publizierten Tagungskontextes „Sterbebilder: Vorstellungen und Konzepte im Wandel".

worden, sondern haben auch ihrerseits die Erstellung der Protokolle informiert. Das Manuskript kann damit als Geschichte begriffen werden, die zwar auf *wahren Begebenheiten* beruht, aber eben auch *nur* auf ihnen *beruht*.

Als Geschichte kann sie nicht nur daraufhin befragt werden, in welchem Verhältnis sie zu den geschilderten Ereignissen steht, sondern auch darauf, was sie mit ihrem Gegenstand, also der Praxis der Hospizarbeit, und auch den Lesenden tut oder tun kann (Latour 2007). In diesem Zusammenhang möchte ich darauf verweisen, dass die Protokollauszüge, die Einblicke in die „Hinterbühnen" (Goffman 1959) der Hospizarbeit gewähren, sie nicht im Charakter eines Enthüllungsjournalismus bloßstellen sollen. Ferner möchte ich versuchen, mich aus methodischen Gründen im Beitrag mit Wertungen zurückzunehmen, obwohl – oder gerade weil – sich im Gegenstandsbereich von Tod und Sterben bestimmte Affekte und Moralvorstellungen stets aufdrängen. Grundsätzlich halte ich es für wichtig, dass auch die zuweilen beinahe ‚unantastbar' wirkende Hospizarbeit einer kritischen Reflexion unterzogen werden darf. Zugleich besteht eine Herausforderung des ethnografischen Anspruchs darin, die Rationalitäten eines Feldes zunächst praxeologisch nachzuvollziehen, um sie dann mittels analytischen Befremdungen zum Gegenstand machen zu können (Hirschauer/Amann 1997). Eine zu starke eigene Agenda oder eine zu kritische Anspruchshaltung kann beide Dimensionen dieses am *Verstehen* orientierten Prozesses erschweren (ebd.). Während Aspekte der Geschichte bei Lesenden (und auch bei mir selbst) u. U. gewisse Affekte wie Empörung oder Mitleid evozieren können, möchte sie also nicht urteilen. Zum einen stellt der Beitrag den Versuch dar, solche Affekte produktiv forschungsleitend einzusetzen (Heer et al. 2022). Zum anderen soll der Beitrag einen sicheren Rahmen und eine Gelegenheit darstellen – entlastet von den praktischen Zugzwängen konkreter Situationen – auch über die Schwierigkeiten, Paradoxien und Ungleichgewichte ins Gespräch zu kommen, die sich einer solchen Arbeit am *guten Sterben* stellen können.[3]

> *Tag der Aufnahme (Freitag)*
> Heute wird Frau Bär aufgenommen. Sie ist Mitte 80 und wird über einen medizinischen Port künstlich ernährt. Gestern hat ihre Tochter angerufen und sehr geweint, es fällt ihr noch schwer die Mutter ins Hospiz „abzugeben". Frau Bär kommt in einem „Liegendtransport" und wird gleich in ihr Zimmer bzw. in ihr Bett gebracht. Schwester Daniela und ich (in einer Art Assistenzrolle) planen mit ihr das

---

[3] Die ethnografische Spannung zwischen emischem Nachvollzug einer Praxis und ihrer Befremdung fordert mich nicht nur vor dem Hintergrund der empfindlichen Sterbethematik heraus. Durch meine Mitarbeit im Hospiz habe ich kollegiale Beziehungen und Loyalitäten zu den Hospizmitarbeitenden entwickelt, gegen die ich zu Gunsten einer forschungsstrategischen Distanzierung anarbeiten muss. Manche der resultierenden Beschreibungen und Überlegungen werden Hospizmitarbeitende u. U. irritieren. Ich hoffe, dass im Beitrag dennoch auch eine große Wertschätzung für ihre Arbeit zum Ausdruck kommt.

Aufnahmegespräch zu führen, zunächst richten wir sie aber ein wenig ein und Frau Bär erzählt uns von ihren „Urenkelchen". Während ich ihr etwas zu trinken besorge, klingelt es am Haupteingang. Es ist die Tochter von Frau Bär, die Bescheid sagen wollte, dass sie gleich zu ihrer Mama kommt, aber erst noch die schweren Pakete mit der künstlichen Ernährung auslädt. [...]
Gerade als Schwester Daniela mit dem administrativen Teil des Aufnahmegesprächs beginnen will, kommt Pflegerin Martha mit einer riesigen Kiste zur Tür herein. Hinter ihr folgt Frau Bärs Tochter mit einem weiteren Paket. Wir packen mit an. Es kommen immer weitere Kisten. Schwester Martha guckt erschrocken und flüstert in meine Richtung: „alles Ernährung?!", auch Daniela wirkt verdutzt. [...]
Anschließend berichtet Frau Bärs Tochter von der Versorgung der Mutter: „Zur künstlichen Ernährung: Beim normalen Durchlaufen ist der Mama übel, da hatte sie erbrochen. Dann haben wir mit dem ambulanten Hospiz ausgemacht, dass es ganz langsam durchläuft, das hat sie gut vertragen." Die Mutter sei auch unterversorgt mit Flüssigkeit, daher bekomme sie vor der Nahrung eine Infusion und „die Backen werden rosig" erklärt die Tochter.
Daniela stellt ein paar Rückfragen und studiert nachdenklich die Schläuche des Ernährungssystems. Sie meint abschließend zu Frau Bär: „Also, mit der künstlichen Ernährung, das wird die nächsten Wochen sicherlich Thema werden, in welcher Form wir das weitermachen. Weil Sie sich ja für ein Hospiz entschlossen haben. Wir machen das schon erst mal, aber das passt natürlich eigentlich nicht zum Hospiz, zumal Sie ja auch sagen, Ihnen wird schlecht davon."
Es entsteht eine unangenehme Stille, Mutter und Tochter Bär schauen uns mit großen Augen und einer gewissen Fassungslosigkeit an. Die Tochter antwortet: „Nee nee, die Übelkeit kam, weil das zu schnell gelaufen ist am Anfang." Daniela antwortet: „Ja, wir sagen halt, der Körper und auch ein kranker Körper weiß genau, was er vertragen kann und was nicht, und wenn ein kranker Körper sagt, ‚ich kann jetzt nichts mehr essen', dann ist das in der Regel auch gut so. Und mit allem, was man künstlich zuführt, wird der Körper belastet, und auch der Sterbeprozess wird belastet, durch Flüssigkeit, die der Körper gar nicht mehr verarbeiten kann. Nur dass Sie es schon mal gehört haben, wir schauen uns das alles an, holen auch die Pumpe aus dem Keller und machen das so".
Die Tochter, inzwischen rot im Gesicht, erwidert wütend, dass sie darüber keiner informiert hat. Frau Bär schaltet sich ein, schaut panisch umher: „Dann verhungert man, oder was? Dann verhungert man!?"
Daniela erklärt: „Nein, man verhungert nicht, weil letztendlich ernährt man, wenn man sich künstlich ernährt, seinen Tumor, das ist so 'ne Formulierung. Die Tumorzellen freuen sich über Nahrung, und Sie, Ihr Körper kann's gar nicht mehr verarbeiten. Das belastet Sie." Daniela versucht weiter zu beruhigen, aber die Stimmung ist gekippt. Frau Bär wendet sich ab: „Ich will jetzt nichts mehr hören davon." Daniela beschwichtigt weiter: „Genau. Es ging nur darum, was demnächst vielleicht noch Thema wird. Wir lassen Sie jetzt mal ankommen, es findet sich schon alles, gel?"
Zurück im Stationszimmer erklärt Daniela mir, sie hätte es unehrlich gefunden, dazu nichts zu sagen. Kurz darauf ruft die Kollegin vom ambulanten Hospiz an. Nach unserem Gespräch hatte die Tochter sofort angerufen, um sich über Daniela und das stationäre Hospiz zu beschweren, was Daniela durchaus beschäftigt. Die Kollegin vom ambulanten Hospiz berichtet, dass beide Töchter sehr besorgt, aber auch „fordernd" seien. Die Familie wird als typischer Fall eines „Versorgungsproblems" gerahmt, das heißt die Entscheidung ins Hospiz zu gehen, entstand nur aus einer

Not heraus und nicht als eine bewusste Entscheidung „für das Hospiz". Das „Thema Lebensende" sei oft angesprochen worden, aber „nicht angekommen".
Etwas später suchen die Pflegenden die Ernährungspumpe im Keller und kramen sie schließlich aus einem Schrank hervor. Sie wird selten gebraucht, deswegen müssen sie erst eine Weile damit rumspielen. Schwester Caro bemerkt ironisch: „Na super, wenn keiner weiß, wie das funktioniert, können wir ihr die Nahrung auch nicht anhängen."

Nach einer anfänglich zwar aufgeregten, aber freundlichen Stimmung kommt es gleich zu Beginn von Frau Bärs Aufenthalt zu einer ersten Irritation zwischen der Familie und dem Hospiz. Dem Eindruck der Familie nach tut Frau Bär die künstliche Ernährung gut, „rosige Backen" verweisen auf Gesundheit und Vitalität. Weiterhin scheint es für die Familie, einer alltagsweltlichen Orientierung entsprechend, selbstverständlich, dass Frau Bär auch im Hospiz weiter ernährt wird. Jemanden nicht weiter zu ernähren, käme ihnen als Möglichkeit vermutlich gar nicht in den Sinn. Insbesondere Frau Bär reagiert sehr ängstlich auf die Vorstellung „zu verhungern", wenn die Ernährung abgestellt würde.

Hospizschwester Daniela hat hingegen eine andere Sichtweise. In ihrer professionellen Erfahrung ist es üblich, dass Menschen am Lebensende immer weniger oder auch gar nichts mehr essen. Anstatt auf „rosige Backen" verweist sie auf Frau Bärs „Übelkeit" und deutet diese als ein Zeichen des Körpers, nicht weiter ernährt werden zu „wollen". Die künstliche Ernährung erscheint so nicht nur überflüssig, sie könne sogar schädlich sein: Sie „belastet" den Körper, oder – eine besonders augenfällige Formulierung – „den Sterbeprozess". Dies gilt es aus Sicht des Hospizes offenbar zu vermeiden. Darüber hinaus scheint die Ernährung bei den Hospizpflegenden wiederholt Befremdung auszulösen: Sie zeigen sich verdutzt, die Schläuche werden nachdenklich studiert, die Nahrungspumpe muss gesucht werden. Auch deuten sich in der *Menge* an Nahrungskisten unterschiedliche zeitliche Erwartungshorizonte der Familie und des Hospizes an. Wo die Pflegerin bereits auf einen „Sterbeprozess" verweist (der aus ihrer Perspektive vielleicht schon läuft), ist das „Thema Lebensende" laut ambulantem Hospiz bei der Familie „noch gar nicht angekommen". Es treffen also gleich zu Beginn schon unterschiedliche Perspektiven aufeinander, die sich diametral gegenüberzustehen scheinen.

Tag 4 (Montag)
Daniela erzählt, dass sie die Situation noch das ganze Wochenende beschäftigt hat, und auch im Hospiz wurde es wiederholt konfliktär. Frau Bär musste immer wieder erbrechen, die Hospizpflegenden „hängen" ihr unter diesen Umständen „keine Nahrung an". Es sei paradox ein Mittel gegen Übelkeit zu geben, um dann Nahrung anzuhängen, anstatt die Nahrung als Ursache der Übelkeit „einfach wegzulassen".
In der Pflegedokumentation lese ich, dass Frau Bär Angst hat zu sterben und versucht, durch die Nahrung ihren Tod hinauszuzögern. Pfleger Markus hat mit ihr über den „Hospizgedanken" gesprochen und kündigt an, dass es noch weitere Gespräche geben wird, auch wenn sie dies nicht mag und er es nachvollziehen könne.
Pflegerin Caro erzählt, nach den vielen Diskussionen habe die Tochter irgendwann

gefordert, „heute wird alles ohne Diskussion angehängt!“, denn die Mutter wühle das zu sehr auf.
Pflegedienstleiterin Ruth sucht erneut das Gespräch mit Frau Bär, diese würde jedoch „abblocken“ und immer wieder die Töchter zuständig machen. Daher vereinbart Ruth mit den Töchtern für Ende der Woche einen Termin. Im Teamgespräch kommt der Verdacht auf, dass eigentlich die Töchter Angst haben, dass die Mutter verhungert und nicht Frau Bär selbst („der Klassiker“). Die Töchter sollen daher das „Heftchen“, eine Infobroschüre für Angehörige, zum Lesen bekommen. Darin steht bzgl. der Nahrung: „in dieser Lebenszeit ist es völlig natürlich, nichts mehr zu essen. Körperliche Energie, wie wir sie durch Nahrung bekommen, wird nicht mehr gebraucht, sondern eine andere Art von Energie. Wir als Angehörige müssen versuchen, den Sterbenden loszulassen, denn sonst bereiten wir ihm durch unser Festhalten unnötiges Leid“ (Tausch 2017:9).[4]
Inzwischen warten alle auf den durch das Hospiz zugewiesenen Hausarzt Dr. Bechter. Als er kommt, berichtet man ihm von den Schwierigkeiten der letzten Tage. Er fragt: „Ist die denn überhaupt aufgeklärt worden, dass das hier oben in Anführungszeichen keine Reha ist? Die weiß auch wahrscheinlich nicht, dass sie sterben muss, oder?“ [...] Er fragt, wie Frau Bär ins Hospiz kam. Daniela erklärt die Situation, Dr. Bechter resümiert: „Also Versorgungsproblem“. Er seufzt und haut auf den Tisch: „so, dann werden wir der Frau mal reinen Wein einschenken!“
Gleich zu Beginn fragt er Frau Bär „Wissen Sie denn, warum Sie hier sind?“ Frau Bär bejaht. Dr. Bechter: „Ei weshalb dann?“ Sie krächzt im regionalen Dialekt: „ei, der letzte Weg.“ Er antwortet: „Genau, is de letzte Weg. Und den sollten wir ja nicht unnütz verlängern in irgendeiner Form.“ Frau Bär verweist auf ihre Töchter, sie möchte, dass er mit ihnen redet. Der Arzt erklärt, dass das nicht die Töchter entscheiden können, sondern sie selbst müsse das tun. „Wir möchten Ihnen den letzten Weg, ja nicht unbedingt so kurz wie möglich machen, sondern so gut wie möglich für Sie selber“, erklärt er. Sie fragt, ob die Nahrung ganz weggelassen werden soll. Er antwortet, nein nicht komplett, aber nach medizinischem Ermessen würde sie reduziert, komplett weggelassen würde sie dann später, wenn es ihr gar nicht mehr guttue. Sie sorgt sich, dass sie nicht genug Flüssigkeit bekommt. Er erklärt, sie

---

4 Dem Verdacht und auch dem Auszug im „Heftchen“ liegt die Erfahrung zu Grunde, nach der ein sterbender Mensch keinen Appetit mehr hat. Dies ist ein „Klassiker“, insofern dass Menschen am Lebensende häufig von Angehörigen zum Essen animiert werden, obwohl sie eigentlich nicht mehr essen wollen oder können. In diesem Fall verlangt Frau Bär aber immer wieder selbst, auch unter Würgen, nach ihrer Nahrung und keiner hat je bezeugt, dass ihre Töchter sie dazu drängen. Die Zurechnung des ‚Problems‘ auf die Töchter kann u. U. helfen, die unmittelbare Pflegebeziehung zu Frau Bär von Meinungsverschiedenheiten zu entlasten. Auch kann das Hospiz so mit dem legitimen Auftrag anschließen, sie und ihren Sterbeprozess gegen das „Festhalten“ der Töchter schützen. Während es aber ohnehin schon als Möglichkeit erwogen werden könnte, dass Frau Bärs wiederholten Wünsche nach Nahrung authentisch ihre sind, erscheint dies vor dem Hintergrund ihrer Generationenzugehörigkeit noch wahrscheinlicher. Als Mitte 80-Jährige und in Deutschland aufgewachsene Person hat sie im Kontext des zweiten Weltkrieges möglicherweise Hunger oder Furcht davor erlebt. Dass die praktischen Erfahrungswerte der Hospizmitarbeitenden eine unschätzbar wertvolle Ressource für die Sterbebegleitung darstellen, soll nicht in Frage gestellt werden. Hier scheinen sie aber einen unvoreingenommenen Blick zu erschweren. Dies verhindert eine Auseinandersetzung damit, dass Frau Bär wohl ‚unklassischerweise‘ als sterbende Person, und ohne Druck von Angehörigen, eine Weiterernährung wünscht.

> brauche keine mehr. Erneut verweist sie auf ihre Töchter, er wiederholt, das müsse sie entscheiden: „Solange Sie sich mit uns noch unterhalten können, sind Sie diejenige, die maßgeblich für sich selber zuständig ist."
> Zurück im Stationszimmer ärgert er sich, dass er alles mit den Töchtern besprechen soll: „Wie gesagt, wir werden weder den Kram mit dem [Mittel gegen Übelkeit] machen noch zusätzliche Flüssigkeit. Sie hat gesagt, sie kann trinken, schluckweise, dann trinkt die nur das, was sie zu sich nimmt". Er schreibt die Anordnung auf und liest sie vor: „Ausführliches Gespräch mit Patientin: Diese weiß, dass das hier der letzte Weg ist. Dieser soll nicht unnütz verlängert werden. Entscheidung: keine zusätzliche Flüssigkeitsgabe außer der natürlichen Zufuhr, keine Medikamentengabe auf Wunsch, nur noch aus medizinischer Indikation."

Die Perspektivendifferenzen spitzen sich weiter zu. Nachdem es im Aufnahmegespräch mit Daniela zunächst nur darum gehen sollte, „was vielleicht noch Thema wird", ergeben sich bereits in den ersten Tagen von Frau Bärs Aufenthalt weitere Krisen- und Konfliktsituationen. Die Mitarbeitenden „können" aus ihrer fachlichen Perspektive Frau Bär keine Nahrung anhängen, weil sie unter Übelkeit leidet und erbricht. Hintergrund ist der ganzheitliche Ansatz des Hospizes, nach dem Frau Bärs Erbrechen wie erwähnt als Zeichen ihres Körpers interpretiert wird, dass sie (oder ihr Körper?) die Nahrung nicht mehr verträgt. Auch aus Sicht des beratenden Arztes befindet sich Frau Bär a.) bereits auf einem „Weg", der b.) nicht „unnütz" zu verlängern sei. Darin deutet sich die Vorstellung eines erwartbaren Sterbeverlaufs an (Dreßke 2005), aufgrund dessen Frau Bär die Nahrung aktuell schon nicht guttut und der weiterhin dazu führen wird, dass sie die Nahrung irgendwann gar nicht mehr verträgt. Aus dieser Sichtweise wäre eine „Verlängerung" wohl „unnütz", in dem Sinne, dass das Lebensende unabwendbar ist und es besser wäre, den Prozess nicht zu ihrem Leidwesen in die Länge zu ziehen. So wird die Nahrung reduziert, aber mit der expliziten Ankündigung, dass sie später noch ganz abgestellt wird. Ferner werden sowohl das Mittel gegen Übelkeit als auch die Flüssigkeitsinfusion eingestellt.

Im Kontrast dazu steht aber Frau Bärs Angst zu sterben und insbesondere zu verhungern. Die pragmatische, beinahe beiläufige Ankündigung des Arztes, dass die Nahrung noch ganz abgestellt wird, kann in diesem Zusammenhang wie eine Drohung wirken. Frau Bärs expliziter Wunsch ist es, ihren Tod hinauszuzögern und ihre Strategie ist, dies durch Weiterernährung zu erreichen (unabhängig davon, ob das tatsächlich funktionieren würde – hierzu gibt es unterschiedliche Ansichten). Sie kann die Nahrung daher nicht, wie es ihr oft nahegelegt wird, „einfach" weglassen, als wenn sie eine Grippe hätte.

Ein Pfleger spricht mit ihr über den „Hospizgedanken" und kündigt an, dass weitere Gespräche folgen werden, „auch wenn sie dies nicht mag" und er dies nachvollziehen könne. Auch ohne genauer zu wissen, was sich in diesem Kontext hinter der Chiffre „Hospizgedanke" verbirgt – z. B. das „Sterben zulassen" oder „den natürlichen Dingen ihren Lauf lassen" – zeigt sich, dass Frau Bär nicht aus ihrer „Zuständigkeit für sich selber" entlassen wird. Wiederholt wird ihr aufgetragen, sich mit ihrem Lebensende auseinanderzusetzen. Eine Paradoxie liegt darin, dass Frau Bär mehrfach aufgefordert wird, für sich selbst zu entscheiden, an vielen Stellen aber gar nicht klar ist, worüber sie genau entscheiden soll und darf. Gegen ihre offensichtliche Sorge wird entschieden, dass ihre Nahrung temporär ausgesetzt oder reduziert wird und dass sie keine künstliche Flüssigkeitszufuhr mehr bekommen soll. Zudem *begrenzt* der Arzt deutlich ihren Entscheidungsspielraum: „keine Medikamentengabe auf Wunsch, nur noch aus medizinischer Indikation.“ Gleichzeitig notiert er trotz seiner knappen Instruktionen ein „ausführliches Gespräch mit der Patientin“. Dies verweist auf ein organisatorisches Ideal, das in einer solchen Situation eine gewisse Gesprächsdauer oder -atmosphäre vorsieht (Pfeffer 2005).

Tag 8 Freitag
Heute findet das allseits lang erwartete Gespräch zwischen Leiterin Ruth und den Töchtern statt. Das Gespräch läuft eine Weile als Ruth auf die Ernährung zu sprechen kommt. Sie erklärt: „Für uns ist ein ganz wichtiger Aspekt, was den Gästen guttut. Dieses Gefühl, mal'n bisschen Suppe im Mund zu haben, wie das schmeckt und wenn es nur zwei Löffel sind, aber es ist auf der Zunge geschmeckt worden, das ist ein Erlebnis, was viele Leute in der Klinik vermissen. [...] Ein großer Unterschied zum klinischen Bereich ist, dass wir immer versuchen zu gucken, was ist der natürliche Weg? Und 'ne künstliche Ernährung, künstlich – steckt im Namen – *ist nicht* der natürliche Weg.“ Ein wenig später im Gespräch erläutert sie: „Das Volumen der Nahrung tut Ihrer Mutter nicht mehr gut. Sie wird schwächer, sie schläft mehr, man kann sagen, ok, die Krankheit schreitet fort, [begleitet mit der Handbewegung, die eine Diagonale nach unten zeichnet] so ganz langsam bereitet sich der Körper aufs Sterben vor, [Töchter beobachten versteinert die Hand, bei einer Tochter kommen Tränen, latent auch bei mir], der regelt sich runter, die Bedürfnisse werden weniger und das geht in einem kontinuierlichen Prozess, manchmal geht es schneller, manchmal dauert es länger, hm? Das ist individuell. Aber wir sind auf dem Weg des natürlichen Endes, was bevorsteht, ob am Wochenende oder nächste Woche, das wissen wir nicht. Aber irgendwann stellt der Körper seinen Bedarf ein. Wenn ich jetzt in diesen Prozess Infusionen gebe, dann ist das Herz irgendwann damit überfordert. Das kriegt mehr als es schaffen kann. [...] Das ist der Punkt, wo wir auch mal schauen müssen, was steht denn in der Patientenverfügung? Da steht drin, dass Ihre Mutter keine lebensverlängernden Maßnahmen und dass sie kein Leid erleiden möchte. Es kann aber sein, dass eine Infusion ein Leid wie Atemnot oder dicke Beine [durch Wassereinlagerungen] auslöst.“ [...] Ruth erklärt den Töchtern auch, dass der Körper noch viele Reserven habe und dass ihre Mutter weder verhungern noch verdursten werde.
Insgesamt ist die Stimmung gemessen an der Vorgeschichte recht harmonisch. Die Töchter erwähnen etwa, dass Frau Bär ein Fußbad mit Duftölen, das eine Pflegende zubereitet hatte, sehr genießen konnte. Phasenweise wühlen die Töchter Ruths Ausführungen über die Nahrung sichtlich auf, sie wischen sich stumm vereinzelte Tränen aus den Augen. Ein wenig angespannter wird es als Ruth mit der Patientenverfügung gegen „unnötiges Leid“ und „lebensverlängernde Maßnahmen“ argumentiert. Eine Tochter erwidert bestimmt: „Aber sie ist ja im Moment auch noch da! Auf der einen Seite die Patientenverfügung und auf der anderen Seite die Klarheit meiner Mutter, die sagt, was sie gerne möchte.“ [...] Insgesamt akzeptieren sie

am Ende aber, dass die Nahrung aus Hospizsicht schädlich sein könnte, bitten aber darum, dass dies jemand der Mutter erklärt.
Gegen Ende des Gesprächs berichten sie, dass die Mutter wohl selbst schon angesprochen hat, dass sie spürt, dass es zu Ende gehe. Zurück im Stationszimmer schüttelt Ruth den Kopf: „Ganz klassisch, sie machen immer wieder diese Sprünge ‚aber früher war es so'. Ok, aber jetzt sind wir hier, eine Woche später, eine Woche Krankheitsverlauf später. Die wollen halten halten halten und ich glaube, Frau Bär *selbst* ist schon viel weiter".
Als ich nach einer zweitägigen Abwesenheit ins Hospiz komme, erfahre ich, dass Frau Bär bereits am Vorabend gestorben ist. Ganz so schnell hatten selbst die Pflegenden nicht damit gerechnet. Nach Frau Bärs Aussegnungszeremonie betonen die sichtlich trauernden Töchter, wie schön und würdevoll ihre Aufbahrung gewesen sei. Sie spenden dem Hospiz 50€ für die Kaffeekasse und bedanken sich vielmals für die gute Betreuung.

Das Gespräch zwischen Ruth und den Töchtern verweist auf den Anspruch der Hospizbewegung, die Sorgen und Nöte der Angehörigen stets mitzuberücksichtigen und ist zugleich mit einem gewissen Aufklärungsauftrag verbunden. Manche Aspekte, etwa, dass Frau Bärs Körper nun dabei ist, seine „Bedürfnisse einzustellen", werden mehrfach erklärt. Ruth bringt den Töchtern Verständnis entgegen, gleichzeitig strahlt sie eine professionelle Distanz und Gelassenheit im Hinblick auf Frau Bärs nahenden Tod aus. Der gestisch vorgezeichnete Sterbeverlauf wirkt nicht wie die existenzielle Katastrophe, die sich vermutlich für die Töchter ankündigt, sondern vielmehr wie ein ruhiger und vorhersehbarer Prozess, auf den es sich nun einzustimmen gilt.[5] Die Emotionen der Töchter werden so evoziert und bekommen einen Raum, allerdings wirken sie zurückgehalten und diszipliniert. Eine materielle Entsprechung könnte darin gelesen werden, dass es in Hospizen in der Regel einen sogenannten *Raum der Stille* (zum Gebet, zur Reflexion oder für Gespräche) gibt, aber nicht etwa einen zum ‚Ausrasten oder Schreien'.[6] Man kann sich an verschiedenen Stellen an den ambivalenten Charakter von Hilfestellung, Erziehung und Autorität erinnert fühlen, der auch anderen (pädagogischen) Institutionen, etwa Schulen oder Jugendämtern, innewohnt. Auch lassen sich vergleichbare Momente des Ringens um Zuständigkeit und Deutungshoheit zwischen Familie und Institution beobachten: Während Ruth gegen den vermuteten Druck der Töchter Frau Bärs Patientenverfügung zitiert, versuchen die Töchter die expliziten Wünsche der

---

5 Natürlich muss es Differenzen zwischen der familiären und professionellen Reaktion auf Frau Bärs antizipierten Tod geben (Nassehi 2007), zugleich scheint die professionell-pragmatische Haltung an manchen Stellen des Gesprächs der familiär-betroffenen Perspektive etwas unvermittelt gegenüberzustehen.

6 Diese etwas pointierte Gegenüberstellung relativiert sich, wenn man berücksichtigt, dass im Raum der Stille z. B. auch eine Gitarre und Klanginstrumente stehen, die zum Musizieren einladen. Die Infrastruktur und Atmosphäre des Raums verweisen dennoch auf besonnene, kontrollierte und ruhigere Formen des Ausdrucks oder der Auseinandersetzung mit Tod und Trauer.

Mutter zu verteidigen. Es ist bemerkenswert, wie geräuschlos sich Frau Bärs Sterbeprozess im Kontext dieser Spannungen vollzieht, so schnell, dass es selbst die Pflegenden überrascht.

Das Verhältnis zwischen allen Beteiligten hatte sich im Laufe der Zeit bereits entspannt. Nach Frau Bärs Versterben scheinen die Differenzen schließlich ganz in den Hintergrund zu treten. Vielmehr fügt sich die Familie nun organisch in die institutionellen Rollen der trauernden Angehörigen ein und zeigt sich dankbar um die Möglichkeit, sich in ‚würdevoller Atmosphäre' von ihrer Mutter verabschieden zu können.

Kontextualisierung des Falls und Deutungsangebot

Ideal des ‚guten' und des ‚bewussten' Sterbens

Zur Einordnung der geschilderten Ereignisse ist es hilfreich, sich den Entstehungskontext der Hospizbewegung zu vergegenwärtigen, die sich in Abgrenzung zum medizinischen Umgang mit dem Sterben entwickelt hat (Saunders 1993).[7] Insbesondere Krankenhäusern wurde vorgeworfen, dass sie im Festhalten am Heilungsanspruch und einer Verlängerung des Lebens die spezifischen Bedürfnisse von Sterbenden vernachlässigten (ebd.). Ein zentraler Aspekt dieser Kritik betraf die „Tabuisierung" des Todes, in deren Kontext Menschen nicht über ihren nahenden Tod aufgeklärt wurden oder keine Gelegenheit bekamen, darüber zu sprechen (Sudnow 1967; Glaser/Strauss 1974). Damit sind Sterbende und auch ihre Familien einer Gelegenheit der Verabschiedung sowie einer Auseinandersetzung mit dem Lebensende oder möglichen letzten Wünschen beraubt worden. Die Hospizbewegung erkannte darin eine Entmündigung und etablierte dagegen eine Praxis der Zuwendung zu Sterbenden und dem Sterben. Hospize bemühen sich, als eine Dimension ihres Leitmotivs des *guten Sterbens*, um einen ‚offenen' und ‚ehrlichen' Umgang mit Menschen am Lebensende. So war sich Daniela nach dem krisenhaften Aufnahmegespräch der Brisanz des Vorschlags, die künstliche Ernährung einzustellen, zwar bewusst, hätte es aber „unehrlich" gefunden, nichts zu dem für sie absehbaren Problem zu sagen. Auch der Arzt möchte Frau Bär „reinen Wein einschenken" und beginnt seine Visite damit sie zu bitten, ihr Wissen um ihre zu Situation zu explizieren: „Der letzte Weg."

Fraglich ist allerdings, inwieweit die eigentlich auf Mündigkeit abzielenden Praktiken des Hospizes, sich in der alltäglichen Arbeit mitunter auch in ihr Gegenteil verkehren, wenn bspw. aus ‚selbst entscheiden dürfen', ein ‚selbst

7 Die folgenden Überlegungen sind weder als ‚Verteidigung' noch als ‚Anklage' der u. U. irritierenden Aspekte des Falls zu lesen, sondern als Versuch der Rekonstruktion der Eigenlogiken der Hospizpraxis.

entscheiden sollen' wird, oder aus einem ‚Recht zu wissen, wie es um einen steht', gewissermaßen eine moralische Pflicht, sich damit zu befassen. Diese Tendenz des Hospizwesens ist soziologisch inzwischen als „Paradigma des bewussten Sterbens" beschrieben worden (Saake et al. 2019). Für das Hospiz entsteht hier eine Schwierigkeit dadurch, dass Frau Bär die Rolle der mündigen und vielleicht auch dankbaren Person am Lebensende verweigert (Dreßke 2005; vgl. auch Alkemeyer/Buschmann 2016) und sämtliche Gesprächsaufforderungen an die Töchter weiterleitet.[8] Diese Entscheidungsdelegation scheint innerhalb der Familie nicht als problematisch empfunden zu werden, die Töchter nehmen die Zuständigkeit ihrerseits an. Das Arrangement widerspricht jedoch einem allgemeineren Autonomieideal, das auch im Hospiz verankert scheint, in dem jede Person das eigene Lebensende gestalten soll (Stadelbacher/Schneider 2016). Das Hospiz hält diverse therapeutischen Angebote bereit, um solche Prozesse der Auseinandersetzung mit dem Lebensende zu unterstützen. Diese Angebote laufen hier zum Unmut der Hospizmitarbeitenden jedoch ins Leere. Dass Frau Bär sich zurückziehen möchte, wird von ihnen weniger als ein legitimes Bedürfnis, sondern als ein „Abblocken" erlebt (vgl. auch Gronemeyer/Heller 2014; Saake et al. 2019).

Der Anspruch des *bewussten Sterbens* wird auch dadurch irritiert, dass Frau Bär *nur* aufgrund von familiären Umständen und ihrer Zustandsverschlechterung ins Hospiz kam. Die latent kritisch konnotierte Kategorie „Versorgungsproblem" deutet an, dass dies aus Sicht der Hospizpflegenden weniger legitim scheint, als aus einer wohlüberlegten Entscheidung ins Hospiz zu kommen, um sich aktiv dem Sterben zu zuwenden. Alle Beteiligten wissen, dass dies auf Frau Bär nicht zutrifft. Theoretisch könnte das ein Anlass sein, ihr gerade deswegen mehr Verständnis oder Eingewöhnungszeit zuzugestehen. Stattdessen entwickelt sich eher eine umgekehrte Dynamik, in der das Ansinnen der Institution erst recht mit einer gewissen Strenge durchgesetzt wird. Die Institution schließt nicht an das Tempo der Familie an, sondern reagiert mit verschiedenen ‚Erziehungsmaßnahmen'. Neben weiteren möglichen, scheinen zwei zusammenhängende Gründe für diese Dynamik wahrscheinlich: Zunächst sahen Hospize sich zu ihren Gründungszeiten, und mitunter noch heute, größerer Skepsis und auch Protesten aus der Bevölkerung ausgesetzt. Vor dem Hintergrund dieser Legitimationsschwierigkeiten verteidigen sie den Auftrag der Sterbebegleitung zuweilen mit einer beinahe missionarischen Haltung. Diese Haltung konnte durch die Professionalisierung (Knoblauch/Zingerle 2005) und

8 Im Rahmen dieses interdisziplinären Bandes setze ich einige Begriffe wie „Rolle" oder „Ideal" voraus, die praxistheoretisch problematisiert werden könnten (Garfinkel 1967). Mit „Ideal" soll nicht etwas gemeint sein, das das gesamte Setting von *außen* organisiert oder sich homogen in allen Situationen manifestiert. Stattdessen werden sie als Gegenstände fortwährender Aushandlung begriffen, die als Ansprüche oder Orientierungen in Praktiken thematisch oder relevant werden, situativ jedoch auch an Relevanz verlieren können (Lynch 1993).

auch zunehmende Beliebtheit des Hospizwesens noch an Selbstbewusstsein gewinnen. Weiterhin ist die Geschlossenheit, mit der die Institution in diesem Fall auftritt, möglicherweise die Kehrseite einer hohen Identifikation vieler Hospizmitarbeitenden mit dem *tieferen Sinn* ihrer Arbeit.[9] Oft begleiten Hospizmitarbeitende ihre Gäste *mit Hingabe*, was einige von diesen und auch Angehörige als regelrechten Segen erleben. Die Hospizpflegenden sehen ihren Auftrag nicht darin, jemanden ‚nur' zu pflegen, sondern konkreter in der Sterbebegleitung auf Grundlage ihres Erfahrungswissens. Viele von ihnen begreifen dies weniger als einen gewöhnlichen Job, sondern als Lebensaufgabe. Dies kann einerseits ein hohes, auch persönliches Engagement der Pflegenden mobilisieren, jedoch andererseits zu einer geringeren Offenheit gegenüber Familien führen, die die als unhinterfragt *gut* angesetzten Ziele der Institution nicht teilen.

Allerdings erschöpfen sich die Spannungen des Falls nicht darin, dass sich Frau Bär nicht mit ihrem Sterben befassen kann oder möchte. Sie resultieren vielmehr daraus, dass sie in den Situationen, in denen sie artikuliert, was sie möchte, ganz offensichtlich nicht die sozial erwünschte Antwort gibt. Denn eigentlich sagt sie mehrfach, was sie will: sie wünscht, ihre künstliche Nahrung weiterhin zu bekommen. Das scheint die sprichwörtliche Krux des Falls zu sein.

Nachdem verschiedene Gespräche nicht zum erwünschten Ergebnis, also Frau Bärs Verzicht auf die künstliche Ernährung, führen, konsultieren die Hospizmitarbeitenden auch ihre Patientenverfügung. In ihr steht, dass lebensverlängernde Maßnahmen und Leid zu vermeiden sind. Wie der Protest der Tochter offenbart („Aber sie ist ja im Moment auch noch da!"), kann als kritisch empfunden werden, wie die eigene Patientenverfügung gegen die noch auskunftsfähige Frau Bär beinahe ‚ausgespielt' wird. Wie kommt es zu diesem verwunderlichen Vorgehen?

Da die Hospizbewegung im Rahmen ihrer Medizinkritik auch klinische Hierarchien zwischen Personal und Patient_innen problematisiert hat, kann das Hospiz aus seinem eigenen Selbstverständnis heraus nicht befehlen, was weiterhin passiert (im Gegensatz zu Dr. Bechter, der sich noch in einer klassischeren Arztrolle befindet, was die Hospizpflegenden zuweilen auch für ihre pflegerischen Ziele zu nutzen wissen). Zugleich haben die Hospizpflegenden eine klare Einschätzung dazu, was ein gangbarer Weg für Frau Bär sein kann und was nicht. Aus Sicht des Hospizes ist eine weitere Ernährung schädlich: das „Herz könnte überfordert sein", es drohen eine „feuchte Lunge", „der Sterbeprozess wird belastet und man quält sich". Das Hospiz strebt also an, gemäß

[9] Hier soll keine geschlossene Haltung der Hospizmitarbeitenden unterstellt werden. Tatsächlich haben manche von ihnen bspw. die strenge Gesprächsführung des Arztes kritisiert, während sie andere angesichts des „schwierigen Falls" für notwendig hielten. Gleichwohl stellt sich die Institution in der Kommunikation mit der Familie nach außen hin als *geschlossen* dar.

seiner Expertise zu pflegen, aber ohne *von oben herab* zu bestimmen. Es versucht, durchaus mit Nachdruck, quasi-pädagogisch auf den aus seiner Perspektive einzig richtigen Weg zu lenken. Dabei leistet es eine Überzeugungsarbeit, die nach Anknüpfungspunkten sucht, um diesen einen Weg mit dem Willen von Frau Bär *irgendwie* in Einklang zu bringen, offenbar selbst, wenn es nur der abstrakte Wille ist, der mal in der Patientenverfügung festgehalten wurde. Weiterhin sieht sich das Hospiz wohl auch durch die Vermutung legitimiert, dass Frau Bär nicht aus intrinsischer Motivation, sondern auf Wunsch der Töchter nach der Nahrung verlangt. Es wird also unterstellt, dass die Patientenverfügung, auch im Hinblick auf die Nahrung dem *eigentlichen* Willen von Frau Bär entspricht. Frau Bär soll also *selbst* entscheiden, aber sie soll sich bitte *gegen* die künstliche Ernährung entscheiden. In jedem Fall scheint sie nicht die Möglichkeit zu haben, sich in diesem Hospiz legitimerweise *für* eine Fortsetzung der künstlichen Ernährung zu entscheiden.

‚Lebensqualität' und das Ideal des ‚natürlichen Sterbens'

Für die klare Ablehnung der künstlichen Ernährung scheint die oben bereits angeführte Selbstdistinktion wichtig, die Hospize zur Institution des Krankenhauses vornehmen, wie es auch im Gespräch zwischen Ruth und den Töchtern expliziert wird. Hospize sollen eine Antithese zum Schreckensbild des ‚Dahinvegetierens an Schläuchen' darstellen, das häufig mit dem Sterben im Krankenhaus assoziiert wird.[10] In diesem Zusammenhang ist die Praxis und Materialität der künstlichen Ernährung im Hospiz eine durchaus negativ behaftete Repräsentation einer solchen als gewaltsam gerahmten Apparatemedizin. Oft werden Ernährungssonden vor oder bei der Ankunft von Gästen ins Hospiz entfernt. Es gibt in diesem Hospiz zwar eine Nahrungspumpe, allerdings müssen die Pflegenden sich erst mit ihr vertraut machen, sie ist ihnen regelrecht *fremd*.

Weiterhin soll im Gegensatz zur mechanischen Verlängerung von *Lebenszeit* im Hospiz *Lebensqualität* wertgeschätzt werden (Pfeffer 2005). Dies bezieht sich einmal auf die konzeptuelle Gegenüberstellung von ‚künstlich einen Körper mit Kalorien vollpumpen' vs. ‚ein bisschen Suppe auf der Zunge schmecken' als einem sinnlichen Erlebnis. Der Fokus des Hospizes soll im Selbstverständnis auf dem ‚Dasein im Augenblick' und Genussmomenten liegen (ebd.).

Zum anderen bedeutet Lebensqualität im Fall von Frau Bär zentral: Übelkeit und Erbrechen vermeiden. Das Ziel, Übelkeit zu vermeiden, bedeutet für das Hospiz aber mehr als eine bloße Symptomlinderung. Diese schien bei Frau Bär durch Medikamente und ein langsames Durchlaufen der Nahrung für sie

---

10 Dies ist ein weiterer Deutungsrahmen des erwähnten Hinzuziehens der Patientenverfügung, die im Hospizdiskurs genau ein solches *Nicht-sterben-Dürfen* verhindern soll.

selbst hinreichend erfolgreich und hätte theoretisch weiterhin so angestrebt werden können. Für das Hospiz ist dies wie erwähnt keine Option, weil die Übelkeit als natürliche Abwehr des sterbenden Körpers gegen die Nahrung interpretiert wird. Eine Weiterernährung würde die *Signale* und den darüber gedeuteten *Willen* des Körpers ignorieren. Das Sterben wird hier nicht in einem medizinischen Sinne als Scheitern oder Versagen begriffen, sondern eher als *natürliche Fähigkeit* des Körpers: immer wieder beschreiben die Hospizmitarbeitenden ein „kontrolliertes Herunterregulieren", betonen der Körper „weiß, was er braucht" und stelle „sukzessive seine Bedürfnisse ein". Aus dieser Perspektive wirkt der Körper in seinem Sterbeverlauf überraschend *souverän*. Es kommt im vorliegenden Fall – so das Deutungsangebot – immer wieder zu Spannungen, weil im Hospiz mit dem Ideal des autonomen und bewussten Sterbens ein weiteres Idealbild konkurriert, nämlich das eines *natürlichen Endes* bzw. eines „natürlichen Weges" (vgl. auch Dreßke 2005).[11]

Entsprechend ist es wichtig, dem möglichen Verdacht zu begegnen, dass das Hospiz daran arbeiten könnte, dass Frau Bär *so schnell wie möglich* sterben soll. Es gibt einige Gäste, die mehrere Monate und in Einzelfällen sogar ein bis zwei Jahre bis zu ihrem Tod im Hospiz verbringen. Oft setzt sich das Hospiz gegen Krankenkassen oder administrative Hürden dafür ein, dass sie auf unbefristete Zeit bzw. bis zu ihrem Tod im Hospiz bleiben dürfen. Im Fall von Frau Bär scheint es im Gegensatz zu diesen Fällen aber darum zu gehen, dass sie (oder ihr Körper) sich aus Sicht des Hospizes bereits auf einem „natürlichen Weg" befindet und dass dieser Prozess nicht gestört oder „belastet" werden soll. Der Sterbeprozess des Körpers hat offenbar Hoheit und wird vor Fremdeinwirkungen beschützt, zur Not auch *gegen den Willen* ‚seiner Person' Frau Bär.

Erneut stellt sich die Frage, ob das Hospiz mit den besten Absichten zuweilen von einem Extrem, dem Heilungsbestreben der ‚Apparatemedizin', in ein anderes rutscht. So scheint es, als seien Frau Bärs Bemühungen um eine Verlängerung ihres Lebens, ihr Wunsch nach mehr Lebenszeit, ihre Angst vor dem Tod und auch das „Halten" der Töchter für die Institution von untergeordneter Bedeutung oder schwer nachvollziehbar.[12] Diesen Aspekten wird mit einer eher distanzierten, routinierten Professionalität begegnet, die solche Probleme zwar

11 Hier tun sich interessante Vergleichsmöglichkeiten zu Naturalisierungsdiskursen am Lebensanfang auf (Hirschauer et al. 2014), die auch die Frage aufwerfen, was im Feld je als „natürlich" oder „künstlich" markiert wird (z. B. Schmerzmedikation, Ernährungsformen etc.).

12 Frau Bärs Angst blieb im Team nicht unthematisiert, auch wurde ihr zu Gesprächen mit der Seelsorge geraten. Die Angst erscheint in diesem Zusammenhang als etwas, das möglichst *abgebaut* werden soll. Das Ziel, jmd. eine Angst zu nehmen, folgt der nachvollziehbaren Rationalität, ein Leiden lindern zu wollen. Aus der hier explorierten befremdenden Perspektive schwingt jedoch auch die wohl nicht-intendierte Konnotation mit, dass Frau Bärs Angst – im Angesicht des Todes – nicht bleiben darf oder einem „unbelasteten" Sterbeprozess im Wege steht.

kennt, sich aber kaum noch davon affizieren lässt. Demgegenüber sorgen die Diskussionen um die als Nahrungsablehnung gedeuteten Symptome des Körpers, für Frau Bär selbst offenbar das *geringere* Übel, für große Sorge unter den Pflegenden. Während das in vielen Hinsichten ein dezidiert antimedizinischer Diskurs ist, indem etwa der Grundsatz *in dubio pro vita* relativiert wird, löst sich das Hospiz nicht ganz von seinem medizinischen Erbe. Zumindest entfaltet die Hospizpflege in ihrem ‚Abarbeiten' an der Negativfolie der Klinik hier strukturelle Ähnlichkeiten. Konkret zeigen sich in diesem Fall:

- Professionelle Expert_innen, die auf existenziell betroffene Laien treffen und dabei recht wenig vermittelnde Gefühlsarbeit und Vertrauensbildung leisten. Zugespitzt zeigt sich dies etwa an einem dominant auftretenden Arzt, der mitunter strategisch eingesetzt wird, um das mit Autorität und Legitimität durchzusetzen, was nach hospizlicher Einschätzung der richtige Weg wäre. Dies ist überraschend, wenn man bedenkt, dass Gefühlsarbeit und Verbrauensbildung zentrale Prämissen der Hospizarbeit sind und sich auch dieses Hospiz in vielen anderen Fällen dazu in der Lage zeigte. Trotz des quasi-pädagogischen Anspruchs werden die (Sterbe-)Laien in diesem Fall nicht dort abgeholt, wo sie stehen, sondern die Institution eilt ihnen stets einige Schritte voraus. Dabei kommt es zu Diskrepanzen in den gegenseitigen Erwartungen.
- Die Hospizpflege priorisiert dabei den Körper und attribuiert ihm bestimmte natürliche Gesetzmäßigkeiten. Das Spannungsverhältnis zwischen den Idealen der Autonomie und der Natürlichkeit, und vielleicht auch zwischen Person und Körper, wurde hier zu Gunsten der Natürlichkeit und dem vermuteten Willen des Körpers aufgelöst. Die Übelkeit und das Erbrechen haben etwa einen höheren Stellenwert als Frau Bärs Angst vor dem Verhungern und dem Sterben. Der Körper ist auch der zentrale Bezugspunkt für die Bemessung von ‚Lebensqualität' und für die Einschätzung über (in den Worten des Arztes) „unnütze" Lebenszeit. Das Hospiz verliert dabei den konkreten Fall in seiner Ganzheitlichkeit – entgegen den eigenen Ansprüchen – zuweilen aus dem Blick.

Unabhängig von diesen Spannungslinien sei angemerkt, dass Frau Bär einige Aspekte ihres Aufenthaltes, wie etwa das Ölbad und andere Pflegeinteraktionen, genießen konnte. Auch die Töchter konnten rückblickend eine gute Betreuung der Mutter feststellen und auf eine für sie stimmige Weise von ihr Abschied nehmen. Insofern konnte das Hospiz jenseits der thematisierten Perspektivendifferenzen des Falls seinem Auftrag auch in vielen Hinsichten gerecht werden.

Schlussüberlegungen

Viele interessante Themen und Phänomene konnten im Rahmen des Beitrags keine Berücksichtigung finden und bieten sich für weiterführende Überlegungen an. Dazu zählen mit Blick auf die soziologische Theoriebildung z. B. die komplexen Verhältnisse von Praktiken, Personen und Körpern (Hirschauer et al. 2014), Zeitstrukturen (ebd.) sowie Subjektivierungsprozesse (Alkemeyer/Buschmann 2016), die sich im Fall entfalten. Für die Hospizforschung könnte es aufschlussreich sein, den Fall in vergleichender Perspektive mit ambulanten Versorgungsangeboten (Stadelbacher/Schneider 2016) zu reflektieren.

Weiterhin blieben viele Aspekte des Falls unerwähnt, die eine genauere Analyse berücksichtigen müsste, so etwa andere Herausforderungen, die sich dem Hospiz während der Begleitung stellten. Gänzlich ausgespart wurden die Pandemie, Personalausfälle und parallellaufende Begleitungen. Falldarstellungen wie die obige können vergessen lassen, dass die Hospizmitarbeitenden ihre Ressourcen stets auf mehrere Menschen in existenziellen Notlagen aufteilen müssen. Auch muss gesehen werden, dass Aspekte, die hier bspw. als *dominant* oder *paternalistisch* benannt oder impliziert wurden, auch *schützende* Effekte für die Beteiligten haben konnten. So könnte eine weitere Ernährung, wie beschrieben, zu Komplikationen führen, unter denen Frau Bär (und entsprechend ihre Familie) sehr leiden würde. Ferner ist möglich, dass der immer wieder aufgegriffene Verweis auf Frau Bärs nahenden Tod im Gespräch mit den Töchtern genau dasjenige war, was es ihnen ermöglicht hat, sich affektiv darauf vorzubereiten. Vielleicht haben eben diese deutlichen Worte einen Modus der Verabschiedung initiiert, der den Schrecken von Frau Bärs dann schnellen Versterben etwas abgefedert hat und durch den sie einen Trost in ihrer ‚würdevollen' Aufbahrung finden konnten. Nicht zuletzt bieten die Sterbeideale, die im Fall zum Ausdruck kamen, auch für die Mitarbeitenden einen Orientierungsrahmen für ihre existenziell fordernde Arbeit und die alltäglich wiederkehrende Auseinandersetzung mit dem Tod. Es geht dem Beitrag also nicht darum zu fragen, wo im Einzelnen *richtige* oder *unberechtigte* Interventionen liegen mögen und auch nicht, an welchen Schnittstellen konkret etwas anders hätte gemacht werden können, etwa: Lag das Problem an einer mangelnden Aufklärung oder einer unvollständigen Übergabe durch das ambulante Hospiz? Hätte in dieser oder jener Situation eine Psycholog_in zu Rate gezogen werden müssen? Stattdessen ist das Thema des Beitrags, dass der Fall *insgesamt* auf Perspektivendifferenzen und auf ein Gefälle im Wissen und der Deutungshoheit verweist, die zwischen der Institution und der Familie bestehen und kaum Gegenstand einer Vermittlung werden.

Die Pointe der Geschichte ist aber weniger darin zu sehen, dass Hospize zuweilen hinter die eigenen Ansprüche zurückfallen oder dass sie dem Krankenhauswesen Dinge vorwerfen, die sie selbst nicht immer verhindern können.

Stattdessen erinnert der Fall an etwas, das wir im Hinblick auf die Medizin oder Praxisfelder wie Bildung schon lange wissen, nämlich, dass auch ein Handeln mit den besten Absichten und ehrenhaftesten Zielen, wie es die Sterbebegleitung heute kulturell gemeinhin darstellt, mitunter *unintendierte Nebenfolgen* und *Machtdynamiken* entfalten kann. Während dies kaum vermeidbar scheint, ist es wichtig, das zu reflektieren und darüber im Austausch zu bleiben. Gerade weil viele Hospizmitarbeitende in früheren Arbeitskontexten für sie unschöne Erinnerungen an einsame oder verschwiegene Sterbeprozesse in Krankenhäusern gemacht haben, kann in der Hospizpraxis zuweilen unbemerkt bleiben, dass der Gegenentwurf des *bewussten Sterbens* manche ihrer Gäste überfordern oder abhängen kann. Dies gilt insbesondere dann, wenn Menschen – für außerhalb des Hospizkontextes Stehende sehr erwartbar – am Leben festhalten wollen.

Literatur:

Alkemeyer, Thomas/Buschmann, Nicolaus: Praktiken der Subjektivierung – Subjektivierung als Praxis, in Schäfer, Hilmar (Hg.): *Praxistheorie. Ein soziologisches Forschungsprogramm,* Bielefeld 2016, S. 115–136.

Bergmann, Jörg: Studies of Work, in Rauner, Felix (Hg.): *Handbuch Berufsbildungsforschung,* Bielefeld 2005, S. 639–646.

Breidenstein, Georg / Hirschauer, Stefan / Kalthoff, Herbert / Nieswand, Boris: *Ethnographie. Die Praxis der Feldforschung*, 3. überarbeitete Auflage, München 2020.

Coates, Lilian: Care – Arbeit am Lebensende. Eine ethnomethodologische Perspektive auf die stationäre Hospizpflege, in Bauer, Anna / Greiner, Florian / Krauss, Sabine / Lippok, Marlene / Peuten, Sarah (Hg.): *Rationalitäten des Lebensendes. Interdisziplinäre Perspektiven auf Sterben, Tod und Trauer,* Baden-Baden 2020, S. 117–148.

Dreßke, Stefan: *Sterben im Hospiz. Der Alltag in einer alternativen Pflegeeinrichtung,* Frankfurt a. M. 2005.

Garfinkel, Harold: *Studies in ethnomethodology*, Englewood Cliffs, 1967.

Glaser, Barney / Strauss, Anselm: *Interaktion mit Sterbenden. Beobachtungen für Ärzte, Schwestern, Seelsorger und Angehörige,* Göttingen 1974.

Goffman, Erving: *The Presentation of Self in Everyday Life,* New York 1959.

Gronemeyer, Reimer / Heller, Andreas: *In Ruhe Sterben. Was wir uns wünschen und was die moderne Medizin nicht leisten kann,* München 2014.

Heer Jana / Coates, Lilian / Prescher, Julia / Hilkert, Marius: An Übergängen teilnehmen, Übergänge beobachten? Ethnografische Forschungen zu Übergängen im Lebenslauf, in: *Zeitschrift für Pädagogik,* Beiheft 68/2022, S. 66–81.

Hirschauer, Stefan / Amann, Klaus: *Die Befremdung der eigenen Kultur. Zur ethnographischen Herausforderung soziologischer Empirie,* Frankfurt a. M. 1997.

Hirschauer, Stefan / Heimerl, Birgit / Hoffman, Annika / Hofmann, Peter: *Soziologie der Schwangerschaft. Explorationen pränataler Sozialität,* Stuttgart 2014.

Knoblauch, Hubert / Zingerle, Arnold (Hg.): *Thanatosoziologie. Tod, Hospiz und Institutionalisierung des Sterbens,* Berlin 2005.

Latour, Bruno: *Eine neue Soziologie für eine neue Gesellschaft,* Frankfurt a. M. 2007.

Lynch, Michael: *Scientific Practice and Ordinary Action. Ethnomethodology and Social Studies of Science,* Cambridge 1993.

Nassehi, Armin: Todesexperten, in: Nieder, Ludwig / Schneider, Werner (Hg.): *Die Grenzen des menschlichen Lebens. Lebensbeginn und Lebensende aus sozial- und kulturwissenschaftlicher Sicht,* Hamburg 2007, S. 123–134.

Pfeffer, Christine: *„Hier wird immer noch besser gestorben als woanders". Eine Ethnographie stationärer Hospizarbeit,* Studien zur Gesundheits- und Pflegewissenschaft, Bern 2005.

Saake, Irmhild / Nassehi, Armin / Mayr, Katharina: Gegenwarten von Sterbenden, in: *KZfSS Kölner Zeitschrift für Soziologie und Sozialpsychologie,* 71 (1), 2019, S. 27–52.

Saunders, Cicely: *Hospiz und Begleitung im Schmerz. Wie wir sinnlose Apparatemedizin und einsames Sterben vermeiden können,* Freiburg 1993.

Stadelbacher, Stephanie / Schneider, Werner: Zuhause Sterben in der reflexiven Moderne: private Sterbewelten als Heterotopien, in Benkel, Thorsten (Hg.): *Die Zukunft des Todes: Heterotopien des Lebensendes,* Vol. 15., Bielefeld 2016.

Sudnow, David: *Passing On. The Social Organization of Dying,* Englewood Cliffs 1967.

Tausch, Daniela: *Die letzten Wochen und Tage. Eine Hilfe zur Begleitung in der Zeit des Sterben,* Diakonie Deutschland, Krebsverband Baden-Württemberg e. V., Stuttgart 2017.

Walther, Andreas / Stauber, Barbara / Rieger-Ladich, Markus / Wanka, Anna (Hg.): *Reflexive Übergangsforschung. Theoretische und methodologische Grundlagen,* Opladen 2020.

„Last performances“

Margit Schröer / Susanne Hirsmüller

„Mir hat keiner gesagt, wie sterben geht“

Sterbebilder in Todesanzeigen

Unter der Überschrift *Sterbebilder* untersuchen und hinterfragen wir, wie gesellschaftliche Bilder und Konzepte des Sterbens in Todesanzeigen von der Wahrnehmung des Sterbens in der Gesellschaft, besonders in Familien, geprägt werden bzw. diese prägen. Was verraten uns *Sterbebilder* über den Umgang mit der letzten Lebensphase? Aber auch, welche Bilder vom Sterben haben Menschen für das Sterben eines Angehörigen oder sich selbst im Kopf? Auf was greifen sie zurück: eigene Erfahrungen in der Begleitung, Schilderungen aus Familie und Freundeskreis, Beschreibungen aus (christlichen) Texten, Literatur, Filmen? Denn heute haben viele Menschen in Deutschland sogar im Alter von 50 bis 65 Jahren noch keinen Menschen direkt sterben sehen, im Fernsehen und in Filmen natürlich fast täglich.

Entwicklung

1753 erschien die erste deutsche Todesanzeige im Ulmer Intelligenzblatt. Seither sind diese öffentlichen Bekanntmachungen des Todes eines Menschen deutlich mehr geworden und haben sich immer wieder verändert. Aktuell erscheinen in Deutschland pro Jahr geschätzt 450.000 Todesanzeigen (Hosselmann 2009), d. h. etwa die Hälfte aller Verstorbenen erhalten eine oder mehrere Anzeigen. Diese dienen dazu, die Todesmitteilung, die Erinnerung an die Verstorbenen sowie die Trauer öffentlich bekannt zu machen und ins mediale Gedächtnis zu überführen.

Die Mitteilung des Todes eines Menschen war lange eine Verpflichtung gegenüber der Gemeinschaft, in der der Verstorbene gelebt hat, denn sein Tod verändert deren soziales Gefüge (Sörries 2020). Heute entscheiden sich die Hinterbliebenen bzw. der Verstorbene im Vorfeld, ob überhaupt eine oder mehrere Anzeigen veröffentlicht werden und in welchen Medien (nur Print oder auch digital).

In den ersten Jahren ihres Erscheinens waren in Zeitungen gedruckte Todesanzeigen rein zweckgerichtet, hatten noch keinen Trauerrand, und standen zunächst zwischen den geschäftlichen Nachrichten und gaben den Namen des

Verstorbenen, das Todesdatum, ggf. ausgeübte Ämter und Funktionen, das Alter sowie meist die Todesursache bekannt. Bis heute unterliegen diese Anzeigen durch Veränderungen in der Gesellschaft als auch in den Einstellungen der Menschen zu u. a. Sterben, Tod, Religion und Jenseitsvorstellungen einem permanenten Wandel.

Zunächst differenzieren wir die unterschiedlichen öffentlichen Mitteilungsformen, die im Zusammenhang mit dem Versterben eines Menschen stehen, um anschließend auf die in Todesanzeigen beschriebenen Sterbebilder einzugehen.

Als **Traueranzeigen** werden heute Anzeigen bezeichnet, in denen nicht mehr der verstorbene Mensch, sondern die Trauer der Angehörigen bzw. ihre Gefühle im Mittelpunkt stehen. Dies stellt eine Verschiebung der Perspektive dar – weg vom Verstorbenen und seiner Würdigung hin zur Betonung der Trauer der Hinterbliebenen.

Zitate:

> „Es gibt keinen Grund, um ihn zu trauern, nur um uns, weil wir ihn verloren haben."
> „Ich bin traurig und voller Schmerz. Ich habe Angst davor, ohne dich zu sein, jeden einzelnen Tag meines Lebens. Hilflos, verzweifelt. Es gibt nichts was mich tröstet …"

Trauer wird in den letzten Jahren zunehmend individualisiert und intimisiert (schon vor der Corona-Pandemie), d. h. es wird vermehrt allein getrauert. Dies zeigt sich u. a. darin, dass die Anzeigen erst nach bereits erfolgter Beisetzung veröffentlicht werden, so dass eine Teilnahme anderer Betroffener verhindert wird. Oder es wird dezidiert darauf hingewiesen, dass Trauerfeier und Bestattung im allerengsten Familienkreis stattfinden, von Beileidsbekundungen abzusehen ist und es auch kein gemeinsames Traueressen gibt. Damit wird die früher tröstende und einzelne Hinterbliebene auffangende soziale Gemeinschaft ausgeschlossen.

Ein **Totenbrief** ist eine von den Angehörigen an ausgewählte Adressaten verschickte Mitteilung des Todes, oft verbunden mit der Einladung zur Abschiedsfeier und Bestattung sowie ggf. zum gemeinschaftlichen Essen im Anschluss.

Totenzettel werden vielerorts Sterbebilder/Sterbebildchen genannt. Diese Benennung geht auf die Darstellung christlicher Bildmotive auf der Vorderseite zurück, wie z. B. Christus am Kreuz, Pieta, Heilige (Namenspatrone der Verstorbenen) oder betende Hände. In den letzten Jahren wurden auch diese individueller gestaltet, ein Bild auf der Vorderseite ist aber nahezu immer vorhanden, heute z. B. Landschaften, Sonnenuntergänge, abstrakte Malerei oder das Portraitfoto der Verstorbenen. Sie sind einfache oder gefaltete Zettel mit Geburts- und Sterbedatum des Verstorbenen und ggf. einem kurzen Gebet. Meist werden sie im Rahmen eines katholischen Gottesdienstes oder auf dem Friedhof an die Trauergäste verteilt. Es ist Brauch, diese Totenzettel ins Gebetbuch zu legen, damit man im Gottesdienst an diese Toten denkt und für sie betet. In einigen Gegenden Bayerns werden sie direkt nach der Beerdigung auf dem Holzkreuz befestigt bis der Grabstein gesetzt wird. Sie sind eine besondere Form des Totengedenkens und der Fürbitte, deren Bedeutung sich heute vom Gebets- zum Erinnerungsobjekt gewandelt hat. (Baum 2017)

Abb. 1a, b: (unbekannt)

Dankanzeigen werden von den Angehörigen ca. 4–5 Wochen nach der Bestattung in die Zeitung gesetzt und verschickt. Gleichzeitig wird von Katholiken auch zum Sechswochenamt eingeladen.

Gedenk- bzw. Erinnerungsanzeigen erscheinen überwiegend zu den Todestagen, mittlerweile aber auch zu Geburtstagen oder Hochzeitstagen der Verstorbenen und nehmen in den letzten Jahren kontinuierlich zu.

Todesanzeigen

Todesanzeigen informieren in Zeitungen über den Tod eines Menschen. Darüber hinaus enthalten sie jedoch zahlreiche weitere Informationen. „Die Todesanzeige ist so gesehen ein kulturelles Zeugnis, das darüber berichtet, wie die Phänomene Sterben, Tod und Trauer in einer Gesellschaft verhandelt werden.“ (Meitzler 2012: 18)

Aus kultur- und gesellschaftswissenschaftlicher Perspektive geben Todesanzeigen wichtige Hinweise bezüglich der jeweiligen Einstellungen in der Bevölkerung zu Krankheit, Alter, Sterben und Tod sowie ihren verbalen Ausdrucksformen. Sie liefern u. a. Informationen über die Persönlichkeit, ggf. Orden und Ehrenzeichen, Familien- und Verwandtschaftsbeziehungen, Freundeskreise, über Geschlechtsstereotypien sowie deren zugeschriebenen Funktionen und Tugenden, über Arbeit, Hobbys, Vereinszugehörigkeiten, Religiosität, Jenseitsvorstellungen und Trauerriten.

Bis in die 1970er Jahre (je nach Zeitung und Region) waren sie meist stereotyp abgefasst: mit schwarzem Rand, Spruch (meist Bibelspruch), Kreuz oder anderen christlichen Symbolen (z. B. betende Hände, Palmzweig, Lamm mit Osterfahne), Vornamen und Namen der Toten, Geburts- sowie Sterbedatum ggf. Sterbezeit und -ursache, ggf. Beruf (bei Frauen gelegentlich der Beruf des Mannes, z. B. Obermedizinalratsgattin oder -witwe), bei katholischen Christen dem Empfang der Sakramente, Aufzählung der Hinterbliebenen, Adresse für die Kondolenzbekundungen und schließlich die Daten der Trauerfeier und Bestattung.

Im Folgenden zeigen wir Originalanzeigen aus deutschsprachigen Tageszeitungen oder zitieren daraus Auszüge.

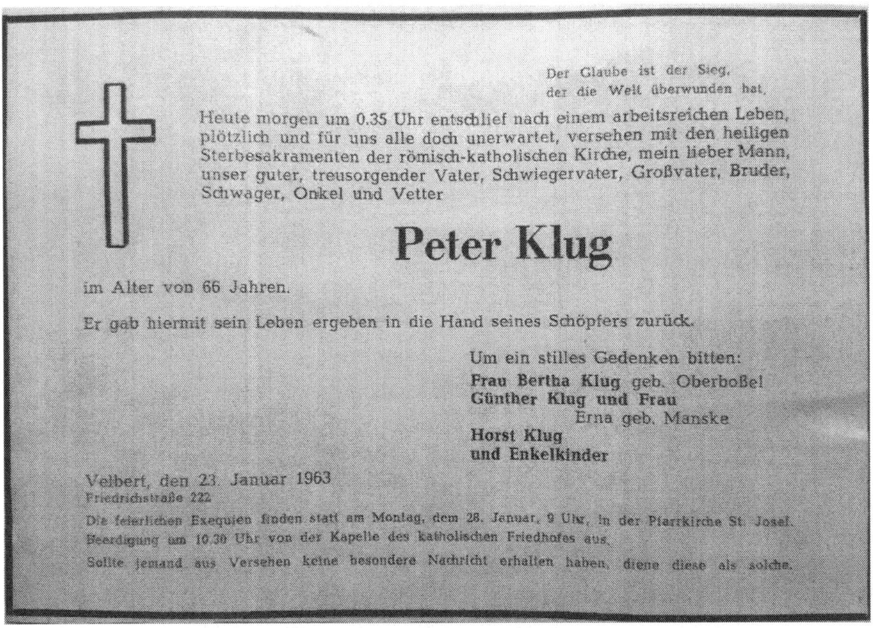

Der Glaube ist der Sieg,
der die Welt überwunden hat.

Heute morgen um 0.35 Uhr entschlief nach einem arbeitsreichen Leben, plötzlich und für uns alle doch unerwartet, versehen mit den heiligen Sterbesakramenten der römisch-katholischen Kirche, mein lieber Mann, unser guter, treusorgender Vater, Schwiegervater, Großvater, Bruder, Schwager, Onkel und Vetter

Peter Klug

im Alter von 66 Jahren.

Er gab hiermit sein Leben ergeben in die Hand seines Schöpfers zurück.

Um ein stilles Gedenken bitten:
Frau Bertha Klug geb. Oberboßel
Günther Klug und Frau
Erna geb. Manske
Horst Klug
und Enkelkinder

Velbert, den 23. Januar 1963
Friedrichstraße 222

Die feierlichen Exequien finden statt am Montag, dem 28. Januar, 9 Uhr, in der Pfarrkirche St. Josef. Beerdigung um 10.30 Uhr von der Kapelle des katholischen Friedhofes aus.

Sollte jemand aus Versehen keine besondere Nachricht erhalten haben, diene diese als solche.

Abb. 2 (Rheinische Post)

Ab den 1980er Jahren beginnt ein deutlicher Wandel in der Gestaltung der Anzeigen. So zeigt sich ein bemerkenswerter Rückgang religiöser Bezüge (Kreuz und religiöse Sprüche), „nur noch 32 % aller Todesanzeigen in Münster zeigen theonome Verben“, damit wird der Tod implizit als Schlusspunkt einer Krankheit bzw. als biologisches Ende aufgefasst und „nicht mehr als Teil religiöser Bedeutung“ (Padel 2018: 56). Stattdessen werden häufig literarisch-philosophische Sprüche oder Liedzeilen verwendet. Die euphemistischen Umschreibungen des Sterbens nehmen ebenso zu wie Fotos der Verstorbenen bzw. Sinnbilder (Fotos oder Zeichnungen von z. B. Wegen, Sonnenuntergängen, Blumen, Wasser etc.). Außerdem nimmt die Nennung des Berufes als zentrales

Lebensthema sowie des Empfangs der Sterbesakramente signifikant ab (Kolzem 2019: 70f). Stattdessen werden die Hobbys des Verstorbenen (häufiger bei Männern als bei Frauen) genannt und/oder als Symbol (z. B. Spielkarten, Schachfiguren, Sportgeräte, Musikinstrumente) abgebildet. Es ist zu vermuten, dass bei vielen Menschen das Hobby über eine lange Lebenszeit konstant bleibt, während Berufe und Wohnorte – auch Partnerschaften – mittlerweile häufiger gewechselt werden.

Bei den heutigen Anzeigen steht im Vergleich zu früher nicht mehr das nun fehlende Gesellschaftsmitglied, sondern die individuelle Person in ihrer Einzigartigkeit im Mittelpunkt. Insgesamt zeigt sich eine deutliche Abwendung von der Standardisierung und den unausgesprochenen Übereinkünften und Normen der Todesanzeigen.

Abb. 3 (Rheinische Post)

Ab den 1990er Jahren wird die ausgeprägte Erweiterung der Bestattungsmöglichkeiten u. a. See-, Weinberg-, Friedwald-, Ballon-, Riffbestattung und enorme Zunahme der Feuerbestattungen (viele Trauerfeiern finden ohne direkt anschließende Beerdigung statt) deutlich. Neu hinzugekommen sind nun die Aufrufe, statt Blumen oder Kranzspenden zugunsten eines empfohlenen Zweckes Geld zu spenden.

Weitere Veränderungen zeigen sich seit der Jahrtausendwende. Der oder die Verstorbene wird in immer mehr Anzeigen von den Hinterbliebenen in einer Art Brief mit „Du“- angesprochen (Du hast für uns gekämpft, Du bist jetzt mit Mama wieder vereint, Du hast den Abstieg vom 1. FC nicht erleben müssen …). Von den Verstorbenen selbst und in Ich-Form verfasste Anzeigen tauchen nun vermehrt auf, davor waren sie extrem selten zu finden. Gründe dafür könnten fehlende Angehörige, Streitereien innerhalb der Familie, der Wunsch sich persönlich zu verabschieden und zu bedanken oder ein Ausdruck der bis dahin gelebten Selbstbestimmtheit der Verstorbenen sein. Darüber hinaus lässt sich beobachten, dass die Angabe des Verwandtschaftsgrades ebenso wie die Nennung der Nachnamen der Hinterbliebenen stark abgenommen hat, andererseits tauchen bereits verstorbene Angehörige sowie Haustiere in der Aufzählung der Trauernden auf.

Bei der Analyse der Anzeigen gilt es stets zu berücksichtigen, dass sie meist sehr rasch, in nur ein bis zwei emotional stark belasteten Tagen, nach dem Todesfall verfasst werden müssen und die Hinterbliebenen sich in einer psychischen Ausnahmesituation befinden. Aus der Trauerforschung ist bekannt, dass der Verlust eines nahen Angehörigen in der ersten Zeit alle Gedanken und Handlungen überlagert und auf viele Betroffene *betäubend* wirkt. Klare Gedanken und Entscheidungen fallen schwer. Das erklärt zum einen, dass heute immer noch vielfach die von Bestattern oder Zeitungen angebotenen, standardisierten Musteranzeigen ausgewählt werden. Sie geben in dieser Situation die Sicherheit, nichts falsch zu machen. Zum anderen erklärt die kurze zur Verfügung stehende Zeit aber auch die zahlreichen zum Teil kurios bis kryptischen Eigenkreationen, die später manchmal bedauert werden.

Todesanzeigen sind auf der einen Seite ein gesellschaftlich verfestigtes Kommunikationsmuster (Möller 2009) und dienen andererseits Funktionen, die weit über die ausschließliche Vermittlung der Todesnachricht hinausgehen. So geht es u. a. darum, die Botschaft zu vermitteln, dass die Verstorbenen im Leben gute und besondere Menschen waren („Wie war so bescheiden dein ganzes Leben, voll Müh und Arbeit, Sorg und Last. Wer dich gekannt wird Zeugnis geben, wie freudig du gewirket hast.“) und die Hinterbliebenen gute Hinterbliebene sind („Wie es Dein Wunsch war, konnten wir Dir ein Sterben im Kreise der Familie ermöglichen“). Die Todesmitteilung erfolgt meist in einer sozial und kulturell akzeptierten Form, dazu gehört (zumindest in den allermeisten Fällen) eine positive Charakterisierung des Verstorbenen. Damit wird dem Chilon von Sparta zugeschriebenen Spruch *De mortuis nil nisi bonum dicendum est - Von den Toten nicht außer auf gute Weise sprechen* gefolgt. D. h., wenn man über einen Toten nichts Gutes zu sagen weiß, sollte man lieber schweigen.

Sterbebilder

Wir differenzieren den Begriff *Sterbebilder* folgendermaßen:
a) Totenzettel,
b) Fotos eines verstorbenen Menschen,
c) die erinnerten Bilder, die Menschen vom Sterben anderer im Kopf haben.

Zu a) dies wurde bereits weiter oben ausgeführt.

Zu b) Die Post-Mortem-Fotografie war Ende des 19. und im frühen 20. Jahrhundert weit verbreitet. Es war Brauch, Verstorbene auf dem Sterbebett zu fotografieren, insbesondere, wenn keine anderen Bilder als Lebende von ihnen existierten. Bei Säuglingen und Kleinkindern war dieses Foto oft das einzige Bild, um seine Existenz zu zeigen. Dies unterstreicht die Feststellung von Sontag: „Jede Fotografie ist ein memento mori. Fotografieren bedeutet teilnehmen an der Sterblichkeit, Verletzlichkeit und Wandelbarkeit anderer Menschen“ (Sontag 1989: 20). Kinder wurden zunächst lebensecht mit Spielzeug im Kreise der Eltern und Geschwister, oft auch schlafend dargestellt. Nach 1880 bahrte man die Toten mit Blumen, Kreuz und Kerzen auf. Diese Fotos zeigten noch den vertrauten Anblick, jedoch gleichzeitig den Übergang zwischen Leben und Tod. Sie wurden nicht im Familienalbum, sondern in einer eigenen Schatulle (zusammen mit anderen Erinnerungsstücken) aufbewahrt oder von Frauen in einem Medaillon getragen. Nach 1960 ließ diese spezielle Fotografie sehr nach.

Interessant ist, dass in den letzten 30 Jahren Fotos aus dem Leben der verstorbenen Menschen (zumindest regional) deutlich zugenommen haben, z. B. in der Tiroler Tageszeitung und den Vorarlberger Nachrichten kommen sie in über 95 % aller Anzeigen vor. Heute stellen sie die Verstorbenen allerdings meist freundlich und mitten im Leben (bei Hobbys oder mit dem Haustier) dar. Die Tradition des fotografischen Sterbebildes hat dadurch eine ganz neue Form und Fortführung gefunden. Nur in vereinzelten Fällen finden sich in Todes- oder Gedenkanzeigen auch heute noch Fotos von Toten, manchmal auch nur ihrer Hände.

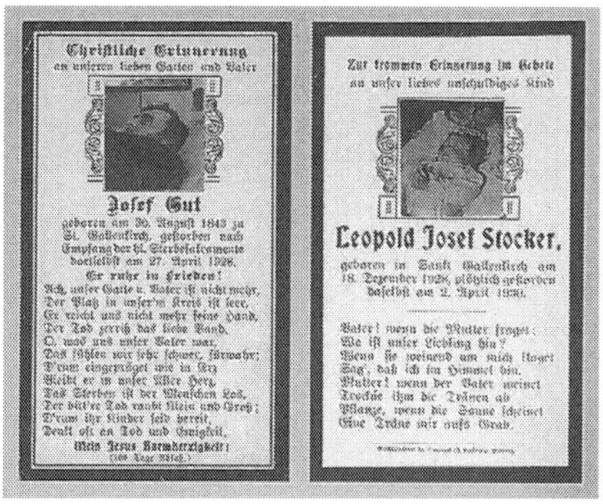
Christliche Erinnerung
an unseren lieben Gatten und Vater
Josef Gut
geboren am 30. August 1843 zu St. Gallenkirch, gestorben nach Empfang der hl. Sterbesakramente daselbst am 27. April 1928.
Er ruhe in Frieden!
Ach, unser Gatte u. Vater ist nicht mehr,
Der Platz in unser'm Kreis ist leer,
Er reicht uns nicht mehr seine Hand,
Der Tod zerriß das liebe Band.
O, was uns unser Vater war,
Das fühlen wir sehr schwer, fürwahr;
Drum eingeprägt wie in Erz
Bleibt er in unser Aller Herz.
Das Sterben ist der Menschen Los,
Der bitt're Tod raubt Klein und Groß;
Drum ihr Kinder seid bereit,
Denkt oft an Tod und Ewigkeit.
Mein Jesus Barmherzigkeit!
(100 Tage Ablaß.)

Zur frommen Erinnerung im Gebete
an unser liebes unschuldiges Kind
Leopold Josef Stocker,
geboren in Sankt Gallenkirch am 18. Dezember 1928, plötzlich gestorben daselbst am 2. April 1930.
Vater! wenn die Mutter fragt:
Wo ist unser Liebling hin?
Wenn sie weinend um mich klagt
Sag', daß ich im Himmel bin.
Mutter! wenn der Vater weinet
Trockne ihm die Tränen ab
Pflanze, wenn die Sonne scheinet
Eine Träne mir aufs Grab.

Abb. 4 (Bertolini, Rita (Hg.) Sterbstund: S. 217f.)

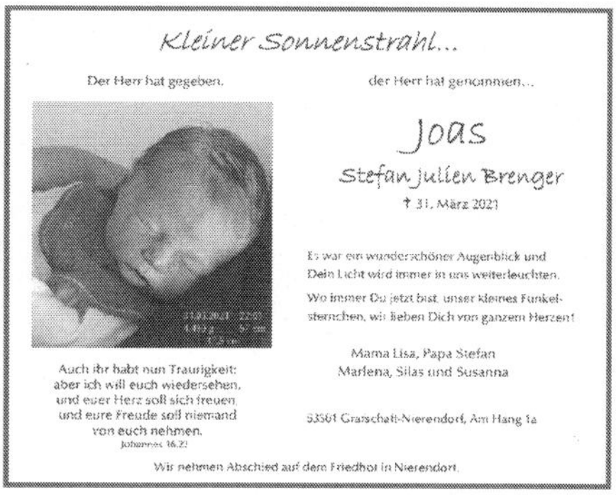
Kleiner Sonnenstrahl…
Der Herr hat gegeben. der Herr hat genommen…
Joas
Stefan Julien Brenger
† 31. März 2021
Es war ein wunderschöner Augenblick und Dein Licht wird immer in uns weiterleuchten.
Wo immer Du jetzt bist, unser kleines Funkelsternchen, wir lieben Dich von ganzem Herzen!
Mama Lisa, Papa Stefan
Marlena, Silas und Susanna
53501 Grafschaft-Nierendorf, Am Hang 1a
Auch ihr habt nun Traurigkeit: aber ich will euch wiedersehen, und euer Herz soll sich freuen, und eure Freude soll niemand von euch nehmen.
Johannes 16,22
Wir nehmen Abschied auf dem Friedhof in Nierendorf.

Abb. 5 (Kölner Stadtanzeiger)

Zu c) Viele Menschen kennen Erzählungen von Sterbeszenen aus dem Familien- bzw. Bekanntenkreis (ggf. um Kinder nicht zu belasten, auch *hinter vorgehaltener Hand* weitergegeben), wenige haben bereits das Sterben einer anderen Person miterlebt. Daraus entstehen zum einen *Bilder*, an die man sich erinnert, zum anderen Vorstellungen von einem gelungenen oder weniger gelungenen Sterben. Dazu kommen die Beschreibungen in der Literatur bzw. Darstellungen von medialen Sterbeszenen in Spielfilmen, Nachrichtensendungen und Dokumentationen, die uns täglich vom Bildschirm ins Wohnzimmer transportiert werden. Außerdem zählen dazu die Einstellungen sowie Vorstellungen, die Menschen über das eigene Sterben oder das Sterben Nahestehender haben bzw. entwickeln.

In den letzten Jahren kam es durch die Öffentlichkeitsarbeit der Hospiz- und Palliativbewegung zu einer Aufklärung über die erweiterten Möglichkeiten in der heutigen Sterbebegleitung. Darüber hinaus wird in Zukunft durch das BVerfG-Urteil von 2020 auch der assistierte Suizid als neues Sterbebild in Todesanzeigen sichtbar werden.

Dennoch bleiben aber auch weiterhin Fragen zum Sterben offen:

„Mir hat keiner gesagt, wie sterben geht",
waren deine Worte.
Wir müssen jetzt lernen, ohne dich zu leben.

Karl Heinz Mischker

* 17. Oktober 1943 † 30. März 2021

In Liebe

Ingrid
Martina
Daniela und Frank mit Johanna

Abb. 6 (Kölner Stadtanzeiger)

„„Sterben muss schwer sein, denn ich kann es nicht', sagtest Du, müde vom Leben. Nun kam der Tod."

Vorstellungen und Wünsche

Vorstellungen über das wann, wo und wie des eigenen Sterbens

Aus Umfragen ist bekannt, dass sich die meisten Menschen einen schnellen, schmerzlosen Tod im Kreise vertrauter Personen zur *rechten Zeit* wünschen.

„Wenn aus einem selbstbestimmten Leben ein fremdbestimmtes Leiden ohne Hoffnung wird, dann ist Einschlafen eine Erlösung."
„Wenn ich einmal an meinen Freuden keine Freude mehr habe und an meinem Leiden zu sehr leide, dann möchte ich frei sein."
„Wann ist es Zeit zu gehen? Wenn das Herz noch bleiben möchte bei denen, die es liebt, der Körper die Schmerzen kaum noch erträgt. Wenn die Eigenständigkeit zu klein und die Abhängigkeit zu groß wird. Wenn der wache Verstand den müden Körper nicht mehr zu tragen vermag. Dann ist es Zeit zu gehen."
„Als der Sauerstoff Deine Lunge nicht mehr erreichte, hast Du Dich auf Deine letzte Reise in eine bessere Sphäre begeben."
„Einschlafen dürfen, wenn man müde ist, nicht mehr kämpfen müssen, gehen dürfen, wenn die Wege zu weit und das Atmen zu schwer wird, eine Last fallen lassen zu dürfen, die man getragen hat, ist eine wunderbare Erlösung."

Solche Vorstellungen der Sterbesituation werden u. a. aus Liedtexten oder der Literatur übernommen.

„So möcht ich sterben, wie ich jetzt mein Boot aus sonnenbunten Fluten heimwärts treibe.
Noch glüht die Luft, noch liegt ein gütig Gold auf mir und allem um mich her gebreitet.
Bereit und heiter tu ich Schlag auf Schlag dem Schattensaum der stillen Ufer zu ...
So möcht ich sterben, Sonnengold im Haar! Der Kiel knirscht auf – und mich umarmt die Nacht.“ (Christian Morgenstern)

Plötzlich und unerwartet verstarb

Detlef Bahn

– Bahnimaus –

* 11.05.1961 † 11.12.2021

Bahnimaus
Ein letzter Kaffee, eine letzte Zigarette,
dann springst Du in Dein heiß geliebtes Cabrio und fährst
ein letztes Mal auf der Route 66 der Sonne entgegen.
Im Radio läuft das Lied „Knocking on heavens door“
für Dich.
Danke Detlef für all die schönen Geschichten und
Momente.
Sie werden nie verblassen.
Mach´s gut.

Deine Familie und Freunde

Die Trauerfeier findet statt am Mittwoch, den 12. Januar 2022,
um 11.00 Uhr auf dem Friedhof in Berrendorf.
Anschließend findet die Urnenbeisetzung statt.
Wir bitten im Sinne von Detlef auf Trauerkleidung
zu verzichten.
Von Beileidsbekundungen am Grabe bitten wir abzusehen.

Abb. 7 (Kölner Stadtanzeiger)

Sanft, friedlich, würdevoll ...

Eine häufige Wunschvorstellung ist das wohlvorbereitete, friedliche Einschlafen, ohne Schmerzen, mit sich und der Welt im Reinen, zuhause im Kreise der Liebsten, ggf. versehen mit den Sakramenten, im möglichst hohen Alter gehen zu können.

„Den Rosenkranz in meinen Händen,
auf das Kreuz den letzten Blick,
so möchte ich mein Leben enden,
Mutter gib mir dieses Glück.“

„Gestärkt durch den Empfang der Sakramente der röm.-kath. Kirche, trat sie ihre letzte Reise an. Voller Liebe und überaus dankbar für die lange gemeinsame Zeit, verabschiedeten wir uns am Sterbebett von unserer Mutter ... Ihren Wunsch, dort zu sterben, wo sie seit ihrer Geburt gewohnt und gelebt hat, haben wir ihr sehr gerne erfüllt.“

Im Gegensatz zu den stark katholisch geprägten Einstellungen und Ritualen für die letzte Lebensphase (Segen des Sterbenden für die Kinder, Segen der Kirche durch Beichte, Kommunion und *letzte Ölung* (heute Krankensalbung) durch den Priester, nach dem Versterben Exequien, christliche Bestattung und 6-Wochen-Amt) steht heute eine individuellere und persönlichere Gestaltung dieser Zeit.

„Dein Leben hast du stets selber geprägt, bestimmt, geformt. Auch deine letzte Reise hast du geplant und uns Zeit gegeben, uns zu verabschieden. Nun hast du deine gesundheitlichen Hürden hinter dir gelassen. Traurig lassen wir dich los in Liebe und Dankbarkeit ...“
„Im Vorgefühl von solchem hohen Glück genieß ich jetzt den höchsten Augenblick.“
„Till fühlte sich reich beschenkt durch die intensiven Begegnungen und die liebevolle Unterstützung während der Zeit seiner Krankheit. Er konnte spüren, wie viele Spuren er hinterlässt. Das hat ihn berührt und gestärkt. Mutig, mit Zuversicht und ohne Angst ist Till zu seiner letzten Reise aufgebrochen.“
„Du hast deinen nahenden Abschied mit viel Courage angegangen, hast vieles noch selber geregelt und uns dabei teilhaben lassen. ... Am Ende war es dann ganz leicht für dich, du hast auf uns alle gewartete und bist bei dir zuhause in unseren Armen friedlich eingeschlafen.“

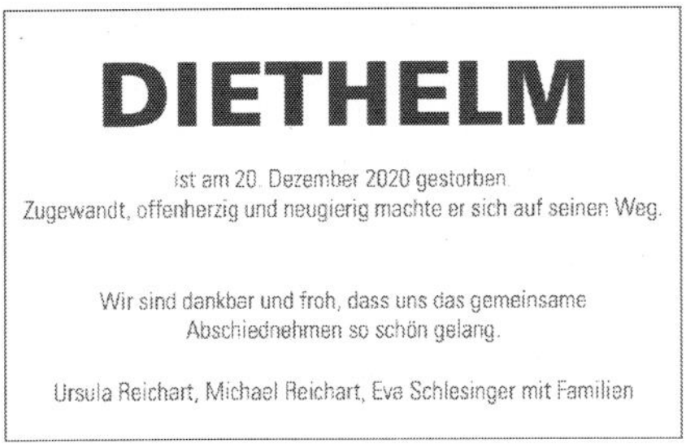
DIETHELM

ist am 20. Dezember 2020 gestorben.
Zugewandt, offenherzig und neugierig machte er sich auf seinen Weg.

Wir sind dankbar und froh, dass uns das gemeinsame Abschiednehmen so schön gelang.

Ursula Reichart, Michael Reichart, Eva Schlesinger mit Familien

Abb. 8 (Stuttgarter Zeitung)

Jürgen Kohlscheen

* 12.06.1947 † 22.03.2021

Er hat die restliche Zeit, die ihm der Krebs ließ, so gut genutzt, wie es eben ging. Er klönte und rauchte, bis die letzte Zigarette nicht mehr schmeckte und ihm die Kraft fehlte, Geschichten zu erzählen. Am Ende verließ ihn die Lebenskraft überraschend schnell, dafür ohne langes Leid. Mit einem Augenzwinkern verabschiedete sich Jürgen Kohlscheen aus dem Leben.

Jörg Kohlscheen, Sil, Frieda und Clara Bader

Abb. 9 (Westdeutsche Allgemeine Zeitung)

„... hat in unseren Armen zu den letzten Klängen des Mozart Requiems den letzten Atemzug getan.“
„An Allerheiligen, gedanklich mit einem Vortrag beschäftigt, ist er abends auf seinem Lesefauteuil sanft und friedlich, aber völlig überraschend für immer eingeschlafen.“
„Er wusste, dass der Herr ihn bald erwartete. Er war vorbereitet. Seinen persönlichen Frieden mit dem Leben, dem Tod, den Lebenden und mit dem Herrn hat er geschlossen. Als es so weit war, hat er nicht mehr auf den Notarzt gewartet. So hat er es sich gewünscht. Das ist ein großer Trost in der Trauer.“

Hier eine besondere Todesart, die sich ein Genießer wünscht:

„Süßer Tod – Mir träumte, ich sei in ein Fass gefallen, gefüllt mit Riesling, dem besten von allen, und ich rief nur Sekunden vor dem Versinken ‚Bitte nicht retten, ich möchte ertrinken.‘“

Sterben als Gestaltungsauftrag mit mehr oder weniger Vorbereitung

Hierzu gibt es sehr unterschiedliche Vorstellungen und Umsetzungen von Betroffenen, wie aus folgenden Zitaten zu entnehmen ist:

> „Einfach umfallen und weg sein, das hast Du immer einen 1. Klasse Tod genannt.“
> „Der Tod ist eine Illusion laut Albert Einstein und das glaubte ich auch, und so wurde mir der Tod zum Freund … dem ich die Verantwortung für meine Zukunft wohl vorbereitet übergeben habe.“
> „Plötzlich und unerwartet verstarb, nach seinem Wunsch an seinem Lieblingsplatz, unter einem Baum im Wald Herr A.M. Er starb versehen mit den Tröstungen der hl. Kirche.“
> „Alles ist schön auf der Erde. Wenn man so will. … Und schön ist es auch zu sterben. Wenn man so will. D.N.“
> „Es ist SEIN Sterben und UNSER Loslassen. Als wir das verstanden hatten, konnten wir Abschied nehmen.“
> „Am Sonnabend tranken wir gemeinsam das letzte Glas Sekt und lachten! Du sagtest: ‚Bis Mittwoch schaff ich das.‘ Dienstag früh bist du friedlich und still von uns gegangen.“

Selbstbestimmt bzw. selbst herbeigeführt

Personen, die ihr Leben bisher selbstbestimmt geführt, sich autonom gefühlt haben und die nicht von anderen abhängig sein wollten, möchten dies häufig auch im Sterben fortführen. Sie wollen die Kontrolle – weder durch Krankheit noch durch Alter – aus der Hand geben. Die Gestaltung des eigenen Lebensendes ist daher Teil ihres Vorsorgeplanes, so dass sie sich frühzeitig über entsprechende Optionen informieren, diese für sich selbst genau festlegen und von Angehörigen oder Vertrauten unterstützt, umgesetzt sehen wollen. Dazu zählt auch der Freiwillige Verzicht auf Essen und Trinken sowie der (assistierte) Suizid.

> „Liebe Freunde! Ich möchte mich an dieser Stelle ganz herzlich bei EXIT bedanken, die mich am Montagnachmittag von meinen Qualen erlöst und auf dem schweren Weg begleitet haben. Ich bin sehr froh!“
> „Mein lieber Vater hat seinem Leben ein Ende gesetzt. Er wollte selbstbestimmt leben … und niemanden zur Last fallen.“
> „Mein Entschluss im November Chemotherapie und Bestrahlung abzubrechen, hat mir eine bewusste, intensive und fast beschwerdefreie Zeit geschenkt.“

Menschen sind wie Blätter,
die lautlos fallen;
man kann sie nicht aufhalten
auf ihrem Weg.

Ruth Schwegler

19. Juli 1938 bis 28. Oktober 2021

Verena Schwegler

15. November 1939 bis 28. Oktober 2021

Aus gesundheitlichen Gründen haben wir Schwestern wohldurchdacht, selbstbestimmt und in Würde still, leise und gänzlich anonym die letzte grosse Reise angetreten.

Im Tod vereint auf dem Bremgartenfriedhof.

Abb. 10 (Tagesanzeiger Schweiz)

Alles oder nichts geregelt, Vieles bleibt ungeklärt und manche Fragen offen

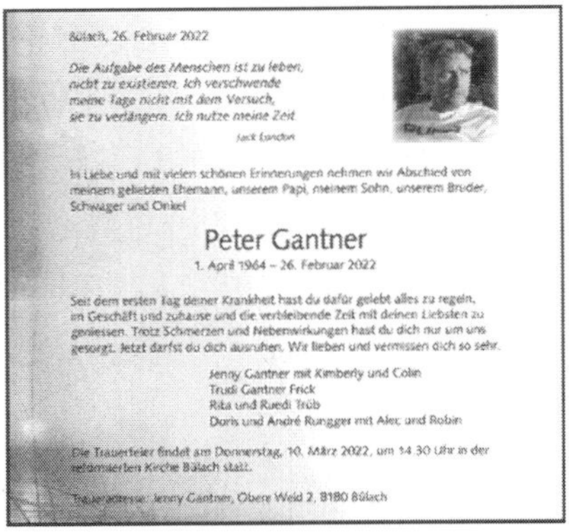

Bülach, 26. Februar 2022

Die Aufgabe des Menschen ist zu leben,
nicht zu existieren. Ich verschwende
meine Tage nicht mit dem Versuch,
sie zu verlängern. Ich nutze meine Zeit.

Jack London

In Liebe und mit vielen schönen Erinnerungen nehmen wir Abschied von meinem geliebten Ehemann, unserem Papi, meinem Sohn, unserem Bruder, Schwager und Onkel

Peter Gantner

1. April 1964 – 26. Februar 2022

Seit dem ersten Tag deiner Krankheit hast du dafür gelebt alles zu regeln, im Geschäft und zuhause und die verbleibende Zeit mit deinen Liebsten zu geniessen. Trotz Schmerzen und Nebenwirkungen hast du dich nur um uns gesorgt. Jetzt darfst du dich ausruhen. Wir lieben und vermissen dich so sehr.

Jenny Gantner mit Kimberly und Colin
Trudi Gantner Frick
Rita und Ruedi Trüb
Doris und André Rungger mit Alex und Robin

Die Trauerfeier findet am Donnerstag, 10. März 2022, um 14.30 Uhr in der reformierten Kirche Bülach statt.

Traueradresse: Jenny Gantner, Obere Weid 2, 8180 Bülach

Abb. 11 (Zürcher Unterländer Zeitung)

Nicht jeder setzt sich zu Lebzeiten mit seinem Sterben auseinander und kommuniziert dies mit seinen Nahestehenden. Dann bleiben am Ende viele Fragen offen, und die Hinterbliebenen müssen den Willen des Betroffenen sowohl in der Sterbephase als auch für die Bestattung mutmaßen. *Plötzlich und unerwartet* wird bei Hochaltrigen wohl häufig als Umschreibung benutzt, wenn in Familien das Thema Sterben nicht besprochen wurde. Der Tod kam dann viel zu früh, unvorbereitet und mitten im Leben, sozusagen überraschend, weil das Sterben in der Familie nicht thematisiert wurde.

> „Mit völliger Fassungslosigkeit und blankem Entsetzen müssen wir Abschied nehmen vom geliebten Papa, lieben Schwiegervater und geliebten großen Opa. Er ist völlig unerwartet und plötzlich mitten aus unserem täglichen Familienleben gerissen worden." (99 Jahre alt)
> „Du bist durch alle Höhen und Tiefen gegangen, hast sogar einen Blitzschlag überlebt. Wir dachten, Du wärst unsterblich ..."

Anweisung für Begleitende

In manchen Todesanzeigen werden deutliche Anweisungen bzw. Anleitungen für die Begleiterinnen und Begleiter gegeben:

> „Jetzt – das Leise hören, das Kleine sehen, das Feine spüren, das Nötige sagen. Jetzt – einen Schritt wagen, die Hand anbieten, liebevoll fördern, behutsam fordern.
> Jetzt – wahrnehmen, was ist, einsetzen, was möglich ist, dankbar sein, leben." frei nach Max Feigenwinter

„Letzter Weg.
Wenn müde werden meine Glieder und ich nicht mehr sprechen will,
dann setz dich einfach zu mir nieder, halt meine Hand und werde still.
... Quäl mich nicht mit Speis und Trank, greif nicht ein in den Prozess.
Für dein Verständnis habe Dank. Halt fern von mir auch Zank und Stress."
(nach Doreen Kirsche)

Wenn müde werden meine Glieder, und ich nicht mehr sprechen will,
dann setzt euch einfach zu mir nieder, haltet meine Hand und werdet still.

Mein Anblick wird nun anders sein, doch habt keine Angst vor mir,
ich sehe schon den hellen Schein und für euer Dasein dank ich euch.

Meine Zeit hier auf der Erde, langsam geht sie nun vorbei.
Ich weiß, dass ich nun sterben werde, mein Körper gibt die Seele frei.

Werd ich auch meine Augen schließen, der Tod wird nicht das Ende sein.
Drum sollt ihr Tränen nicht vergießen, ich bin nun bald wieder Daheim.
Doreen Kirsche

Christine Klinkhammer
geb. **Pawlowsky**
* 22. Juli 1932 in Oberschlesien
† 20. Februar 2022

In Dankbarkeit nehmen wir Abschied

Deine Kinder
Roswitha und Hubert Bille
Monika und Hermann-Josef Krämer
Enkel und Urenkel
Dirk, Hilde mit Anne und Luca
Sascha, Sonja mit Jan
Alexander, Carolin mit Noah und Thea
Markus, Karina mit Tom und Lena
Maria Longerich

Die Exequien finden am 1. März 2022, um 11.00 Uhr in der Kapelle in Lüxheim statt, Corona Konform.
Im Anschluss ist die Urnenbeisetzung auf dem Friedhof.
Die Totenwache ist am Montag, den 28. Februar 2022 um 18.00 Uhr in der Kapelle in Lüxheim.
Von Beileidsbekundungen am Grab bitten wir Abstand zu nehmen.
Kondolenzanschrift: Bestattungshaus Stefan Schmitz, 52391 Vettweiß,
Gereonstraße 17, Trauerhaus: Christine Klinkhammer

Abb. 12 (Aachener Zeitung)

Der Einsatz der Familie in der letzten Lebenszeit und der Weg zum Tod

Die Begleitung eines Menschen im Sterbeprozess ist für alle Beteiligten eine intensive und herausfordernde Zeit. Der Schwerkranke *hat zu kämpfen* und die Familie *hat ihn dabei zu unterstützen.* Dennoch wird der sogenannte *letzte Kampf* in 100 % aller Fälle verloren. Besonders hervorgehoben werden in den Anzeigen: Tapferkeit, Kämpferherz, Geduld und Würde der Sterbenden sowie Hingabe, Fürsorge, Erfüllung besonderer Wünsche und Liebe bei den sie Versorgenden. Durch die Hervorhebung dieser Tugenden wird bei der Leserschaft Sympathie und Bewunderung für dieses Engagement innerhalb der Familie geweckt und die Botschaft vermittelt: wir haben zusammengehalten, alles für sie oder ihn getan, und diese besondere Herausforderung gemeinsam bewältigt.

- Statt Karten -

Ein letztes mal die Nase in die Blume stecken,
ein letztes mal ein Eis noch schmecken.
Ein letztes mal den Kaffee nippen,
ein letztes mal mit den Augenlidern wippen.
Gemeinsam haben wir noch gelacht und zusammen die Zeit verbracht,
bis der Tod dir nahm die Kraft.

Ruhe in Frieden

Ursula Nicoli (ULLA)
geb. Tönnißen

* 22. 11. 1938 † 06. 10. 2021

Susanne,
Familie, Verwandte und Bekannte

46446 Emmerich-Elten, Martinusstr.5
Kondolenzanschrift: S. Verhoeven, Sandstr. 47, 46446 Emmerich-Elten

Die Trauerfeier mit anschließender Beisetzung findet am Donnerstag, dem 28.10.2021,
um 14:00 Uhr am Friedhof Elten, Stokkumer Straße 68, 46446 Emmerich am Rhein, statt.

Abb. 13 (Westdeutsche Allgemeine Zeitung)

„Wir streichelten deine Hände, als du traurig warst. Wir hielten sie, als du Angst hattest. Wir wärmten sie, als sie kalt waren. Wir haben sie losgelassen, als du gehen wolltest!“
„Klaglos hast du dich bis zum Schluss gewehrt und uns damit Zeit geschenkt, von dir Abschied nehmen zu können. Im Kreise deiner Liebsten durftest du zu Hause deine letzte Ruhe finden.“
„Zu früh durch Krankheit dem Leben entrissen,
warst so tapfer, wir werden dich sehr vermissen.
Gehofft, gebetet, deine Hand gehalten,
um dir Kraft zu geben, dein Leben weiter zu gestalten.
Doch das Schicksal war vorherbestimmt,
schwer zu fassen, wie schnell deine Zeit verrinnt. ...“
„Nach langer Krankheit durfte J. heute Nachmittag in unserem Zuhause friedlich einschlafen. Bis zuletzt durfte ich an seiner Seite sein und ihn auf diesem schwierigen Weg begleiten. ... Er hatte noch Gelegenheit sich von seinen Verwandten und von vielen seiner besten Freunde zu verbschieden, was ihm ein großes Anliegen war.“
„Am Sterbebett wurde gelacht und geweint, gesprochen, geschwiegen und getröstet.“
„Wir versuchen, uns über alles zu freuen, was noch geht, und uns von allem zu verabschieden, was nicht mehr geht. Wir sind dankbar, dass uns das gemeinsam gelungen ist.“
„Neugierig auf das Leben und auch auf das Sterben zum Ende ihrer schweren Erkrankung. Wie sie es sich gewünscht hat, haben wir sie liebevoll zu Hause begleitet.“
„Seit gut einem Jahr wussten wir, dass Du krank bist und sterben würdest. Wir haben das Beste aus der Situation gemacht: Haben einander viel erzählt, zusammen gelacht, alte Gegebenheiten verziehen, uns umarmt und gemeinsam zurückgeschaut.“

Es wird beschrieben, wie die letzte Lebensphase verlief, und betont, dass sie im Sinne der Verstorbenen und Hinterbliebenen als positiv zu bewerten ist. Damit werden die Hinterbliebenen als vorbildliche Angehörige inszeniert (Sava 2016).

„Sie hat mehr als 4 Jahre gekämpft, aber am Ende fehlte die Kraft. Wir haben unser Versprechen gehalten, sie war bis zum letzten Tag zuhause.“

Wenn ein gelungenes Sterben (zuhause) im Sinne der Verstorbenen und ihrer Angehörigen ermöglicht wurde, wird dies seit wenigen Jahren in Anzeigen häufig besonders hervorgehoben und damit die *richtige* Einstellung zum Sterben öffentlich gemacht. Manchmal kommt es am Sterbebett auch zu Versöhnungen:

Brigitte Doemens „You will be found“ (Dear Evan Hansen)

27.11.1947 – 17.09.2021

In tiefer Trauer um das was vorher nie möglich war
In tiefer Dankbarkeit für unseren puren, zugewandten,
liebevollen und heilsamen Abschied

–

Am Ende ist alles gut
Es zählt nur noch dieser letzte Moment zwischen uns
Der Moment zwischen Mutter + Tochter
Liebe

Du sagtest: „Diesen Tag werden wir beide nie vergessen“
Und das werde ich nicht

Anne

mit Tim, Lotta & Emil

Abb. 14 (Aachener Zeitung)

Metaphern

Neben den vielen euphemistischen Umschreibungen des Sterbens: *für immer von uns gegangen, eingeschlafen, von seinen Leiden erlöst, auf die andere Seite des Lebens gegangen, er ist uns genommen worden, wir haben ihn verloren, er hat uns verlassen* werden auch Metaphern wie z. B. sich auf die letzte Reise begeben, der Fluss des Lebens endete, zum anderen Ufer aufgebrochen, die Brücke oder den Weg ins Jenseits beschritten, das Zeitliche gesegnet aufgeführt. Die Worte Sterben und Tod kommen in Todesanzeigen kaum mehr vor, und wenn in der Regel in Nachrufen von Firmen.

> „Gott öffnete eine Tür ... Ich ging durch diese Türe und habe nun meinen ewigen Frieden.“
> „Ein Käffchen und ein Kippchen, dann sprang sie ihm aufs Schippchen.“
> „Der Tod ist weder Teufel noch Gräuel, der Tod ist die Geburt ins neue Sein.“
> „Gib dich hin der Aufforderung des Windes, der dich führt zum letzten Tanz deines Lebens.“
> „Deine letzte Reise ist getan, Du lieber Wandersmann!“

Änderungen der Sterbebilder durch Corona

Die intensive Begleitung von Sterbenden durch Nahestehende – wie oben dargestellt – konnte mit dem Auftreten der Pandemie plötzlich in sehr vielen Familien nicht mehr umgesetzt werden. In Pflegeeinrichtungen und Kliniken bestand über Monate ein striktes Besuchsverbot. Dies beinhaltete für die Betroffenen eine enorme emotionale Ausnahmesituation und große Belastung, nicht selten begleitet von anhaltenden Schuldgefühlen. Weitere Auswirkungen zeigen sich bis heute in Form der begrenzten Teilnahmemöglichkeit an den Trauerfeiern und Bestattungen, auf die in den Anzeigen dezidiert hingewiesen wird.

> „Die Herausforderung, mit jedem Tag dem Leben ganz bewusst mehr und mehr ‚Lebewohl' zu sagen, war traurig, schmerzhaft und wehmütig. Gleichzeitig war die Zeit erfüllt von tiefem Glück, unglaublich viel liebevoller Zuwendung von wunderbaren Menschen. Und letztlich war der Abschied geprägt von Mut, Lebensfreude, Humor, Genuss und Akzeptanz. Aufgrund der aktuellen Lage findet keine öffentliche Verabschiedung statt. Urnenbeisetzung im engsten Familien- und Freundeskreis. Zur Gedenkfeier in der Pfarrkirche laden wir alle zu einem späteren Zeitpunkt ein."

Jürgen
Kohnen
* 8. März 1957
† 13. März 2021

Dem Krebs hast du den Kampf angesagt
und du hast ihn gewonnen –
doch Corona hat deine Lebensreise jäh beendet.

Du gingst – ohne, dass wir dir Tschüss sagen konnten.
Du gingst – ohne, dass wir dir sagen konnten,
wie sehr wir dich lieben.
Du gingst – ohne, dass wir dir nochmals in die
Augen sehen konnten.
Du gingst – ohne, dass wir dich in den
Arm nehmen konnten.

Wir hätten dir noch so viel zu sagen gehabt!

In Liebe und unendlicher Trauer

Moni mit Sabrina und Nils
sowie alle Verwandten und Bekannten

Aufgrund der aktuellen Situation findet die Beisetzung im engsten Familienkreis statt.

Abb. 15 (Aachener Zeitung)

> „... dein Tod brach uns das Genick. Du warst unser Bruder und jetzt bist du tot, alles ist aus dem Ruder und nichts mehr im Lot. Du hast allein gelegen, niemand war da. An die Regeln gehalten, ein Schlaganfall und kein Corona. Ein letztes Mal durften wir dich sehen, nur um zu sagen: Lassen Sie ihn gehen! ... Die Zeit heilt nicht alle Wunden und nicht immer wird alles gut, wir haben dich zu spät gefunden, jetzt bleibt nur der Schmerz und die Wut."
> „Und es tut unendlich weh, dass wir Dich auf der letzten Strecke Deines Weges – aufgrund des allgemeinen Besuchsverbots – nicht begleiten konnten."
> „Corona selbst hat Dich nicht umgebracht, aber die große Einsamkeit in vier Monaten Isolation. ... Du hast Dein Schicksal mit großer Tapferkeit ertragen. Es war ein aussichtsloser Kampf."

Fazit

In Todesanzeigen sind in vielerlei Hinsicht fortlaufende Veränderungen (z. B. grafische Gestaltung, Wortwahl, Symbole) erkennbar. Dazu zählen auch die unterschiedlichen Formulierungen von Sterbeszenen, die genauen Vorstellungen des Sterbens sowie von realen oder imaginierten Idealbildern. Die Inserenten geben damit ihre Vorstellungen und Bilder eines guten Sterbens (im Kreise der Familie) an die Lesenden weiter. Auch die nicht ideal gelaufenen bzw. misslungenen Abschiede werden offen mit z. T. drastischen Worten geschildert.

Der Umgang mit dem Abschied eines Menschen am Lebensende mit Todesanzeigen, Trauerfeierlichkeiten sowie der Grabgestaltung wird heute nicht selten als eine Art *last performance* von den Hinterbliebenen, manchmal auch den Verstorbenen selbst gesehen, und entsprechend umgesetzt. Dazu zählen auch die vielen Gedenkseiten für Verstorbene bzw. Trauerportale im Internet, die manchmal als Alternative zu herkömmlichen Todesanzeigen genutzt werden, meistens jedoch als zusätzliche Ausdrucksform der Trauer. Dort finden sich virtuelle Kerzen, Blumen sowie persönliche Kommentare, Erinnerungen und Fotos, die zum Teil noch lange nach dem Tod hochgeladen werden. Durch die Pandemie, in der die persönliche Teilnahme an Trauerfeier oder Bestattung häufig nicht möglich waren, haben diese Seiten noch einmal einen Aufschwung erfahren und an Bedeutung gewonnen.

Das Studium von Todesanzeigen gibt aufmerksamen Leserinnen und Lesern einen ungeahnten Einblick in die Vielfalt der menschlichen Beziehungen sowie den Einstellungen zu existentiellen Themen des Lebens und des Sterbens.

Literatur

Baum, Sara: Zur frommen Erinnerung. Sterbebilder zwischen Wandel und Beständigkeit, in: *Augsburger Volkskundliche Nachrichten* 23 (2017), 44, S. 116–147.

Bertoloni, Rita (Hg.): *Sterbstund*, Bregenz 2015.

Hosselmann, Birgit: Todesanzeigen als memento mori? Eine empirische Untersuchung von Todesanzeigen der Gegenwart, in: *Münsteraner Theologische Abhandlungen* 68 (2001), S. 34.

Kolzem, Stefanie: *Die Todesanzeige im Spiegel der Gesellschaft – eine kulturanthropoloigsche Studie am Beispiel des Kölner Stadt-Anzeigers 1954–2014.* Masterarbeit, Köln, 2019.

Meitzler, Matthias: Die Todesanzeige im Spiegel des sozialen Wandels, in: *Bestattungskultur* 64 (2012), H. 10, S. 18–20.

Möller, Petra: *Todesanzeigen – eine Gattungsanalyse.* Dissertation, Gießen 2009.

Padel, Jasmin: *Versprachlichung des Sterbens in Todesanzeigen. Ein diachroner Vergleich der Jahre 1957, 1987 und 2017.* Masterarbeit, Münster 2018.

Sava, Doris: „In Liebe und Dankbarkeit ...“ Vermittlung und Tradierung von Tod und Trauer: Todesanzeigen kontrastiv, in: Carmen Puchianu (Hg.): *„Einmal von Eros zu Thanatos und zurück, bitte!“ Auf Spurensuche in der deutschen Kultur, Literatur und Sprache. Kronstädter Beiträge zur germanistischen Forschung Band 15/16,* Kronstadt/Brasov 2016, S. 191–220.

Sontag, Susan: *Über Fotografie.* München/Wien 1989.

Sörries, Reiner: Todesanzeigen, in: Héctor Wittwer / Daniel Schäfer / Andreas Frewer (Hg): *Handbuch Sterben und Tod. Geschichte – Theorie – Ethik,* 2. Aufl., Stuttgart 2020, S. 351–355.

Autor*innenverzeichnis

Dorothee Arnold-Krüger wurde am Lehrstuhl für Mittelalterliche Geschichte an der Friedrich-Alexander-Universität Erlangen-Nürnberg promoviert und ist Theologische Referentin am Zentrum für Gesundheitsethik (ZfG) an der Evangelischen Akademie Loccum. Zu ihren Forschungsschwerpunkten zählen u. a. medizinethische, systematisch-theologische und kulturhistorische Fragestellungen insbesondere am Lebensende.

Anna Bauer ist Soziologin und wissenschaftliche Mitarbeiterin im DFG-Projekt „Vom ‚guten Sterben'" am Institut für Soziologie der LMU München. Zu ihren Arbeitsschwerpunkten gehören Thanatosoziologie, Medizinsoziologie, Professionssoziologie, soziologische Theorie, qualitative Methoden.

Thorsten Benkel ist Akademischer Rat für Soziologie an der Philosophischen Fakultät der Universität Passau. Er promovierte zum Dr. phil. an der Goethe-Universität Frankfurt a. M.. Vorrangig beschäftigt er sich mit der Soziologie des Wissens, des Körpers, des Rechts und der Religion.

Lilian Coates arbeitet seit 2017 an ihrer Dissertationsstudie zur stationären Hospizarbeit. Von 2015 bis 2020 war sie wiss. Mitarbeiterin am Institut für Soziologie der JGU Mainz; seit 2020 ist sie Kollegiatin am DFG-Graduiertenkolleg „Doing Transitions" an der GU Frankfurt a. M.

Klaus Hager habilitierte sich 1992 am Lehrstuhl für Innere Medizin – Gerontologie der Friedrich-Alexander-Universität Erlangen-Nürnberg (Direktor Prof. Dr. med. D. Platt) im Fach „Innere Medizin und experimentelle Gerontologie" und war von 1992 bis 2021 als Chefarzt des Zentrums für Medizin im Alter bei Diakovere Henriettenstift in Hannover tätig. Seither arbeitet er als wissenschaftlicher Mitarbeiter am Institut für Allgemeinmedizin und Palliativmedizin der Medizinische Hochschule in Hannover. Zu seinen Forschungsschwerpunkten zählt u. a. die Demenz bzw. die Alzheimer Krankheit.

Susanne Hirsmüller ist promovierte Fachärztin für Gynäkologie und Geburtshilfe mit der Zusatzbezeichnung Palliativmedizin, Psychoonkologin und Ethikerin im Gesundheitswesen. Seit dem WS 2022/23 ist sie Professorin im Hebammenstudiengang der Fliedner Fachhochschule Düsseldorf. Von 2006–2019 leitete sie das stationäre Hospiz am Evangelischen Krankenhaus in Düsseldorf und war von 2013–2019 Vorsitzende des Ethikkomitees der Stiftung EVK Düsseldorf. Sie hat den Master of Science in Palliative Care an der Universität Freiburg erworben und unterrichtet u. a. in diesem postgraduierten Studiengang.

Malte Dominik Krüger habilitierte sich an der Theologischen Fakultät an der Martin-Luther-Universität Halle-Wittenberg und ist Professor für Systematische Theologie und Religionsphilosophie sowie Direktor des Rudolf-Bultmann-Instituts für Hermeneutik an der Philipps-Universität Marburg. Zu seinen Forschungsschwerpunkten zählen u. a. Bildhermeneutik und Religionstheorie, metaphysische Begründungsfiguren und der aktuelle Realismusdiskurs.

Thomas Macho forschte und lehrte von 1993 bis 2016 als Professor für Kulturgeschichte am Institut für Kulturwissenschaft der Humboldt-Universität zu Berlin. 1976 wurde er an der Universität Wien mit einer Dissertation zur Musikphilosophie promoviert; 1984 habilitierte er sich für das Fach Philosophie an der Universität Klagenfurt mit einer Habilitationsschrift über Todesmetaphern. Seit 2016 leitet er das Internationale Forschungszentrum Kulturwissenschaften (IFK) der Kunstuniversität Linz in Wien. 2019 wurde er mit dem Sigmund Freud-Preis für wissenschaftliche Prosa der Deutschen Akademie für Sprache und Dichtung ausgezeichnet, 2020 mit dem Österreichischen Staatspreis für Kulturpublizistik.

Daniel Schäfer habilitierte sich an der Universität zu Köln und ist dort außerplanmäßiger Professor am Institut für Geschichte und Ethik der Medizin. Zu seinen Forschungsschwerpunkten zählen die Geschichte und Ethik des Alter(n)s, Sterbens und des Todes.

Margit Schröer ist Diplompsychologin, psychologische Psychotherapeutin, Psychoonkologin, Supervisorin und Ethikerin im Gesundheitswesen. Über 30 Jahre war sie als leitende Psychologin in einem großen Krankenhaus in Düsseldorf tätig. Seit ihrer Pensionierung ist sie Mitglied in drei Ethikkomitees an verschiedenen Düsseldorfer Kliniken. Sie ist Mitherausgeberin des „Leidfaden“, einer Fachzeitschrift für Krisen, Leid und Trauer und verfasst Artikel zu Themen der Palliative-Care, Ethik und Trauerkultur für Lehrbücher und Zeitschriften und ist auch Referentin für diese Themen.

Sven Schwabe promovierte am Graduiertenkolleg „Alter(n) als kulturelle Konzeption und Praxis“ an der Heinrich-Heine-Universität Düsseldorf und ist Referent am Landesstützpunkt Hospizarbeit und Palliativversorgung Niedersachsen sowie Wissenschaftlicher Mitarbeiter am Institut für Allgemeinmedizin und Palliativmedizin an der Medizinischen Hochschule Hannover. Zu seinen Forschungsschwerpunkten zählen u. a. Versorgungsforschung für die letzte Lebensphase.

Eva Styn arbeitet an einer Dissertation zum Thema *Alter und Heiligkeit.* Zuvor studierte sie mittelalterliche Kunstgeschichte und Geschichte an der Heinrich-Heine-Universität Düsseldorf. Zu ihren Forschungsinteressen zählen Sakralkunst und kulturelle Alter(n)sforschung.